农民工家庭

迁移决策与迁移行为研究

A Study on Migration Decision and Migration Behavior of Migrant Workers' Families

孙战文 [著]

山东人民出版社

国家一级出版社 全国百佳图书出版单位

图书在版编目（ＣＩＰ）数据

农民工家庭迁移决策与迁移行为研究/孙战文著
—济南：山东人民出版社，2015.8
ISBN 978－7－209－08914－2

Ⅰ．①农… Ⅱ．①孙… Ⅲ．①民工—人口迁移—研究
—中国 Ⅳ.①D422.64 ②C922.2

中国版本图书馆 CIP 数据核字（2015）第 216204 号

农民工家庭迁移决策与迁移行为研究

孙战文　著

主管部门　山东出版传媒股份有限公司
出版发行　山东人民出版社
社　　址　济南市胜利大街 39 号
邮　　编　250001
电　　话　总编室（0531）82098914
　　　　　市场部（0531）82098027
网　　址　http://www.sd-book.com.cn
印　　装　莱芜市华立印务有限公司
经　　销　新华书店

规　　格　16 开（169mm × 239mm）
印　　张　13.75
字　　数　240 千字
版　　次　2015 年 8 月第 1 版
印　　次　2015 年 8 月第 1 次
ISBN 978－7－209－08914－2
定　　价　34.00 元

目　　录

第一章

导　论

第一节　研究目标和意义

一、研究目标

纵观世界各国的工业化和城市化进程,劳动力从传统部门向现代部门迁移,是世界各国曾经或正在面对的实现"现代经济增长"[①]的必由之路。英国 15 世纪开始的暴力驱赶小农的强制迁移运动持续了 400 年左右的时间,美国自由式农村劳动力迁移用了近 150 年,日本政府主导下的劳动力有序迁移也花了将近 100 年。中国近十年左右,城市化率每年大约提高 1 个百分点,这个速度超过了美国最快时期的城市化速度[②]。正如吴敬琏所说:"农村存在大量剩余劳动力在各国发展初期是一种带有普遍性的现象,各国之间的区别在于有的国家这种剩余劳动力向城市工商等非农产业的转移进行得比较快和比较好,有的国家进行得比较慢和比较差,因而前者较早地实现了工业化和城市化,后者则长期为'三农'问题所困扰,所以实现农村大量剩余劳动力向非农产业转移,是各国解决'三农'问题、顺利实现工业化和城市化的中心环节"[③]。

中国三十多年改革开放的经验证明,工业化和城市化是经济发展的基本动力,是中国重新崛起的必然选择,而"三农"问题却是一直困扰中国工业化和城市化进程的重大问题。"三农"问题的关键是两个相互联系的过程:一是争取把农业占GDP 的比重降到 5% 以下,从而为中国人的恩格尔系数下降提供生产力基础,以提高中国人的实际生活水平;二是争取把中国农村人口占总人口的比重降到 20%

[①]　Lewis W A. Economic Development with Unlimited Supply of Labor [J]. The Manchester School, 1954(5).

[②]　党国英.从农民工进城到农村家庭进城[J].农产品市场周刊,2010(26):12-17.

[③]　吴敬琏.农村剩余劳动力转移与"三农"问题[J].宏观经济研究,2006(6):1-3.

以下,在高度城市化基础上实现中国城乡经济社会的一体化①。然而,2010 年第六次全国人口普查数据显示,大陆 31 个省、自治区、直辖市和现役军人的人口共计 133972 万人。其中,乡村人口 67415 万人,占总人口的50.32%②。2011 年十一届人大四次会议《政府工作报告》指出,我国城市化率为47.5%③,但仍低于世界城市化平均水平 50%,也远远落后于发达国家的城市化水平(70%～90%)。因此,从长期经济和社会发展要求出发,中国必须加快城市化进程。未来二三十年,中国将有一半是新进入城市的市民,而这些新进入者绝大多数是农村移民。然而,我国的农民市民化进程并不顺利。该过程与其他国家迁移过程相比,相似点是一个既有迁出又有回流的过程,与其他国家的迁移过程不同之处是从迁出地迁出到迁入地定居两个过程并不是同时完成的。中国农民从农村迁出后并没有在城市定居,成为市民,也就产生了我国工业化和城市化进程中出现的特殊群体——农民工。截至 2011 年底,我国农民工总量为 25278 万人。其中,外出农民工 15863 万人,本地农民工 9415 万人④。与农民工有直接利害关系人实际已占全国总人口的近 40%⑤。他们已经在城市打工,熟悉城市的经济、社会、文化,却只能流动奔走于城乡之间,游离于农民和市民群体边缘;他们为城市快速发展贡献自己的力量,却不能真正成为市民,享受城市的公共福利。可以说,农民工群体是目前我国能够满足市民化要求最早、最快和最有能力完成市民化进程的群体。因此,按照城市化的要求,永久移民城市是农民工未来发展的方向⑥,他们需要或正在经历从农民—农民工—市民转化的特殊中国路径⑦。

该特殊路径的出现,一方面由我国城市化和工业化发展不同步以及宏观制度、政策滞后所决定,另一方面由农村劳动力自身及其家庭迁移的理性行为所决定,而后者更为关键。随着市场经济体系的不断完善,特别是户籍制度的松动,如此大规模的流动人口又表现出一个新的特征,即农民流动日渐家庭化⑧。如今,农民工对自身城市生活质量越来越重视。为了解决流动的后顾之忧,家庭流动的趋势正在

① 党国英.从农民工进城到农村家庭进城[J].农产品市场周刊,2010(26):12-17.
② 数据来源:2010 年第六次全国人口普查主要数据公报(第 1 号).
③ 蔡继明指出,如果扣除居住在小城镇的 1.5 亿人和进城务工半年以上的约 1.5 亿农民工,中国的城市化水平仅为 35%左右.
④ 数据来源:2011 年国民经济和社会发展统计公报.
⑤ 郑功成.对农民工问题的基本判断[J].进城农民工:现状、趋势、我们能做什么(论文集),2006,8:326-330.
⑥ 白南生.城市化中的农民工:适应、接纳、融和与人类安全——一个分析框架[J].进城农民工:现状、趋势、我们能做什么(论文集),2006,8:1-11.
⑦ 刘传江,徐建玲.中国农民工市民化进程研究[M].北京:人民出版社,2008.
⑧ 史柏年.城市边缘人——进城农民工家庭及其子女问题研究[M].中国社会科学文献出版社,2005.

加速。2010 年一项调查数据显示,举家迁移农民工已经达到了外出农民工总量的 25%①。北京市有 43.4%的农民工是全家外出型的举家迁移户②;上海市流动人口中有 28.3%的是家庭流动,在上海居住时间数年之久;武汉市 150 万流动人口中,家庭流动的人口超过 50 万③。与此同时,农民工家庭迁移中的一系列问题开始引起了政府、学者以及普通市民的关注。家庭是极具凝聚力、内部经济利益保持高度一致的社会基本细胞。在农民工家庭中,成员的经济利益同样具有高度的统一性。当前我国农村劳动力经济行为的选择基本是以劳动力家庭经济利益最大化为首要目标,这就是说,农村劳动力在作出是否外出务工就业选择时,首先考虑的是能否实现家庭整体效用最大化,其次,才考虑劳动力个人效用最大化④。家庭迁移实现农民工市民化,让农民工家庭真正沉淀在城市,蜕变为城市家庭,对解决农民工市民化进程中出现的重大社会问题、经济问题和政治问题,具有重要意义。

然而,要实现农民工进城务工向农民工家庭进入城市的平滑对接,并使这个过程尽可能稳一点、快一点,是我们要面对的一个世纪性难题⑤。本研究正是以我国目前所处的工业化和城市化为背景,基于农民工家庭经济利益最大化,以最终完成从农民—农民工—市民的市民化家庭迁移为目标,研究农民工家庭及其成员的迁移行为和决策机制,探究其实现途径和实现条件。

二、研究的理论意义和现实意义

对于劳动力迁移的经济理论研究,大多来源于发展经济学领域,分为四个层次,即宏观社会层次、社区层次、家庭层次和个人层次⑥。目前相当多的研究仍然集中在宏观社会层次和个人层次,家庭层次和社区层次的研究才刚刚起步。宏观社会层次研究以刘易斯的"二元结构理论"为基础,侧重于研究社会经济结构引致劳动力迁移问题;个人层次研究以托达罗的"预期收入理论"为基础,侧重于从农民工个体出发研究劳动力迁移问题。事实上,从现代经济学的视角出发,全面研究影响劳动力迁移的微观因素和宏观因素,给出一个较完整的理论框架,无疑具有较强的理论价值和现实意义。因此,应当把研究的焦点转换为强调农民工与其家庭之

① 韩俊,何宇鹏,金三林.推进城乡统筹发展,加快农民工市民化进程[R].国务院发展研究中心报告,2011.
② 洪小良.城市农民工的家庭迁移行为及影响因素研究[J].中国人口科学,2007,6:42-50.
③ 王海英.女性农民工非正规就业与农民工家庭流动[J].文史博览·理论,2006,4:60-61.
④ 胡斌.农村劳动力流动动机及其决策行为——兼析外出与不外出打工劳动力收入逆差的形成[J].经济研究,1996(9).
⑤ 党国英.从农民工进城到农村家庭进城[J].农产品市场周刊,2010(26):12-17.
⑥ 洪大用.关于家庭与农民迁移进城之关系的研究[J].国外社会学,1996(3).

间的彼此依赖性[①],把影响劳动力迁移的微观因素和宏观因素在家庭层面有机连接起来,把传统的农业经济问题同现代经济学前沿结合起来,是对传统的劳动力迁移理论进行的有益补充。

本研究在我国城市化进程加快的背景下,在总结和吸收已有研究成果的基础上,研究农民工家庭迁移的全过程,从四个阶段[②]分析农民工家庭迁移决策及其引致的迁移行为。把农民工家庭实现市民化的三种方式[③]及其实现条件作为研究重点,研究运用不同方式实现市民化的迁移条件,以期进一步揭示农民工家庭迁移行为的规律性,并希望对优化农民工家庭迁移决策和国家制定相关政策有所帮助。

第二节　概念界定和研究对象

一、基本概念界定

(一)农民工和农民工家庭

1.农民工。社会学者陆学艺、李培林、王春光将农民工定义为一个新的阶层。陆学艺[④]认为农民工已经作为一个新的社会阶层,被命名为"新工人阶层"。王春光[⑤]认为农民工提供了一个从农民阶层向工人阶层转化的中间环节。之后,他们还有可能在工人阶层的基础上向更高的阶层流动。与其他社会阶层相比,其特点鲜明:从职业角度讲他们是工人,从身份上讲他们是农民,但是他们跟工人和农民又都不一样,在生活方式上大多两地分居,缺少城市文化生活,组织行为上以小团体行为为主,有着自己的组织潜规则[⑥]。

经济学者们则更多用身份、地域或产业等范畴从广义和狭义角度定义农民工。

---

① 王志浩.农民工流动行为结构化维度分析[J].学习与探索,2010(4):53-55.
② 第一阶段是农民工初次离乡阶段,第二阶段是城乡流动阶段,第三阶段是定居城市阶段,第四阶段是融入城市阶段。
③ 本研究提出实现农民工家庭成员市民化有三种方式:一是农民工家庭成员个体有序迁移,完成市民化;二是农民工家庭举家迁移,完成市民化;三是无论是农民工家庭还是成员个体都没有完全完成市民化,而是经过代际转移,由第二代农民工家庭成员完成市民化。
④ 陆学艺.当代中国社会流动[M].北京:社会科学文献出版社,2004.
⑤ 张意轩,李玲.农民工,一个新阶层的崛起[N].中国新闻周刊,2004-8-9.
⑥ 杨英强.现阶段农民工市民化问题研究[D].西南财经大学博士论文,2008.

陈锡文和韩俊[①]、钱文荣和黄祖辉[②]、简新华[③]等把农民工定义为户籍身份在农村，主要从事非农产业、依靠工资收入生活的劳动力。广义农民工包括在县域内第二、三产业就业人员和跨地区外出务工人员。狭义的农民工一般指跨地区外出务工人员。刘传江[④]总结了韦曙林[⑤]、杨思远[⑥]等人关于农民工广义、次广义、狭义三种定义，认为农民工是从农民中率先分化出来，与农村土地保持着一定经济联系、从事非农产业生产或经营、以工资收入为主要来源，而不具有城镇居民身份的非农产业从业人员。

本研究沿用经济学者们对农民工的定义，具体包含：身份发生变化，从农民转化而来，并有可能成为市民；地域发生变化，从农村迁移向城市，并在迁入地每年至少生活6个月以上；产业发生变化，从农业转向非农产业。需要说明的两点：由于本研究需要分析农户产生首个农民工外出务工的初次离乡阶段，该阶段比较基础是还没有农民工产生的纯农村户，纯农村户的劳动力应该称为农民或农村劳动力；目前农民工除了外出务工农民工外，无迁移行为的本地农民工也不断增多，但本研究仍把他们视为农民，原因是本研究市民化进程更强调如何从农村迁移到城市这一地域迁移问题。

外出农民工是指调查年度内，在本乡镇地域以外从业6个月及以上的农村劳动力。本地农民工是指调查年度内，在本乡镇内从事非农活动（包括本地非农务工和非农自营活动）6个月及以上的农村劳动力。举家迁移是指农民工及家人离开其原居住地，到所在乡镇区域以外的地区居住[⑦]。

2.农民工家庭。家庭是社会的基本单位，是以亲缘和血缘关系为核心的社会经济组织，是基本的生产、生活单元，它既强调家庭成员间的协调和整体性，又强调成员个体的主观能动性。本书主要研究家庭的社会经济功能和行为，尤其是家庭迁移行为。农民工家庭迁移行为立足于家庭整体经济利益，强调家庭劳动力资源的分工协作关系。本研究将农民工家庭作如下定义：家庭中已经有部分或全部成

① 陈锡文,韩俊.促进农村富余劳动力有序转移[J].开放导报,2002(6):11-13.
韩俊.中国农民工战略问题研究[M].上海:上海远东出版社,2009:3.
② 钱文荣,黄祖辉.转型时期的中国农民工——长江三角洲十六城市农民工市民化问题调查[M].北京:中国社会科学出版社,2007:12.
③ 简新华,黄锟.中国工业化和城市化过程中的农民工问题研究[M].北京:人民出版社,2008.
④ 刘传江,徐建玲.中国农民工市民化进程研究[M].北京:人民出版社,2008.
⑤ 韦曙林等.透过"民工荒"现象看其问题的本质[J].学术研究,2005(1).
⑥ 杨思远.中国农民工的政治经济学考察[M].北京:中国经济出版社,2005:4.
⑦ 定义引自《2011年我国农民工调查监测报告》指标解释。

为农民工的劳动力;农民工家庭属于目前农村基本家庭模式[①];农民工家庭是生产和消费的重要组织,劳动力成员以农村务农为主逐渐转向城市务工,务工工资收入占其整个家庭收入的比重逐渐升高,成为家庭主要收入来源;在家庭收支上,强调成员间的协作和共同契约安排下的整体性。在本研究中也用到"户"的概念,和家庭的概念内涵一致,都是建立在婚姻和血缘关系基础上,依靠共同选择的合理契约安排完成经济和社会任务的重要组织。

以农民工家庭作为分析单位比农民工个体作为分析单位更具有合理性。首先,众多农民工的迁移行为并非个体决策的结果,而往往是更多的相关人组成的更大单位决策的结果,这些人之间形成了相互依赖的一个整体。这个更大的单位就是家庭。迁移者的行为和绩效很大程度上依赖家庭的效用和家庭的约束。其次,农民工个体流动不仅仅考虑自身收益最大化,更多会考虑家庭收益的最大化和家庭收益风险的最小化。因此,在中国的迁移决策与迁移行为研究中,家庭作为分析单位研究迁移问题更切合我国乡城劳动力流动的众多特点。我国广大农村地区普遍存在着强烈的传统家庭观念,农民工迁移与否由家庭成员协商做出决策;家庭联产承包责任制使得农村家庭极少雇佣外部人员共同经营,又强化了家庭这一分析单位的独立性和主体地位,家庭内部成员决策更多由内部成员完成,外部人士极少参与;外出农民工和留守农村的家庭成员通过汇款、回乡探亲、带动留守家庭成员随迁或者外出农民工回乡创业等形式保持着联系。由此证明农民工家庭作为决策和行为分析的主体更为正确。

(二)市民化

已有文献对市民化的界定分为四个角度:市民化进程角度、工业化推动角度、城市适应角度和劳动者素质角度。界定农民工市民化的内容大致相同,涉及农民工获得市民的身份和权利、经济地位的提升、文化素质的提高、与市民的社会融合,以及社会、文化、心理、价值观念的现代性等方面。

本研究从进程的角度定义农民工市民化,参考刘传江、赵立新的定义。刘传江认为农民工市民化是指离乡务工经商的农民工克服各种障碍最终逐渐转变为市民的过程和现象[②]。赵立新认为,农民工市民化是指离开原居住地半年以上并在城市务工经商的农民逐步向城市市民转化的过程,是农民身份向城市居民身份的彻

---

① 根据"中国农村微观经济组织形式研究"课题组于 2002 年的调查数据,全国农村家庭平均劳动力 2.4 人。因此,农民工家庭中或只有夫妻二人,或夫妻二人及其未分家子女,或夫妻二人(携未分家子女)及其中一方(或双方)的父母(或兄弟姐妹)的"小家庭",是目前农村地区的基本家庭模式。

② 刘传江.城乡统筹发展视角下的农民工市民化[J].人口研究,2005,(4).

刘传江.中国农民工市民化研究[J].理论月刊,2006,(6).

刘传江、徐建玲.第二代农民工及其市民化研究[J].中国人口·资源与环境,2007,(1).

底转化。它具有以下几方面的含义:一是户籍变动,户籍由农村转向城市①;二是地域变动,居住地由农村社区转向城市社区;三是就业产业变动,由务农就业转向非农就业;四是文化变动,农村生活观念、思维方式、行为习惯和社会组织形态等文化转向城市文化②。需要说明的是,在已有市民化或城市化文献中关于城市又有一个相似的概念"城镇"。在本研究中,对城市还是城镇不作严格区分。

(三)流动、迁移和家庭迁移

1. 流动和迁移③。在劳动力市场上,流动就是指劳动力谋求和优化生存资源,根据就业的需要在就业地点和就业行业上的运动现象。具体含义:一是地域流动,即地理空间位置上的流动,是以谋求职业为目的的跨区域的非稳定性的位置转换;二是行业流动,即产业间或在产业内部不同行业间的流动。具体到农民工,地域流动应包括乡镇内流动、县域内流动、省内流动、国内跨省流动和跨国流动五个层次,行业流动就是从传统的农业流动到非农产业。

迁移指人们从一个地区向另一个地区运动,目的是重新选择定居点,包括志愿与非志愿、合法与非法等情形,通常涉及上学、调动工作、参军、复员等。农村劳动力迁移是指农村劳动力由农村定居转变为城市定居的运动过程。这种迁移带有不可逆性,即原居住地在农村且具有农业户口的劳动力到城市就业并在当地定居下来,且具有较稳定的职业。在研究劳动力迁移问题时,还有一个相似概念是劳动力转移。一些研究中,转移和流动内涵相似,是非稳定性的空间或行业转换;另一些研究中,转移和迁移内涵相似,是带有跨区性、稳定的空间转换。

本书研究市民化进程中农民工家庭迁移行为,流动、转移和迁移这三个概念所包含空间位置的转换是相同的,但在农民工家庭市民化进程中,这种空间转换的稳定性和不可逆性是依次增强的。另外,在市民化进程的不同阶段分析中,有时并不严格区分,原因是从市民化整体进程看,迁移到城市是市民化的最终目标,但在不同阶段存在劳动力非稳定的流动、转移、可逆性的回流等现象。

2. 家庭迁移。家庭迁移是农民工迁移发展到新阶段出现的必然现象,是农民在社会经济结构变革中实现职业转换后,对就业和生活空间提出进一步要求的结果④,也是市民化要求实现的最终目标。但在现有的文献中,周浩⑤、李强⑥、张玉

---

① 城乡户籍逐步统一也是其中之意。
② 赵立新.城市农民工市民化问题研究[J].人口学刊,2006,(4):32-34.
③ 王春超.政策约束下的中国农户就业决策与劳动力流动[D].华中师范大学博士论文,2008:33-35.
④ 王培刚,庞荣.都市农民工家庭化流动的社会效应及其对策初探[J].湖北社会科学,2003(6):67-68.
⑤ 周皓.中国人口迁移的家庭化趋势及影响因素分析[J].人口研究,2004(6):60-69.
⑥ 李强.农民工与中国社会分层[M].北京:社会科学文献出版社,2004:168

洁①等对家庭迁移定义在家庭整体迁移,并没有对家庭成员分阶段、有序性的迁移给予定义。本研究根据"五普"对迁入人口需在本地居住满半年以上的移民之定义,认为家庭迁移是指农民家庭整体或劳动力成员到城市就业并以基本家庭模式在当地定居下来,具有较稳定的职业,并且家庭在迁入地每年居住、生活达6个月以上,而不是分散地与他人混居混住。

(四)迁移决策和迁移行为

1. 迁移决策。本研究所指的迁移决策不是农民工个体的迁移决策,而是先考虑农民工家庭整体迁移决策②,再从成员个体角度考虑个人决策。这种迁移决策是从农民工家庭及其成员理性"经济人"假设基础上,由一定的约束条件而形成的。在我国农村家庭中,存在着四种决策模式,即男主决策、女主决策、男女共商决策和子女参与决策。虽然史清华的研究表明目前农村家庭"男女共商决策"呈上升趋势,占据主体地位③,但这并非本研究关注的重点,本研究关注的是迁移决策所引致的迁移行为选择。

2. 迁移行为。当前农民工家庭迁移决策是在一系列宏观和微观环境下做出的。他们往往从多种可供选择的行为方案中,选择最有利于家庭效用最大化的方案。本研究在具体分析农民工市民化进程的迁移行为时,为农民工家庭设立一定的迁移行为选择集。他们在该行为选择集中,选择效用最大化迁移行为。该行为选择集可以从三个维度上理解。第一,时间维度。市民化进程要求农民工家庭能够顺利融入城市,他们可以在代际进行选择。他们可以选择第一代家庭成员单独迁移城市,也可以选择第一代家庭举家迁移城市,或者选择第一代家庭没有完全迁入城市而由第二代家庭成员完成迁入城市的进程。第二,空间维度。农民工家庭成员将决定在乡内就业、县内乡外就业、省内县外就业、国内省外就业乃至国外就业。从外出迁移空间选择的角度上看,可以选择在东部地区就业、中部地区就业或西部地区就业。第三,行业维度。农民工家庭的迁移领域可以包括农业和非农产业,农业包括种植业、林业、牧业和渔业,非农产业可以选择采矿业、制造业、电力煤气及水生产供应业、建筑业、交通运输仓储业、批发和零售贸易业、居民服务和其他服务业、教育卫生文化业等等。上述时间、空间和行业选择形成了农民工家庭迁移的三维选择域④。

---

① 张玉洁,唐震,李倩. 个人迁移和家庭迁移——城镇化进程中农民迁移模式的比较分析[J]. 农村经济,2006(10):62-65.

② 下文会提到:家庭整体迁移决策与个人迁移决策不同的是,在家庭整体迁移决策中,存在家庭成员间迁移投资共担与迁移收益共享的契约安排特征,而在单纯的个人迁移决策中是几乎不存在的。

③ 史清华. 农户经济可持续发展研究[M]. 北京:中国农业出版社,2005.

④ 王春超. 政策约束下的中国农户就业决策与劳动力流动[D]. 华中师范大学博士论文,2008:32-33.

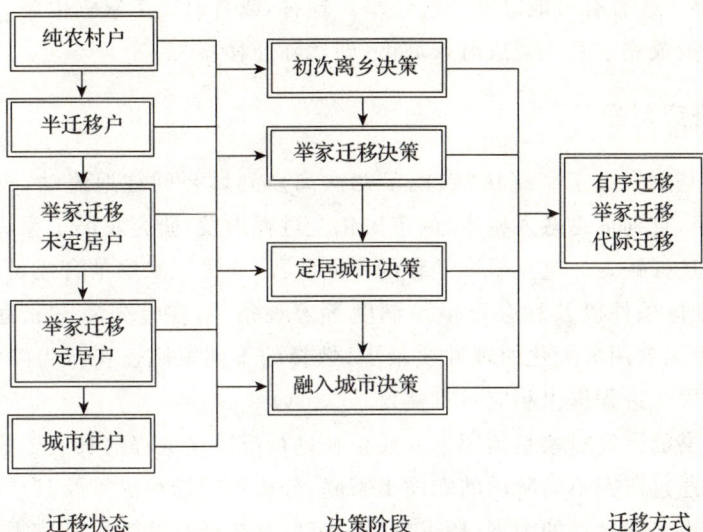

图 1.1　农民工家庭迁移选择集

本研究主要以空间维度(即农民工家庭是从农村向乡镇以上城镇的位置转换)为基础,从时间维度上形成农民工家庭最为基本的迁移选择集(图 1.1)。将农民工家庭从农村住户向城市住户转化的过程分为五种迁移状态,分别是无家庭成员迁移状态(即纯农村户)、部分家庭成员迁移状态(即半迁移户)、家庭全部成员迁移但没有定居城市状态(即举家迁移未定居户)、家庭全部成员迁移并定居城市状态(即举家迁移定居户)和家庭融入城市状态(即城市住户)。这种分类是依据家庭成员迁移数量、在城市是否有家庭式独立居所和户籍变动进行划分的。纯农村户是无家庭成员外出务工,居住、户籍都在农村的被访户;半迁移户是部分家庭成员在城乡间流动,没有城市家庭式的独立居所,户籍在农村的被访户;举家迁移未定居户是全部家庭成员在城乡间流动,固定居所在农村,没有城市家庭式独立居所,户籍在农村的被访户;举家迁移定居户是全部家庭成员迁移城市,在城市有家庭式独立居所,户籍在农村的被访户;城市住户是家庭成员全部在城市,有城市家庭式独立居所,户籍在城市的被访户。

由以上五种状态产生四个迁移决策阶段,分别是初次离乡决策阶段(即纯农村户派出首个劳动力迁移,转变为半迁移户的决策阶段)、举家迁移决策阶段(即半迁移户将全部家庭成员迁移城市,转变为举家迁移未定居户的决策阶段)、定居城市决策阶段(即举家迁移未定居户定居城市,转变为举家迁移定居户的决策阶段)、融入城市决策阶段(即举家迁移定居城市户转变为城市住户的决策阶段)。在以上迁移决策与迁移行为演进过程中,农民工家庭有三种迁移方式(有序迁移、举家迁移和代际迁移)可供选择。从第一个农民工迁移城市,到家庭成员迁移数量有序增加

（即有序迁移），或者有可能家庭一次性举家迁移，或者农民工家庭由第一代成员转入第二代成员成立家庭才完成融入城市（即代际迁移）。

二、研究对象

本研究基于农民工家庭从"农民工初次离乡到城乡间往返流动，再到举家迁移、定居城市，直到最终融入城市"的市民化全过程出发，研究农民工家庭迁移决策及其引致的迁移行为。重点研究迁移的不同阶段，农民工家庭结合成员自身条件、家庭条件、社区条件以及社会环境与制度等宏观条件，在首先考虑家庭效用最大化、再考虑个人效用最大化的理性决策下，选择的不同家庭迁移行为路径，进而为快速完成市民化进程提出相应对策建议。

因此本书的研究对象是预期进入或正在进行市民化进程的农民工家庭及其成员。目标是通过研究不同阶段的农民工家庭，分析不同迁移决策及其迁移行为，提炼成员完成市民化进程的因素，探求农民工家庭永久迁移城市的一般规律，促使本研究对象中的相当部分农民工家庭能够顺利实现向城市家庭的转变。

第三节　研究假设、研究思路和分析体系

一、研究假设

（一）农民工家庭及成员理性"经济人"假设

本研究从经济学原理角度假设农民工家庭是理性"经济人"，由此决定了农民工家庭迁移决策并不是依据其成员自身因素做出的，而是在首先考虑农民工家庭整体效用最大化后，再考虑成员个体效用最大化做出的。设定该假设有以下原因：

1. 本研究分析农民工家庭迁移行为提出了多种实现市民化的途径，而这些途径的产生需要对农民工家庭的迁移行为作整体把握。对农民工家庭迁移决策与迁移行为研究和实地调查发现，在大多数农村家庭中，决策其成员分工时，自然形成了家庭内先集体讨论、后对成员进行分工的现象；在成员初步分工后，各成员再决策其自身效用的最大化。这种决策机制概括为家庭成员为整体效用最大化而进行的劳动力资源配置机制。这种家庭整体效用最大化资源配置机制运行的前提就是农民工家庭是理性"经济人"。

2. 现有的文献虽然不乏对理性"经济人"假设的批判，但现代经济学众多学者

还是对该假设给予更多的支持和发展。斯塔克、舒尔茨①、托达罗②、蔡昉③、黄宗智④、卢向虎⑤就曾解释了农民工个体在迁移中的行为理性问题。杨春学⑥则认为在"经济人"假设中,偏好的具体内容会根据所需分析的特定对象而做出重新解释。本研究所分析的农民工家庭迁移行为就应该是针对农民工家庭特定对象所做出的重新解释,农民工家庭成员在家庭决策中做出的整体效用最大化与个体成员效用最大化所得到的资源配置结果并不完全相同⑦。但如果从现代"经济人"整体理性的内涵去理解,二者并不矛盾,且是整体与个体之间的互动行为。正如林毅夫指出,"人的行为是理性的"适用于古今不同经济类型中,"这并非说人类行为的表现在不同的经济中没有不同,而是说人类的行为所以表现不同,不是他的'理性'有所不同,而是制度环境和自然条件不同,造成可供他们选择的方案不同所致"⑧。

3.农民工及其家庭的行为理性有限性。受制于主观认知能力、自身所处环境和信息不完全,农民工及其家庭迁移行为是有限理性的,也可以说,从家庭整体角度出发的理性行为,静态分析是理性行为,而动态分析可能是非理性的;或者,在短期来看是理性行为,长期来看可能是非理性的。

(二)农民工家庭可分性与不可分性假设

基于上一假定,农民工家庭迁移决策立足于实现家庭整体效用最大化。在农民工家庭进行迁移行为的决策时,考虑宏观环境、社区环境、家庭特征以及成员特征,对家庭整体迁移行为进行决策,就这一层面看,农民工家庭是不可分的。但当家庭成员劳动力资源配置完成后,成员又会根据外部环境和自身特征,对成员自身的迁移行为进行决策,从这一层面看,农民工家庭又是可分的。

如果农民工家庭不可分,则家庭追求整体效用最大化,具体表现为预期成本—收入最大化。在整体效用最大化条件下,对成员按照比较优势进行配置,形成整体迁移决策。如果农民工家庭可分,则把农民工家庭分成城市劳动力和非劳动力、农村劳动力和非劳动力四类成员进行分析。分析家庭劳动力和非劳动力的城乡配

① 张建杰.农户收入结构变动:成因及合理性[M].北京:中国农业出版社,2005:22-24.
② Todaro M P. A Model of Labor Migration and Urban Unemployment in Less Development Countries [J]. American Economic Review, 1969(3):138-148.
③ 蔡昉.民生经济学[M].北京:社会科学文献出版社,2005.
④ 李富田.有限理性与西部农民的流向选择——以四川省广汉市调查为例[J].西部大开发研究,2005(4):149.
⑤ 卢向虎.中国农村劳动力短期流动现象的一个理论解释——基于托达罗城乡迁移经济行为模型的修正[J].2005中国制度经济学年会精选论文,2005(9).
⑥ 杨春学.经济人的"再生":对一种新综合的探讨与辩护[J].经济研究,2005(11).
⑦ 胡斌.农村劳动力流动动机及其决策行为——兼析外出与不外出打工劳动力收入逆差的形成[J].经济研究,1996(9).
⑧ 林毅夫.制度、技术与中国农业发展[M].上海:上海三联书店,上海人民出版社,1994.

置,最终形成家庭成员的迁移决策。

需要说明的是,虽然家庭整体决策在前,成员个体决策在后,但实际迁移行为表现可能是农民工个体先迁移,也可能是农民工家庭举家迁移,原因是家庭迁移决策决定迁移行为。不同时间、空间和环境下,家庭整体利益最大化实现的条件不同,决策是成员迁移还是举家迁移的影响因素不尽相同,由此产生的迁移行为不同。

(三)家庭成员自由配置假设

农民工是改革开放以来随着我国城乡制度开始松动而产生的群体。中国已经在农村全面建立了以家庭为基本经营单位的经营模式,因此,农民工家庭的迁移基于家庭成员的自由配置这一前提假设是完全可行的。那么,农民工家庭成员如何配置,配置到什么行业、什么区域,以及迁移行为持续多长时间,投入多少成本,获得多少收入,都是自由的。

在自由配置假设下,农民工家庭及成员的迁移行为可以以家庭整体进行分析,也可以分成城乡劳动力和非劳动力四类分析,如何决策会受到宏观经济结构、制度因素、市场因素、城市和农村社区因素、家庭因素以及个人因素的综合影响。具体的迁移决策与迁移行为分析在下文中逐步展开。

(四)决策因素外生性和内生性假设

在微观经济主体分析中,宏观因素一般被设定是外生性的。舒尔茨[1]认为这些外生变量处理时,一般使用两种方法:一是假定外生变量不变,通过抽象将制度省略或删除;二是假定外生变量变动规律既定,只有政治或法律因素才会使其超常变动,故与微观个体分析无关。在本研究中,由于考虑到农民工家庭有限理性,农民工家庭迁移行为会因为农民工家庭获得的宏观信息不完全而产生影响。此外,近些年农民工问题相关宏观因素,特别是制度因素,与农民工整体迁移行为互动演进。因此,假定现阶段宏观因素对农民工家庭迁移行为的影响属内生性的。本书的研究目的之一也就是通过农民工家庭迁移决策与迁移行为分析对市民化进程提出相关政策建议。

其他因素,如社区因素以及个人因素、家庭因素,在微观经济主体分析中,一般假定是内生性的。本研究基于家庭层面分析,将继续沿用内生性假定。需要说明的是,一些宏观内生变量在分析环境发生变化时,也有可能按照外生变量来进行处理。

---

① 西奥多·W. 舒尔茨,梁小民译. 改造传统农业(中译本)[M]. 商务印书馆,2003.

二、研究思路和框架

农民工能否最终以家庭的形态融入城市是一个由行为家庭及其成员、社会制度结构、社区特征和自然环境诸多因素以及它们之间的复杂关系组成的系统。该系统又由众多子系统构成。本研究是围绕市民化目标,分析农民工家庭迁移行为而展开的。在理论分析中,采用了家庭效用最大化准则的新劳动力迁移经济学(The New Economics of Labor Migration)作为基本的分析框架。该学派代表人物斯塔克(Stark)和布卢姆(Bloom)强调了家庭作为利益共同体在迁移决策中的重要作用,指出迁移主要是基于家庭利益最大化和家庭收入风险最小化而进行的[①]。当然在分析中又不能拘泥于这一框架。以托达罗(Todaro)为代表的新古典主义方法,追求个体在收益或效用最大化的理论假设下决策迁移,以斯亚斯塔德(Sjaastad)、舒尔茨(Schultz)[②]为代表的劳动力迁移的成本—收益分析方法决策迁移,都是必不可少的分析工具。除此之外,以沃伯特(Wolpert)[③]为代表的行为主义方法(如 Place Utility 理论)对研究个体特征、家庭特征、社区特征对迁移的影响和作用也可以借鉴。

根据前述基础,将农民工家庭的迁移决策及其行为放置在市民化进程的四个阶段中,总结出研究思路和框架(图 1.2)。另外,图 1.2 显示的城市家庭逆向流动和农民工家庭回流农村的现象在实践中都存在,但在本研究市民化背景下不作分析。

三、分析体系

根据研究思路和框架,本研究分为九章。在对相关概念和假设进行界定,对国内外相关迁移理论和研究以及市民化研究进行评述的基础上,从成本—收入视角建立农民工家庭迁移决策机制理论分析框架和模型,对农民工家庭迁移成本—收入进行实际测度并对理论模型进行实证检验,最后将以上迁移决策与行为分析理论框架纳入到农民工家庭迁移的四个阶段,描述初次离乡阶段、城乡流动阶段、定居城市阶段和融入城市四阶段的迁移行为,分析影响因素,进而提出促进农民工家庭成员迁移的政策建议。

第一章,导论。主要提出研究的主要目标,分析本研究的必要性;界定相关基

---

① O Stark, O E Bloom. The New Economic of Labor Migrations [J]. American Economic Review, 1985(1):173-178.

② 西奥多·舒尔茨. 论人力资本投资[M]. 北京:经济科学出版社,2001.

③ J Wolpert. Behavioral Aspects of the Decision to Migrate [J]. Papers and Proceedings of the Regional Science Association, 1965(15):159-169.

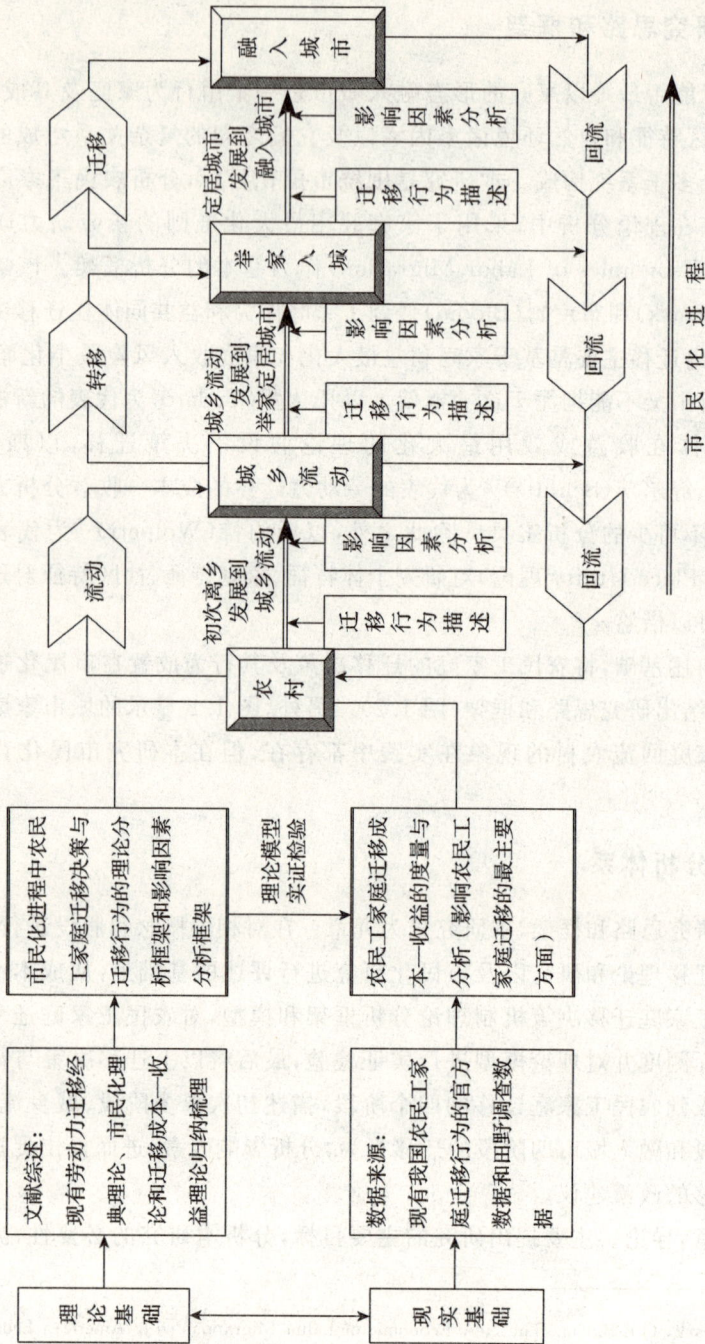

图 1.2　研究思路与框架

本概念,确定研究对象;提出相关研究假设,梳理研究思路、结构和方法,总结研究创新和不足。

第二章,劳动力迁移理论及其中国化研究进展。归纳和评述国外宏观和微观劳动力迁移理论、国内外关于中国劳动力迁移的研究文献,重点梳理家庭层面的新劳动力迁移理论及中国劳动力迁移与家庭迁移的相关研究;归纳和评述有关农民工市民化的研究文献,力图把握中国市民化的整体进程;归纳和评述本研究视角下的中国劳动力迁移成本—收入研究文献,掌握基于成本—收入视角下家庭收益最大化的理论分析模型。

第三章,农民工家庭迁移决策与迁移行为分析框架。在新劳动力迁移经济理论和成本—收益分析模型的基础上,确定农民工家庭迁移决策与迁移行为的分析思路。在此基础上,基于农民工家庭成员特征、家庭特征、社区特征、宏观环境、制度特征和心理特征的因素设定,提出静态农民工家庭迁移决策机制模型,得到各种因素综合作用下的迁移行为解,理论分析这些参数变动的方向,提出静态农民工家庭迁移决策影响因素分析 Logistic 模型,以备用于第五至八章的静态影响因素分析。在静态分析的基础上,进一步设定各类因素的增长性参数,提出动态农民工家庭迁移决策机制模型,得到各参数综合作用下的迁移行为解,理论分析这些增长性参数变动的方向,提出动态农民工家庭迁移决策影响因素分析的动态 Logistic 模型,以备用于第五、六章的动态影响因素分析。

第四章,农民工家庭迁移行为及成本—收入分析。首先利用中国官方数据和国内权威机构调研数据,提炼分析中国农民工家庭迁移行为的历史沿革和最新进展,旨在初步把握我国农民工家庭迁移的整体进程和在各个方面的迁移特征。理论分析农民工家庭迁移的成本和收入结构,利用山东省田野调查数据,对农民工家庭迁移成本、收入和净收益进行实际度量,进一步建立静态和动态农民工家庭迁移净收益均衡模型,分析实现农民工家庭市民化的最低净收益条件。

第五章,初次离乡阶段农民工家庭迁移决策与迁移行为分析。初次离乡阶段主要分析农民家庭从纯农村户发展到派出首个劳动力外出务工的迁移决策及其行为。该阶段基于山东省纯农村户和仅有一个劳动力外出务工户的调查数据实证分析,主要从家庭成员结构、家庭成本—收益结构、农村的生产与生活状况、成员城市务工状况、对城市环境和制度的了解与应用情况、市民化意愿等角度描述该阶段家庭的迁移行为,进一步对农民工家庭首个劳动力外出务工决策的影响因素进行静态和动态的分析。静态和动态影响因素分析主要运用第三章建立的 Logistic 模型和 Cox 比例风险模型进行分析,归纳静态、动态影响因素分析的结论,提出鼓励家庭派出首个劳动力迁移的决策机制。

第六章,城乡流动阶段农民工家庭迁移决策与迁移行为分析。城乡流动阶段主要分析农民工家庭从部分成员迁移逐步发展到举家迁移的迁移决策及其行为。

该阶段基于半迁移户和举家迁移未定居户的调查数据实证分析。该阶段与第五章相同,首先从各角度描述农民工家庭迁移行为;进一步对农民工家庭迁移成员数量增长进行泊松回归分析,对举家迁移决策的影响因素进行静态和动态的分析。归纳静态、动态影响因素分析的结论,提出促进家庭迁移成员数量增长和鼓励从部分成员迁移发展到举家迁移的决策机制。

第七章,定居城市阶段农民工家庭迁移决策与迁移行为分析。定居城市阶段主要分析农民工家庭从举家迁移未定居逐步发展到定居城市的迁移决策及其行为。该阶段基于举家迁移未定居户和举家迁移定居户的调查数据实证分析。该阶段同样从各角度描述农民工家庭的迁移行为;运用 Logistic 模型进行静态因素分析,并依据结论,提出促进家庭定居城市的决策机制。

第八章,融入城市阶段农民工家庭迁移决策与迁移行为分析。融入城市阶段主要分析定居城市的农民工家庭如何能够融入城市的迁移决策及其行为。该阶段基于举家迁移定居户和城市住户的调查数据实证分析。首先通过对家庭成员结构、成本—收益结构和对城市环境与制度的了解描述家庭的迁移行为,运用 Logistic 模型进行静态影响因素分析,并依据结论,归纳促进家庭融入城市的决策机制。

第九章,研究结论与展望。由于本书从第四章开始多为实证分析,第五至八章将农民工家庭的迁移行为和决策机制分为四个阶段进行分析,因此本章主要总结以上实证分析的主要结论,归纳梳理各章节依据结论提出的主要对策建议,并提出有待于进一步研究的问题。

第四节　研究方法和数据

一、研究方法

本研究采用现代经济学的多种分析方法,既注重现代微观经济学的经典分析方法(如均衡分析、边际分析等),也注重学术界前沿的研究方法(例如事件史分析、回归分析、情景模拟等)。具体来讲,主要方法有:

（一）理论分析和实证检验

理论分析是经济学现象分析的核心和基础。本研究运用规范分析方法,对国内外劳动力迁移及市民化等主要研究文献进行梳理和品评,归纳总结已有的理论和研究成果,确定研究的目标和切入点。运用新劳动力迁移经济理论和成本—收益分析理论,建立了适合中国实际的家庭迁移决策与行为分析模型,并进行推导,进而得到静态和动态迁移决策机制模型。然后,对模型进行实证检验。在建立模型过程中应用了边际分析和均衡分析（静态均衡、动态均衡等）方法，实证检验中运用了 Logistic 回归、Cox 回归、泊松回归、情景模拟等计量分析方法。

（二）定性分析和定量分析

对农民工家庭迁移行为的分析，既要符合微观主体运动的普遍规律，也要符合中国的实际情况。在对农民工家庭迁移和市民化进程的一般规律描述上，采用定性分析的方法；结合山东省调查数据，对农民工家庭迁移行为描述和影响因素分析上，采用定量分析的方法；而最终定量模型的检验结论归纳及其政策推进上，继续采用定性分析方法，希望通过数据检验，提出适合中国国情和农民工家庭发展实际的对策措施。

（三）微观分析和宏观分析

农民工家庭迁移既是一个微观问题，又是一个宏观问题。本研究首先从农民工家庭迁移收益最大化的微观角度研究了家庭迁移的原理、最优和影响因素。对市民化进程中农民工家庭各阶段的迁移决策与迁移行为研究则是把微观个体和家庭因素与宏观社区和社会制度因素有效地结合。最后从宏观角度分析农民工家庭迁移行为的影响因素，提出中国劳动力迁移制度演进和促进措施。

（四）边际分析和均衡分析

均衡分析是现代经济学的重要分析方法。本研究立足于一般均衡分析的思路，将农民工家庭放置在微观和宏观各类因素共同作用的环境中进行分析，这些因素相互作用，最终实现均衡状态。同时，也将农民工家庭分阶段进行分析，只考虑某一阶段的局部均衡，不考虑阶段与阶段之间的相互影响，进行阶段性的局部均衡分析；也将农民工家庭的成本—收入分离，构建短期和长期净收益局部均衡模型，并进行实证检验。

边际分析也是现代经济学的重要分析方法。本研究对于农民工家庭迁移效用最大化的求解过程，对农民工家庭静态和动态影响因素的 Logistic 实证分析，对农民工家庭成员迁移数量的泊松回归分析，都是利用边际分析方法。

二、研究数据

本研究主要采用构建模型进行实证分析的方法。这一方法必须以相关实地调查资料和收集数据为基础，因此有必要对本研究的主要数据简要说明。

（一）山东省 1334 个城乡户调查数据

为了保证研究的顺利进行，2012 年 1 月，作者一方面组织专门的调查小组在济南市对山东省来济农民工家庭进行实地走访，一方面组织 962 名学生对山东省的纯农村户、农民工户和城市住户进行问卷式调查。最终经过整理，实际调查户 1334 户。这些田野调查数据成为本书第四章农民工家庭迁移成本—收入分析、第五至八章分析不同类型农民工家庭迁移行为和迁移决策静态影响因素分析的主要数据来源。

这些调查数据涉及山东省 802 户农民工户、392 户纯农村住户和 140 户城市住户的数据。研究中,对这些被调查户进一步分类处理,划分为 392 户纯农村户、565 户半迁移户、130 户举家迁移未定居户、107 户举家迁移定居户和 140 户城市住户。

样本数据包括劳动力个体特征数据(即务工人员状况)、家庭整体特征数据(包括家庭人力资源、家庭成本—收入、家庭农村资产和市民化意愿)、家庭所在社区特征数据(即城乡社区环境)和家庭面临宏观环境与制度特征数据(即城乡环境与制度评价)。相关时点数据统计截止到 2011 年底,时期数据统计范围是 2011 年全年(或月平均)。

(二)2006~2011 年山东省农户跟踪调查数据

2006~2011 年山东省农户跟踪调查抽取的样本采用在村一级实行典型抽样的方法抽取,通过发放调查表形式收集数据。由于受到跟踪调查形式的限制,调查只能得到还能在农村获得调查信息的纯农村户、存在农民工的半迁移户和完全从事非农业生产的举家迁移户,未能得到已定居城市的农民工家庭的调查数据。因此,本部分数据用于第五章第三节第二部分和第六章第四节第二部分的动态影响因素分析,只能分析到首个劳动力迁移行为和经半迁移演变为举家迁移的行为。最终确定用于分析首个劳动力迁移的农户样本数为 203 个,用于分析农民工家庭半迁移和举家迁移的农户样本数为 97 个。农户调查表包括人口、劳动力情况、土地情况、农用固定资产情况、家庭经营情况、家庭全年收支情况。农民工家庭动态影响因素分析中,从农民工人口统计学特征、家庭农村生产经营、外出务工情况和家庭收支状况等方面研究影响近些年山东省农民工家庭动态变迁的因素。

(三)中国统计年鉴和权威调查数据

本研究除了以山东省调查数据为主进行统计分析和模型处理,为了全面了解中国农民工迁移行为的历史演变和最新进展,还引用了中国相关统计年鉴数据和各部委组织的全国性权威调查数据。具体有:2003~2012 年《中国农村住户调查年鉴》数据,2009 年、2011 年《中国农民工调查监测报告》数据,1983 年、1989 年、1993 年《中国农民工调研报告》数据,1996 年、2006 年国家统计局第一、二次农业普查数据,1997 年劳动和社会保障部调查数据,2000~2002 劳动与社会保障部培训就业司和国家统计局农村社会经济调查总队调查项目数据,2007 年农业部全国农村固定观察点调查数据,2010 年、2011 年国家统计局《国民经济和社会发展统计公报》数据,2011 年国务院发展研究中心报告数据。

第五节 研究的创新与不足

一、研究的创新之处

(一)研究内容的系统性深化

自 20 世纪 90 年代新劳动力迁移经济学兴起,对中国家庭层面的劳动力迁移研究和农民工家庭迁移行为研究的文献如雨后春笋般不断涌现。现有的文献主要是对家庭整体进行分析,迁移过程的研究也主要是笼统的全过程研究。与现有文献不同,本研究一方面吸收现有文献的分析范式和成果,一方面将农民工家庭成员的迁移进一步深入系统研究。主要表现在两个方面:一是横向上,将家庭整体分析深入到成员个体迁移分析,将家庭成员划分为城市劳动力和非劳动力成员、农村劳动力和非劳动力成员四类,以农民工家庭和农民工个体迁移决策与迁移行为分析为主,对家庭非劳动力成员的迁移问题也给予一定研究和关注;二是纵向上,将市民化进程中农民工家庭迁移行为拆分成五种不同的迁移状态、四种不同的迁移阶段进行分析。

(二)研究框架和方法上的创新尝试

现有文献研究家庭迁移往往是,微观研究引入家庭主要成员特征和家庭整体特征因素变量进行迁移行为分析,宏观研究引入环境与制度因素变量进行分析。与这些文献不同,本研究是将微观因素和宏观因素在家庭层面有效结合,从成员个体特征、家庭整体特征、所在社区特征、宏观环境与制度特征全方位视角建立研究框架体系。该体系中既注重成员类型和迁移阶段的框架体系构建,也注重农民工家庭迁移实践中的部分迁移、举家迁移、代际迁移等迁移方式上的选择,由此形成了成员类型、迁移阶段、迁移方式和迁移因素组成的复杂研究框架体系。

研究方法上,将微观经济学中的效用分析、成本—收益分析、均衡分析和边际分析等常用分析范式和方法应用于农民工家庭层面研究中,利用全面分析框架进行大胆尝试,并取得了预期的分析结论。实证分析中,除了沿用近几年劳动力迁移研究中的 Logistic 回归分析,还尝试将事件史分析方法中的 Cox 比例风险模型、泊松回归方法应用于本项研究之中。

(三)得到了一些有参考价值的结论

本研究对农民工家庭迁移决策和迁移行为的研究吸收运用了大量前人研究的成果,提炼出的促进农民工家庭成员市民化的政策措施也吸收了前人研究的结论。同时,通过实证研究农民工家庭成员市民化过程中的迁移决策和迁移行为,又得到了几个重要的结论,对实施和促进农民工家庭成员市民化具有重要的参考价值。

1.定居城市和融入城市阶段成为农民工家庭顺利完成向城市住户转换的障碍阶段。农民工家庭因定居城市而使净收益大幅缩减且迁移净收益为负;耕地、宅基地和住房等家庭农村资产既有市场交易运作意愿,又有保留抵御城市务工风险的想法;城市收入分配体系、合同和法律法规等务工权益保障体系、社会保障体系、住房保障体系,以及城市政治、经济、文化环境对农民工家庭的差别待遇等,都对农民工家庭顺利定居、融入城市产生阻碍。

2.农民工家庭向城乡两端沉淀的分界线是农民工家庭有 2 个以上的劳动力迁移。偶尔有成员外出务工或仅有一个农民工迁移的农民工家庭更倾向于最终沉淀在农村,2 个以上成员外出务工或举家迁移的农民工家庭更倾向于最终沉淀在城市。

3.农民工家庭最终沉淀在城市需要经过 13～17 年的时间,这同时需要家庭内的农民工获得稳定的城市就业机会和工资水平,需要对城市务工收入增长有良好的预期,需要提升家庭成员整体素质。

二、研究的不足

农民工家庭迁移,完成家庭成员市民化进程是一个复杂工程,涉及微观、宏观经济社会方方面面。本研究仅能从有限的观测视角、框架和领域进行研究,难免挂一漏万。就目前研究深度和广度分析,至少有以下不足之处。

1.研究视角收敛于经济视角。本研究仅从农民工家庭由成本—收入决定的迁移决策与行为及其影响因素角度进行分析,研究视角和领域限定较为狭窄,而该领域研究还能够逐步向社会网络、社会关系、心理预期等更广泛的经济社会综合视角拓展。

2.动态分析在该领域中的研究需进一步深入。本研究对农民工家庭分析以静态分析为主,以动态分析为辅,缺乏对农民工家庭迁移轨迹的长期观测和分析。主要原因,一是与动态面板数据调查、收集的难度有关,二是与动态分析对数据的要求较高、分析较复杂有关。由此导致本研究虽然建立了动态农民工家庭迁移决策机制模型,但只进行了理论分析,并没有进行实证检验;仅仅对动态影响因素在农民工家庭迁移上做了动态 Logistic 分析,运用动态演变分析 Cox 比例风险模型做了迁移事件史分析,但对现有研究领域动态分析的发展有限。

3.农民工家庭迁移决策机制模型需要进一步修正。本研究构建的静态和动态迁移行为模型立足于成本—收入分析,属简单的线性模型,还不能较全面反映迁移决策及其引致的迁移行为全过程,因而需要进一步修正。

第二章
劳动力迁移理论及其中国化研究进展

国内外关于劳动力迁移的研究已经形成众多成熟的理论和方法,对于这些理论和方法进行综述和回顾,有助于本研究对该领域基本理论和研究进展的认识和理解,也是本研究更深入地研究农民工家庭迁移决策与迁移行为的理论基础和选择研究角度的出发点。本章在回顾国内外劳动力迁移理论的基础上,选择构建了研究市民化进程中农民工家庭迁移问题的逻辑起点,并以此为基础,回顾了国内外关于农民工市民化进程和家庭层面农民工迁移研究的进展,做出评述。

第一节　国外劳动力迁移理论与评述

劳动力迁移理论在西方很早就引起了经济学、人类学、社会学和政治学领域的众多学者的高度关注①。这一历史可以一直追溯到古希腊时期,思想家色诺芬和柏拉图对社会分工、人口迁移、城市规模等现象进行的基础性研究。表2.1简单列出了到目前为止,劳动力迁移研究主要的研究框架和方法。本研究对农民工家庭迁移决策与迁移行为的研究主要运用经济学领域的迁移理论和方法,不再详细论述社会学、政治学和人类学领域的研究。

经济学领域的研究主要对劳动力迁移过程的原理、动因及其迁移结果等方面进行分析,该领域又可以分为劳动力迁移宏观理论(即对劳动力群体和结构视角的研究)和微观理论(即对劳动力微观个体或家庭视角的研究)。对于众多的劳动力迁移理论,从与本研究视角密切程度出发,重点回顾劳动力迁移的微观理论。需要说明的是,这些研究理论和方法只是在研究视角上有所不同,在研究方法上并没有严格的界限,彼此之间相互联系、相互交叉。本研究采用如此分类方法,主要是从选择研究视角出发,通过分析的逻辑性和层次性确定最终的研究视角。

---

① 李佐军(2003)把劳动力迁移的研究归纳为5个研究领域,分别是经济学领域、人类学领域、人口学领域、地理学领域和社会学领域。

一、宏观劳动力迁移理论与评述

宏观经济学领域对劳动力迁移的研究可以追溯到古典经济学时期。威廉·配第（W. Petty）、亚当·斯密（Adam Smith）、大卫·李嘉图（D. Ricardo）和柯林·克拉克（C. Clark）主要就收入的比较利益、部门经济结构及产业劳动生产率的变化来

表 2.1 国外劳动力迁移理论的研究框架①

研究领域		分析视角	代表理论	理论特点
经济学研究	宏观理论	社会部门	刘易斯的二元经济结构理论、拉—费模型、乔根森模型、推拉理论等	以劳动力群体为分析对象,研究社会结构刚性及由此决定的经济发展不平衡的结果对劳动力迁移的影响
	微观理论	个体	托达罗模型、哈里斯模型、斯亚斯塔德和舒尔茨迁移成本—收益理论、加里·贝克尔歧视模型等	以劳动力个体为分析对象,研究微观个体利益最大化或有限理性利益最大化条件下的劳动力个体特征和经济状况对迁移决策与迁移行为的影响
		家庭	斯塔克、泰勒、布鲁姆的新劳动力迁移经济理论等	以劳动力家庭为分析对象,研究家庭利益最大化或有限理性利益最大化条件下的劳动力个体特征和家庭特征对迁移决策与迁移行为的影响
政治学研究		社会关系	马克思主义劳动迁移理论	研究资本主义生产方式下的机器工业、社会分工和生产社会化对劳动力迁移的产生、动因和规律的影响
社会学研究		社会特征	滕尼斯、涂尔干、韦伯、帕森斯、英克尔斯等的社会角色、结构、功能主义理论,古登斯社会结构化理论	研究劳动力从传统的农业社会结构和网络向现代的工业社会结构和网络迁移所承担的角色、结构和功能,有助于理解农民和市民的社会角色属性差异
人类学研究		人类群体特征	格兰诺维特模型、弗里曼模型等	考虑人类群体的特征和人群之间的相互联系对劳动力迁移的影响

研究劳动力迁移以及经济发展的新途径②。之后,许多经济学家对劳动力迁移作了进一步研究。比较有代表性的有库兹涅茨（S. Kuznets）的经济发展收入分配效

---

① 程名望. 中国农村劳动力转移:机理、动因与障碍[D].上海交通大学博士论文,2007.

② 王志浩. 中国农民工流动行为研究[D].东北林业大学博士论文,2007.

应模型,B. 托马斯(B. Thomas)和 A. 索维(A. Sauvy)①等人提出的资源流动模型,G. S. Tolly 发展的距离理论模型和刘易斯(W. A. Lewis)为代表的二元经济结构模型。当然,最经典的还是刘易斯(W. A. Lewis)、费景汉(J. Fei)—拉尼斯(G. Ranis)和乔根森(D. Jorgenson)等学者提出的二元经济结构理论。

二元经济结构理论是刘易斯 1954 年在《劳动力无限供给条件下的经济发展》中首次提出的。该理论认为,城市现代工业部门和农村传统农业部门之间的收入差距使得农村剩余劳动力不断向城市、现代工业部门迁移②。刘易斯(Lewis)继承了古典学派的"支付维持生活的最低工资就可以获得无限的劳动供给"假说,基于城乡二元经济研究了农村劳动力迁移城市无限供给时的状态,因此模型中迁移劳动力工资就是"维持基本生活需求的最低工资"③。这个过程持续进行,直到农业部门剩余劳动力全部被吸收到现代工业部门为止。届时,由于农村剩余劳动力已经吸收完毕,如果现代工业部门继续扩张,那么它就需要提高工资以得到劳动力,劳动力供给由无限供给变为有限供给,二元经济就转变为现代一元经济。由无限供给变为有限供给的转折点就是"刘易斯转折点"。

费景汉(J. Fei)—拉尼斯(G. Ranis)对刘易斯模型进行了修正,从动态角度研究了农业和工业均衡增长的二元经济结构理论,从而更加突出了传统部门和现代部门平衡发展的重要意义④。他们注意到,农业由于生产率的提高而出现剩余产品应是农业中的劳动力向工业流动的先决条件;在劳动力向工业部门流动的第二阶段,农业劳动力向工业部门迁移导致农业部门萎缩,向工业提供的迁移人口减少,农产品供给不足,使工农业产品交换转而有利于农业,工业部门工资开始上涨;到了第三阶段,农业完成了从传统农业向现代农业的转变,农业和工业工资都由其边际生产力决定⑤。

乔根森(D. Jorgenson)没有沿用刘易斯、费景汉—拉尼斯人口增长外生假定、传统农业部门存在边际劳动力为零的劳动力、传统农业部门与现代工业部门的工资水平在现代经济出现之前固定不变等假定,从人口内生和消费结构的角度解释了劳动力迁移的动因,进一步推进了结构理论对劳动力迁移问题的研究⑥。乔根

---

① A. 索维. 人口通论(1969)[M]. 商务印书馆,1983.

② Lewis, W A. Economic Development with Unlimited Supply of Labor [J]. The Manchester School, 1954 (5): 139-191.

Lewis, W A. Unlimited Labor: Further Notes [J]. The Manchester School,1958(1):1-32.

③ 何力武,罗瑞芳. 农民工工资决定的微观行为机制研究[J].经济纵横,2010(1).

④ Fei C H and Ranis G. A Theory of Economic Development [J]. American Economic Review, 1961 (1): 533-565.

⑤ 何力武,罗瑞芳. 农民工工资决定的微观行为机制研究[J].经济纵横,2010(1).

⑥ Jorgenson D W. The Development of a Dual Economy. Economic Journal, 1961 (11):213-222.

森模型的一般假设为工业部门的工资等于边际生产力,而农业部门的工资等于劳动的平均产品,并且工资率是随着资本积累上升和技术进步而不断提高的①。他的劳动力模型在假定技术进步中性的前提下,强调了农业发展和市场机制在劳动力流动中的作用②。

除此之外,"推拉"理论也是二元经济结构理论的重要分支。该理论基于人口迁移的动机,研究城市对人口迁移的拉力和农村对人口迁移的推力作用。19世纪80年代英国地理学家列文斯坦(E. G. Revenstein)提出了人口迁移的7条规律,被认为是人口迁移推拉理论的渊源。在此基础上,人口学家唐纳德·柏格(Donald Bogue)首先提出该理论,李(Lee)③、迈德尔(G. Mydal)、索瓦尼(Sovani)、贝斯(Base)、特里瓦撒(Trewartha)等作了一些修正。该理论认为,在市场经济和人口自由流动的情况下,人口迁移和移民搬迁的原因是人们可以通过搬迁改善生活条件。流入地那些使移民生活条件改善的因素就成为拉力,而流出地那些不利的社会经济条件就成为推力④。

近些年来,二元经济结构理论不断发展。像 Daveri F. 和 Faini R. 从传统农业部门和现代工业部门的关系及变迁历史角度出发,建立了一般均衡模型。⑤⑥

宏观劳动力迁移理论是从劳动力整体或社会经济整体角度考察劳动力迁移。它强调经济发展、资源合理流动以及经济结构对劳动力迁移造成的影响,有助于理解劳动力宏观迁移的动因和外在影响因素,但劳动力迁移的宏观理论对劳动力个体或家庭的迁移决策过程及其影响因素考察较少涉及,由此决定这些理论的微观基础较弱。

二、微观劳动力迁移理论与评述——个体层面

一些国外经济学家认识到宏观劳动力迁移理论在解释劳动力个体行为和决策方面存在的问题,提出了微观劳动力迁移理论。这些理论强调在个体利益最大化或在有限理性假设下,研究劳动力的迁移决策及其行为。

(一)迁移动机理论

从劳动者个人出发研究劳动力迁移动机的国外经典理论主要有三种理论⑦。

---

① 何力武,罗瑞芳.农民工工资决定的微观行为机制研究[J].经济纵横,2010(1).

② 杨英强.现阶段农民工市民化问题研究[D].四川:西南财经大学博士论文,2008.

张清泉.二元经济结构条件下的中国农民工研究[D].福建:福建师范大学博士论文,2008.

③ E S Lee. A Theory of Migration [J]. Demography, 1966 (1), 47-57.

④ 李强.影响中国城乡流动人口的推力与拉力因素分析[J].中国社会科学,2003(1).

⑤ Daveri F, Faini R. "Where Do Migrants Go? London: Oxford Economic Papers, 1999, 51:595-620.

⑥ 周明.二元社会保障制度下农民工迁移行为及验证[J].山西师大学报(社会科学版),2010.2.

⑦ 黄敏.农村劳动力转移影响因素的研究综述[J].生产力研究,2009(23).

杨肖丽.城市化进程中农民工的迁移行为模式及其决定[D].沈阳农业大学博士学位论文,2009.

1.乔根森的需要消费拉动迁移动机学说。1967年,乔根森在《剩余劳动力与二元经济发展》论文中提出了需要消费拉动迁移学说。他认为劳动力迁移的根本动因在于消费需求变动①。劳动力滞留在农业部门是为了满足对农产品的生理需求,一旦农产品出现剩余,农业部门便失去了对劳动力的拉力,劳动力便向需求旺盛的工业部门迁移。

2.托达罗的绝对收入差距迁移动机学说。美国经济学家托达罗(Michael P. Todaro)假设城市工资是逐渐上升的,但城市存在大量失业。城乡之间预期的绝对收入差距是农村劳动力迁移到城市的动因。大量的农村劳动力涌向城市会加剧失业,有限的城市就业岗位无法满足市区居民和农村迁移到城市劳动力的就业需求,使一些劳动力继续滞留在农村。因此,托达罗的理论隐喻必须减少城市和农村就业机会的不平等,城市工作机会的创造不是解决城市失业问题的有效办法②。

3.伊斯特林的相对收入差距迁移动机学说。伊斯特林(Richard Easterlin)提出相对经济地位变化决定着劳动力的迁移行为③。劳动力是否迁移不仅取决于城乡收入或预期收入的绝对差距,还取决于他们在家乡感受到的相对经济地位的变化,以及迁移后按照当地生活标准所感受到的相对经济地位的变化④。

除以上三种比较有代表性的劳动力迁移动机理论外,还有居住满意性动机、社会流动\社会地位变化动机、生活方式偏好动机、不迁移决策动机、家庭和朋友影响迁移动机。这些研究从经济动机外的社会和心理等不同方面对劳动力迁移动机进行了阐述。

(二)迁移决策理论

研究微观劳动力迁移决策的理论主要来源于发展经济学的研究,研究者解释了刘易斯和费景汉—拉尼斯等宏观模型无法解释的为什么劳动力迁移过程不顾城市失业和隐蔽失业的存在而继续进行的迁移行为。最典型的模型是基于个体行为分析的托达罗模型、哈里斯模型、斯亚斯塔德(Sjaastad)和舒尔茨(T. W Schultz)迁移成本—收益理论。除此之外,罗西的生命周期理论、罗杰斯的人口迁移年龄—

① Dale W Jorgenson. Surplus Agricultural Labor and the Development of a Dual Economy[J]. Oxford Economic Papers, New Series, 1967(3):288-312.

② 迈克尔·P.托达罗.经济发展与第三世界[M].1992:243-245.

③ Diane J Macunoxich. A Conversation with Richard Easterlin [J]. Journal of Population Economics, 1997(10):119-136.

④ O Stark a, J E Taylor. Migration Incentives, Migration Types: The Role of Relative Deprivation [J]. The Economic Journal, 1991(9): 1163-1178.

迁移率模型、Abowd—Farber 决策模型[①]、搜寻理论模型[②]也是较为普遍认同的理论模型。

1. 托达罗模型。托达罗模型从预期的城乡收入差距出发,认为只要在城市中预期收入的现值比在农村大,迁移决策就是合理的。用公式表示为

$$M(t) = f[d(t)], f' > 0$$

式中,t 表示时间,$M(t)$ 表示乡城劳动力迁移人数,$d(t)$ 表示城乡预期收入差距,$f' > 0$ 表示劳动力迁移是预期收入差距的增函数。

该式表示阶段时间内农村劳动力向城镇迁移的数量是预期收入差距的增函数。劳动力务农的预期收入等于未来务农实际收入,城市务工预期收入等于未来务工实际收入和就业概率的乘积。这样 t 期城乡预期收入差异可以表示如下:

$$d(t) = w(t)\pi(t) - r(t)$$

式中,$w(t)$ 表示城市务工实际收入,$r(t)$ 表示务农实际收入,$\pi(t)$ 为城市就业概率。该式表示预期城乡收入差距由实际的城乡收入差距和城市就业概率决定。

托达罗认为在任一时期,迁移者在城市现代部门找到工作的概率与现代部门新创造的就业机会成正比,与城市失业人数成反比,即

$$\pi(t) = \gamma n(t) / [s(t) - n(t)]$$

式中,$\gamma n(t)$ 表示现代部门工作创造率,$s(t)$ 表示城市地区劳动力总规模,$n(t)$ 表示现代部门就业总人数。

托达罗进一步指出现代部门工作创造率等于工业产出增长率减去现代部门的劳动生产增长率,即

$$\gamma = \lambda - \rho$$

式中,λ 表示工业产出增长率,ρ 表示劳动生产增长率。这样,劳动力迁移到城市找到工作之前的 n 期净收益贴现值 $V(0)$ 可以表示为

$$V(0) = \sum_{0}^{n} [P(t)Y_u(t) - Y_r(t)](1+r)^n - C(0)$$

式中,$V(0)$ 表示迁移者计划期内预期城乡收入差异的净贴现值,$Y_u(t)$、$Y_r(t)$ 分别代表 t 期城市和乡村的实际工资,n 代表计划范围内的时期数,r 表示贴现率,$C(0)$ 表示迁移成本,$P(t)$ 表示一个迁移者在 t 期中在现代部门找到工作的概率。

$P(t)$ 是 t 期前迁移者找到工作的累加概率,它与 $\pi(t)$ 不同,后者指的是某一时

---

① John M Abowd a, Henry S Farber. Job Queues and the Union Status of Workers [J]. Industrial and Labor Relations Review, 1982(3), 354-367.

② Roberson Richard, Shimer Robert, Wright Randall. Search — Theoretic Models of the Labor Market: A Survey Forthcoming [J]. Journal of Economic Literature, 2005.

Ian Molho. Spatial Search, Migration and Regional Unemployment [J]. Economics, 2001(68):269-283.

期迁移者被雇佣的概率,它们之间的关系为

$$P(t)=\pi(1)+\sum_{i=1}^{t}\pi(t)\prod_{j=1}^{i-1}[1-\pi(j)]$$

从以上就业概率公式可知,假设实际收入 $Y_u(t)$ 和 $Y_r(t)$ 都不变,那么某劳动力迁移到城市时间越长,他获得工作的机会就越大,从而他的预期收入也就越高。因此,从长期观点来看,城市预期收入还是比农村预期收入高。

由以上过程可知,劳动力迁移规模是城乡收入差距净贴现值的增函数,即 $M=f[V(0)]$,$f>0$。

若 $V(0)>0$,则劳动力愿意迁移到城市寻求工作机会,若 $V(0)<0$,则劳动力滞留在农村或回流到农村。

从研究劳动力迁移决策角度,托达罗模型也有一些缺陷。如托达罗模型强调劳动力能够长期在城市找到工作,但对于劳动力短期迁移决策和劳动力回流决策问题未予考虑。该模型迁移成本的考虑过于笼统。要对劳动力迁移决策及其行为进行分析,需对迁移成本及其影响因素进行深入的分析。

2.哈里斯模型。针对托达罗模型存在的一些缺陷,哈里斯(J. R. Harris)1970 年在《美国经济评论》发表了《人口流动、失业和发展:两部门分析》,提出了著名的哈里斯—托达罗模型。该模型假定城市工资率在某种程度上是外生决定的。根据这一假定,迁移劳动力的实际工资较低将引起流向城市的劳动力人数减少,使得城市产生较多的就业机会和较低的失业率。城市最低工资提高引起资本替代劳动力,并导致就业增长率低于实际产出增长率。哈里斯—托达罗模型分析了迁移对城乡产出量、收入与福利的影响。其模型结论的基本公式是

$$W_A=\frac{L_M}{L_{US}}\bar{W}_U$$

式中,W_A 表示务农工资收入,L_M 表示城市工业就业量,L_{US} 表示城市劳动力总量,$\frac{L_M}{L_{US}}$ 表示城市就业概率,$\bar{W}_U$ 表示工业部门工资收入,$\frac{L_M}{L_{US}}\bar{W}_U$ 表示预期城市工资水平。该公式表示了乡城迁移决策的边际条件,即当 $\frac{L_M}{L_{US}}\bar{W}_U>W_A$ 时,乡城迁移才会发生。

从哈里斯—托达罗模型中得出基本结论是:城市高工资引致城市高失业,如果务农工资水平不能提高到一定程度,城市额外的就业机会将导致更多的农民流动到城市部门的数量增加。该模型还表明:强行阻碍和限制劳动力的迁移可能会减少农业部门的净福利。

3.劳动力迁移成本—收益理论。劳动力迁移的成本—收益理论首先由舒尔茨(Schultz)提出,斯加斯塔德(Sjaastad)对其进行了修改并建立了数学模型,后经多

位学者逐步完善。

舒尔茨(Schultz)首先从成本收益的角度研究人口迁移行为。在《人力资本投资》一书中,他将"个人和家庭适应于变换就业机会的迁移"视为人力资本投资的五种途径之一。在假定迁移是一种能带来收益的人力资本后,舒尔茨指出只有当收益大于成本时迁移行为才能发生。迁移成本包括迁移过程中的各种直接成本和机会成本。直接成本包括流动成本、信息搜寻成本、决策成本和其他迁移支出;机会成本包括因迁移过程而损失的其他领域的工作收入,以及迁移到城市务工环境中的心理成本。迁移收益指劳动力迁移后获得的更好的工作机会、工资收入和工作环境[①]。

根据舒尔茨的理论,1962年斯加斯塔德(Sjaastad)建立了成本收益数学模型,该模型假定个体迁移的条件符合下式:

$$\sum_{j=1}^{n} \frac{(Y_{aj} - Y_{oj})}{(1+r)^j} - T > 0$$

式中,Y_{aj}代表第j年在迁入地的收益,Y_{oj}代表在第j年在迁出地的收益,n为预期获利的总年数,r为计算收益的未来利息率,T为迁移成本。

该模型认为个体迁移决策的前提条件是迁移所获的收益大于迁移的成本。由于考虑了未来利率,所以这里的收益和成本都是现值可比的[②]。其中,他把收益分为货币收益和非货币收益,把成本也分为货币成本和非货币成本。货币收益是劳动力迁移后获得的更高工资收入,非货币收益是迁移后获得的更好的生活、更稳定的职业、居住城市的心理满足等。成本是迁移过程中的效用损失,其中货币成本包括流动成本、农村资产的遗弃、城市务工相关的教育和培训支出等,非货币成本包括放弃农村生活、适应城市生活以及因地域间在文化和生活方式上的差异所造成的心理损失[③]。

20世纪60年代末,该理论被广泛应用并被多位学者加以补充完善。主要观点集中在两个方面:一是迁移者对收益和成本的预期结果决定了迁移决策,而预测结果主要是从期望收益改善、期望环境改善和从政府政策中获益这三个方面体现出来的;二是任何投资都包含了风险,因此即使收益大于成本,迁移也未必发生,只有当潜在迁移者乐意担此风险,迁移行为才会真正实现。这就是说,预期收益大于预期成本只是实现迁移的必要条件,不构成实现迁移的充分条件[④]。

微观劳动力迁移理论注重个体经济利益最大化行为的分析。按照微观个体利

① 杜书云. 农村劳动力转移就业成本—收益问题研究[D].郑州大学博士学位论文,2006.
② 蔡建明等. 现代地理科学[M].重庆出版社,1992.
③ 翁扬. 基于成本收益的推拉作用看待"民工荒"问题[D].西安交通大学硕士学位论文,2008.
④ 蔡建明等. 现代地理科学[M].重庆出版社,1992.

益最大化引导劳动力要素在区域之间流动,提高要素配置效率,进而对提高经济效益具有很大的促进作用。然而,该理论假设一个完善的劳动力市场体系,劳动力空间迁移除微观个体因素外没有其他障碍,且劳动力信息充分等。这些假设都是不合实际的。实际劳动力迁移要比该理论复杂得多。劳动力需要考虑各方面的因素,需要引入更多的经济变量和非经济变量。

三、微观劳动力迁移理论与评述——家庭层面

(一)新劳动力迁移经济理论

以 Stark、Bloom 和 Taylor 为代表的经济学家在假定家庭福利最大化的条件下,立足于以迁移者家庭为单位分析其迁移决策。他们的理论被称为新劳动力迁移经济理论。

新劳动力迁移经济理论强调家庭和家庭决策在劳动力迁移决策中的重要性。"尽管劳动力迁移行为的执行者通常是以单个迁移者的形式出现的,但是劳动力迁移本身比单个人的利益最大化蕴涵着更多的含义。由个别人进行的迁移行为实际上是一组人决策的结果,或是对一组人决策的执行,家庭就是这一组人的存在形式之一"[①]。新劳动力迁移经济学用投资组合理论和契约安排理论来解释劳动力迁移行为与家庭决策的关系。按照投资组合理论的观点,由于农业的长期收入是不稳定的,家庭全部劳动力务农,家庭总收入会因农业生产自身的波动而出现波动性,这会与家庭成员长期平稳性消费偏好相矛盾。抵御农业生产和家庭收入的波动性,需要对家庭劳动力资源进行重新配置。如果部分家庭劳动力外出务工,且收入稳定,或者,即使收入不稳定,只要其波动与务农收入的波动性不同步,都能够保持家庭总收入稳定。所谓契约安排理论,是指迁移者和他的家庭成员都受制于一个共同选择的契约安排。在这个契约中汇款行为具有重要的作用和意义:"汇款本身就是迁移者和他的家庭成员之间的不断进行着的一种契约安排,而绝不是利他主义的结果"[②]。新劳动力迁移经济学对汇款这种契约安排形式的解释是,家庭成员首先对迁移者的迁移成本提供投资,但是这种投资是以迁移者向家庭提供汇款的预期收益契约为前提的;同时,迁移者也与家庭保持联系,但这种联系也是以其可获得的家庭资产收益为前提的。总之,通过这种"风险共担、利益共享"的契约安排,迁移者与家庭其他成员既可获得各自的利益,又可以使家庭整体利益最大化,因此以家庭个别成员形式出现的劳动力迁移行为才能不断地继续下去。

① Stark O. Migration in Less Development Countries: Risk, Remittances and Family [J]. Finance and Development, 1991(4):431-452.

② O. Stark. Migration in Less Development Countries: Risk, Remittances and Family [J]. Finance and Development, 1991(4):431-452.

Stark 和 Taylor 在分析迁移因素时,引入了社会特征和社会网络等因素,用"相对贫困"来解释这些因素对迁移的影响①,认为农村劳动力是否迁移不仅取决于他们与城市劳动力之间的预期收入差距,还决定于他们在家乡感受到的相对贫困度,即农户与农户之间收入的相对差距,许多感到经济地位下降的农户会产生迁移动机②。

新劳动力迁移经济理论的实质是对托达罗模型的扩展和完善,仍然属于微观劳动力迁移理论。

(二)沃伯特的地方效用理论③

沃泊特(Wolpert)④提出了"地方效用"(Place Utility)理论。地方效用理论用于分析迁移对象对迁移到某个地方的满意程度,迁移对象会选择地方效用高的区域迁移。对于农民工家庭城乡间的地域迁移,该理论有很好的适用性。

地方效用理论通常用以实证检验研究迁移对象的个人特征、家庭特征、区域特征、制度政策等对迁移对象的影响。一般运用多元逻辑模型(Multinomial Logit Model)或条件逻辑模型(Conditional Logit Model)来模拟迁移对象的迁移区域间的满意度。目前,地方效用理论模型一般用于农民工个体或迁移劳动者个体的分析较多,分析时,往往建立在经济分析基础上设计因变量和自变量,自变量主要引入区域性变量、迁移劳动力个体特征和家庭特征变量。其理论模型如下⑤:

假设迁移对象可以选择 n 个地域迁移,假设某迁移对象 i 选择区域 j 的效用为

$$U_{ij} = \beta X_{ij} + \varepsilon_{ij}$$

式中 X_{ij} 是迁移对象个体特性、家庭特征和区域特性的向量(性别、年龄、受教育程度、婚姻状况、户口所在地、劳动者收入状况、家庭劳动力比重、平均年龄、家庭资产状况、家庭收支状况等)。

如果迁移对象 i 选择了区域 j,则其效用 U_{ij} 在 j 个区域中是最高的,即若 j 是迁移的目的地,迁移对象选择 j 的概率可以表示为

$$P(y_i = j) = P(U_{ij} > U_{ik}), k \neq j$$

式中,k 表示其他迁移地域。

根据 McFadden 检验,如果假设迁移对象 i 面对的 n 个选择是相互独立的,而

---

① 借用"相对贫困"来解释人的经济行为最早是由伊斯特林(Easterlin)提出的。

② O Stark,J E Taylor. Migration Incentives, Migration Types:the Role of Relative Deprivation [J]. The Economic Journal, 1991(101,408):1163-1178.

③ 程名望. 中国农村劳动力转移:机理、动因与障碍[D]. 上海交通大学博士论文,2007.

④ J Wolpert. Behavioral Aspects of the Decision to Migrate [J]. Papers and Proceedings of the Regional Science Association, 1965(15):159-169.

⑤ 兰晓虹,王晶. 中国劳动力转移的综合理论框架[J]. 辽宁师范大学学报(社会科学版),2006(1):38-41.

且服从 Weibull 分布,那么迁移对象 i 迁移到 j 的概率为

$$P(y_i = j) = \frac{\exp(\beta' X_{ij})}{\sum_{k=1}^{n} \exp(\beta X_{ik})}$$

迁移对象向 j 区域迁移的概率函数为

$$\ln L = \sum m_{ij} \ln P(m_{ij} = 1)$$

如果迁移对象 i 迁移到区域 j,则 $m_{ij} = 1$。这个模型可以用最大似然法估计。值得注意的是,采用这个模型有一个很重要的假设,即迁移者面对的 n 个选择是相互独立的。

Hausman 和 McFadden(1987)提出了一个常用的检验这个假设的方法,检验的统计公式如下:

$$\chi^2 = (b_s - b_f)(V_s - V_f)^{-1}(b_s - b_f)$$

这个检验服从 k 个自由度的 χ^2 分布,b_s 和 b_f 分别是采用部分选择和所有选择所估计的参数值向量,V_s 和 V_f 是对应的协方差矩阵估计值,k 是 $(V_s - V_f)$ 的秩。在相同自由度的情况下,χ^2 值越小,上述模型越可靠。

沃伯特的地方效用理论,其优点是宏观迁移行为理论与微观迁移理论的综合,是通过研究劳动力迁移的微观机制来解释劳动力区际迁移的宏观模式,既考虑到了个体特征与迁移的影响,又考虑到了宏观因素、社区因素的影响。其缺点是"地方效用"只是一种主观判断,难以定量。由于信息获得的区域性与个体差异,迁移者对来源地与目的地"地方效用"的判断往往不一致。在现实生活中,迁移者不一定是"理性经济人"而追求"效用最大化"。

第二节 中国劳动力迁移的研究与评述

与国外的劳动力经典理论研究相比,国内外关于中国劳动力迁移的研究较晚。由于改革开放之前,我国采取严格限制农村劳动力流动的政策,因此这一时期,劳动力迁移问题研究寥若晨星。20 世纪 80 年代后,随着政策松动,农村劳动力流动现象逐渐增多,特别是"民工潮"的出现,诸多问题凸显,该领域研究逐渐兴起。目前该领域相关研究如汗牛充栋、多如牛毛,总结起来有两个特点:一是以借鉴国外各学科领域经典劳动力迁移理论为研究基础,且出现了各学科领域相互交叉融合的端倪;二是中国劳动力迁移研究主要集中于迁移动机分析、迁移特征分析、迁移作用(或贡献)分析、迁移模式及归宿分析、迁移因素分析、相关措施分析等几个方面。它们之间的逻辑关系是:由于迁移动机研究更多地关注收入方面,因此由该领域又延伸出了迁移劳动力的工资水平和趋势的研究;迁移的动机决定了迁移特征,迁移特征决定了迁移给城乡经济带来多大的贡献和作用,也决定了迁移行为采取

何种模式进行;迁移模式的研究主要集中在短期迁移或是长期定居[①]、就地迁移[②]或是异地迁移[③]两个方面,也有像刘伯文[④]提出的各种方式综合应用的模式,当然在这些模式中,迁移最终也就产生了迁移和不迁移、城市定居和回流农村两类归宿;迁移归宿如何实现由迁移的诸多影响因素决定;迁移的相关措施又是由迁移的影响因素分析产生。本研究重点综述迁移的动机、特征、影响因素三个方面。

一、迁移动机研究

近年来,大量的案例研究(冯海发,1995;农业部,1995;中国社科院农村所,1996)表明,就我国农村外出打工劳动力的流动动机而言,绝大多数是为了追求更高收入才外出打工的,剩下的很少一部分是为了求生存、求发展[⑤]。由于劳动力迁移是以追求高收入为主,也由此引申出来对劳动力迁移收入的现状、趋势的研究。蔡昉、都阳对2003年以来迁移劳动力的工资水平及趋势进行研究,认为"刘易斯拐点"即将到来[⑥]。纪月清、刘迎霞、钟甫宁也对迁移劳动力工资上涨,但城乡收入差距进一步扩大作了描述[⑦]。

二、迁移特征研究

关于劳动力迁移特征方面的研究非常多。本研究对大量的文献进行梳理后,对迁移特征所涉及的研究面、代表学者和主要观点进行综合,见表2.2。

---

① 任远."逐步沉淀"与"居留决定居留"——上海市外来人口居留模式分析[J].中国人口科学,2006(3).
  任远.流动人口聚积与城市管理:为什么需要一个以融和为导向的社会政策[J].摘自左学金等.中国人口城市化和城乡统筹发展[M].上海:学林出版社,2007(6):227-237.
② 张培刚.新编发展经济学教程[M].北京:经济科学出版社,2001.
  张培刚.农业与工业化(中下合卷)[M].武汉:华中科技大学出版社,2002.
  朱明芬.农民工家庭人口迁移模式及影响因素分析[J].中国农村经济,2009(2):67-76.
③ 林毅夫为主要代表.
  丁兆庆.中国农村富余劳动力转移战略研究[D].中共中央党校博士学位论文,2005:67-68.
  钱永坤.农村劳动力异地转移行为研究[J].中国人口科学,2006(5):60-68.
④ 刘伯文.我国农村富余劳动力转移就业问题探析[J].东北大学学报(社会科学版),2004(5):53-58.
⑤ 胡斌.农村劳动力流动动机及其决策行为——兼析外出与不外出打工劳动力收入逆差的形成[J].经济研究,1996(9).
⑥ 蔡昉,王美艳.农村劳动力剩余及其相关事实的重新考察——一个反设事实法的应用[J].中国农村经济,2007(10):4-12;
  蔡昉.中国经济面临的转折及其对改革和发展的挑战[J].中国社会科学,2007(3):4-12;
  蔡昉.劳动力无限供给时代结束[J].金融经济,2008(3):16-17;
  都阳.劳动力市场供求开始发生新变化[J].财经界,2008(2):47-51.
⑦ 纪月清,刘迎霞,钟甫宁.中国农村劳动力迁移:一个分析框架——从迁移成本角度解释2003-2007年农民工市场的变化[J].农业技术经济,2009(5):4-11.

表 2.2　　　　　　　　　　　关于中国劳动力迁移特征方面的代表性文献

特征面	研究者	主要观点
性别特征	蔡昉，Huang and Pieke①	因传统和劳动力市场需求，男性迁移比例高于女性迁移比率。男性移民的比例为 55%（蔡昉，1996），女性移民只占 1/3（Huang & Pieke，2003）
年龄特征	郑功成，黄黎若莲②；杜鹰③；章铮	根据 1997 年和 2007 年的调查，劳动力迁移年轻化，30 岁流动的人口占绝大比重。由于企业降低成本、增加利润，用工需求的年轻化导致农民工工作年限大幅度缩短，以至于一方面青年农民工供不应求，出现全国性的民工荒；另一方面农民工进入中年后，绝大多数无法在城市找到工作（章铮、谭琴，2005）
文化程度	王德文，蔡昉④；赵耀辉⑤；郑功成，黄黎若莲⑥	迁移劳动力的文化程度比不迁移劳动力稍高，初中文化程度的迁移劳动力比重最大，且文化程度在逐步提高，高中及以上文化程度的迁移劳动力呈现快速上升态势
婚姻特征	杜鹰⑦，赵耀辉⑧，朱农⑨	婚姻状况对劳动力迁移有显著的负影响。虽然总体上看农村迁移劳动力中未婚的比例高，但不同性别的未婚比例不一样，男性未婚迁移比例比女性未婚迁移比例高。赵耀辉调查得到已婚使转移概率降低 2.8%，已婚的农村劳动力和平均水平相比较有 37.6% 的人不愿意转移
民族特征	Huang and Pieke⑩	少数民族一般不倾向于移民
时间特征	马九杰，孟凡友，吴兴陆；杜鹰等；蔡昉⑪	目前外来农民工的流动表现为短期的而非持久性的，定居城市意愿不强，我国农村劳动力在流动方式上，以农民工的身份在城市就业，但无法实现永久性迁移，处于循环流动状态

①⑩　杨肖丽.城市化进程中农民工的迁移行为模式及其决定[D].沈阳农业大学博士论文,2009.

②⑥　郑功成,黄黎若莲.中国农民工问题与社会保护[M].北京:人民出版社,2007(6).

③⑦　杜鹰.现阶段中国农村劳动力流动的基本特征与宏观背景分析[J].来源:中国转轨时期劳动力流动[M].北京:社会科学文献出版社,2006(6):118-136.

④　王德文,蔡昉,张国庆.农村迁移劳动力就业与工资决定:教育与培训的重要性[J].经济学(季刊),2008(7):1131-1148.

⑤　赵耀辉.中国农村劳动力流动及教育在其中的作用[J].经济研究,1997(2):30-39.

⑧　Zhao Yaohui. Leaving the countryside: Rural－to－urban migration decisions in China [J]. American Economic Review, 1999(2): 281-286.

⑨　朱农.中国劳动力流动与"三农"问题[M].武汉:武汉大学出版社,2005(10).

⑪　马九杰,孟凡友.农民工迁移非持久性的影响因素分析[J].改革,2003(4).

吴兴陆.农民工定居性迁移决策的影响因素实证研究[J].人口与经济,2005(1).

杜鹰.现阶段中国农村劳动力流动的基本特征与宏观背景分析[J].来源:中国转轨时期劳动力流动[M].北京:社会科学文献出版社,2006(6):118-136.

（续表）

特征面	研究者	主要观点
收入特征	Wang and Xu①；蔡昉，都阳②；钟笑寒	Wang 和 Xu 基于北京与上海的数据研究发现，农民工大多从事低收入的低级工作；中国大规模城乡劳动力流动同时，城乡收入差距在逐步扩大，城乡劳动力流动与城乡收入差距之间存在一种负相关关系
行业特征	杜鹰；赵树凯③；杨云彦，陈金永；Dong and Bowles④；劳动和社会保障部课题组；王美艳⑤	劳动力迁移分布于职业队列末端、城市本地劳动力供给不足的行业，集中在城市制造业、建筑业、批发零售贸易业、运输业等社会服务业；民工荒首先出现在劳动密集型制造业，如制鞋、玩具制造、电子装配、服装加工、塑料制品加工等行业（劳动和社会保障部课题组，2004）；身份会降低他们进入国有单位的机会，阻止他们进入外商直接投资公司
家庭特征	李强⑥，周皓⑦	李强（1996）指出流动人口的家庭关系可归为单身（未婚）子女外出型、兄弟姐妹外出型、夫妻分居型、夫妻子女分居型和全家外出型 5 种基本模式。农民工的家庭关系模式以分居家庭为主，在未来的几十年中，分居的家庭模式会是中国农民工家庭的主要模式。周皓（2004）通过对 2000 年全国第五次人口普查数据分析指出，目前中国人口流迁已呈现家庭化的趋势，人口迁移与流动的家庭化成为 20 世纪 90 年代不同于 70 年代、80 年代的一个重要标志

① Wang Feng and Xu jin Zuo. History's Largest Labor Flow：Understanding China's Rural Migrant Inside China's Cities：Institutional Barriers and Opportunities for Urban Migrants [J]. American Economic Review，1999(2)：276-280.

② 蔡昉.集成劳动力流动的研究[J].摘自：中国转轨时期劳动力流动[M].北京：社会科学文献出版社，2006(6)：1—12.

都阳.农村劳动力向城市的迁移：国际经验[J].摘自：中国转轨时期劳动力流动[M].北京：社会科学文献出版社，2006(6)：386-399.

③ 杨肖丽.城市化进程中农民工的迁移行为模式及其决定[D].沈阳农业大学博士论文，2009.

④ Dong Xiao Yuan and Paul Bowles. Segmentation and Discrimination in China's Emerging Industrial Labor Market [J]. China Economic Review，2002(13)：170-196.

⑤ 王美艳.城市劳动力市场上的就业机会与工资差异——外来劳动力就业与报酬研究[J].中国社会科学，2005(5).

⑥ 李强.关于"农民工"家庭模式问题的研究[J].浙江学刊，1996(1).

⑦ 周皓.中国人口迁移的家庭化趋势及影响因素分析[J].人口研究，2004(4).

（续表）

特征面	研究者	主要观点
代际特征	王春光；朱农①；刘传江，徐建玲②	王春光(2001)对青年农民的特征、心理状态等方面进行了描述性的研究,称这一代人为新生代。朱农(2002)运用生命史理论,分析了农村劳动力一生中的多次流动行为,结果发现农村年轻一代的地域流动性和职业流动性比他们的前辈要高得多。改革开放以后出生的年纪较轻的农民工和计划经济时代成长起来的年纪较大的农民工,不论在成长的社会环境还是家庭环境方面都有根本性的变化,这在很大程度上决定了这两部分亚群体在文化、观念和行为上都有着明显的差别
国际比较	林毅夫；Johnson③	中国 20 世纪80～90 年代,迁移增加了,尤其后一时期,年均省际迁移率为 0.47%,就业人口年均省际迁移率为 0.62%。与 1996～1997 年间美国各州间迁移率比较,中国迁移率是美国的 1/4

三、迁移的影响因素研究

在整个中国劳动力迁移研究中,迁移的影响因素研究是研究热点。影响因素的分析可以有力地说明劳动力迁移决策及其引致迁移行为的整个过程(包括迁移动机、迁移特征),也决定了迁移行为取得的效果(或作用),是劳动者选择正确迁移模式和归宿的出发点,也是提出迁移措施的有利论据。由于受到国外劳动力迁移经典理论的影响,关于中国劳动力迁移的影响因素也主要是从宏观、微观两个层面展开分析的。以下作一简要叙述。

（一）迁移的宏观影响因素研究

国内外研究宏观劳动力迁移因素的文献众多,表 2.3 对有代表性的研究从研究方面、研究内容、影响因素几个方面进行了梳理。

---

① 朱农.中国劳动力流动与三农问题[M].武汉:武汉大学出版社,2005.
高芸,张丞.农村劳动力反复流动行为的决定因素分析[J].农业技术经济,2010(3).
② 刘传江,徐建玲."民工潮"与"民工荒"——农民工劳动供给行为视角的经济学分析[J].财经问题研究,2006(5).
③ 林毅夫,王格玮,赵耀辉.中国的地区不平等与劳动力转移[J].摘自:中国转轨时期劳动力流动[M].社会科学文献出版社,2006(6):229—243.
D Gale Johnson. Provincial Migration in China [J]. China Economic Review. 2003 (14):22-31.

表 2.3 关于中国劳动力宏观迁移影响因素的代表性文献

研究面	研究者	研究内容	影响因素
经济发展和经济结构因素	高国力①	区域经济收入差距影响劳动力转移。区域经济收入差距越大,劳动力转移越活跃,其向高经济收入区域转移	经济区域发展的不平衡
	陈吉元②	提出了中国的城镇正规就业、城镇非正规就业和农村就业"三元经济"结构,引入城镇非正规就业部门,解释了劳动力转移的动因与障碍	城市非正规就业部门
	杜鹰③,李实④	从农村收入或资源禀赋的角度研究了我国农村劳动力转移的原因,认为农业资源禀赋的缺乏和农业收入低下是农村劳动力转移的主要原因	农村收入、农村资源禀赋
	蔡昉⑤	具有较低的务农收入的农民最有可能作出转移决策,农村内部相对收入差距是农村劳动力转移决策的重要影响因素	农村相对收入差距
	朱农⑥	城乡 GDP 等宏观经济因素对劳动力转移的影响,结果发现:城镇人均 GDP 越高,吸引劳动力的拉力越大;农村人均 GDP 越低,劳动力转移的意愿越强	城乡 GDP
	危丽,杨先斌⑦	从低素质农村劳动者和高素质农村劳动者两个角度对我国农村劳动力转移的动因和障碍进行了分析	劳动者整体素质
	白云涛,甘小文⑧	建立了动态博弈模型,利用进化博弈的方法,发现农村劳动力转移的第一动因是经济收入因素	经济收入
	崔传义,韩俊	东南沿海地区的产业结构升级和转移将使得农村劳动力流向中西部地区及就地就近转移的比例日益加大⑨	区域产业结构

① 高国力.区域经济发展与劳动力迁移[J].南开经济研究,1995(2):12-17.
② 陈吉元.中国农业劳动力转移[M].北京:人民出版社,1993.
③ 杜鹰.现阶段中国农村劳动力流动的群体特征与宏观背景分析[J].中国农村经济,1997(6):23-26.
④ 李实.中国经济转型中劳动力流动模型[J].经济研究,1997(1):43-51.
⑤ 蔡昉.劳动力迁移和流动的经济学分析[J].中国经济学,1996(2):1-6.
⑥ 朱农.论收入差距对中国乡城迁移决策的影响[J].人口与经济,2002(5):11-17.
⑦ 危丽,杨先斌.农村劳动力转移的博弈分析[J].经济问题,2005(9):34-37.
⑧ 白云涛,甘小文.江西劳动力转移的动态模型分析[J].企业经济,2005(7):8-12.
⑨ 高芸,张丞.农村劳动力反复流动行为的决定因素分析[J].农业技术经济,2010(3).

（续表）

研究面	研究者	研究内容	影响因素
经济发展和经济结构因素	程名望等①	城镇工业技术进步,是农村劳动力转移的根本动因,这实际上也是侧重于经济因素	城镇工业技术进步
	Sit and Yang,Li	外商直接投资主要集中于中小规模经济、劳动密集型产业及加工业,从而促进沿海地区中小企业和农村工业化的发展,吸收大量的农业剩余劳动力	外商直接投资
	张宗和,宋树理②	收入低下等经济因素固然是农民工流动的初始动机和根本动机,与"民工荒"直接相关,但是低收入对劳动力迁移的影响作用逐步减弱	农村收入
制度政策因素	李培林③;林毅夫等④;李晓春,马轶群⑤;Meng and Hang;王美艳⑥;严善平⑦	城乡二元的户籍制度对农村劳动力迁移的影响,并提出改进意见,促进农村劳动力顺畅入城	户籍制度
	蔡昉⑧	从制度的视角提出了中国农村劳动力"钟摆式"流动模式的两大制度原因——土地对农民的吸引、户籍制度的分隔作用	土地制度,户籍制度
	程名望等⑨	解决我国农业劳动力转移问题的工作思路,必须尽快转移到城镇拉力诸因素上来,特别是在户口、子女入学、就业机会等方面消除歧视,提供城镇医疗、失业保险等社会保障,建立完善的农民工劳动力市场等	城市户籍制度,教育制度,社会保障制度,就业制度

---

① 程名望,史清华,徐剑侠.中国农村劳动力转移动因与障碍的一种解释[J].经济研究,2006(4):68-78.

② 张宗和,宋树理.中国"民工荒"的制度成因与行为分析[J].浙江工商大学学报,2006(1).

③ 李培林.农民工:中国进城农民工的经济社会分析[M].社会科学文献出版社,2003.

④ 林毅夫,王格玮,赵耀辉.中国的地区不平等与劳动力转移[J].转自:中国转轨时期劳动力流动[M].社会科学文献出版社,2006(6):229-243.

⑤ 李晓春,马轶群.我国户籍制度下的劳动力转移[J].管理世界,2004(11):45-51.

⑥ 王美艳.城市劳动力市场上的就业机会与工资差异——外来劳动力就业与报酬研究[J].中国社会科学,2005(5).

⑦ 严善平.人力资本、制度与工资差别——对大城市二元劳动力市场的实证分析[J].管理世界,2006(6).

⑧ 蔡昉.劳动力流动的政治经济学[M].上海:上海人民出版社,2003.

⑨ 程名望,史清华,刘晓峰.中国农村劳动力转移:从推到拉的嬗变[J].浙江大学学报(人文社会科学版),2005(6):105-112.

（续表）

研究面	研究者	研究内容	影响因素
制度政策因素	张宗和，宋树理①；卢向虎等②	户籍制度歧视是我国传统经济体制遗留的弊病，随着国家市场化改革已经大大淡化，随着改革的深入和经济的不断发展，某些阻碍农村人口城市化的制度已经消亡（例如食品配给制度等），某些制度的阻碍作用正在逐渐减弱（例如户籍制度、城市用工制度等）	户籍制度，城市用工制度
	Dennis，Tao Yang③	Dennis 和 Tao Yang(1999)指出一系列偏重城市的政策安排的长期效应引起重视，可能会导致农村子女的教育水平低下，影响未来农村劳动力的人力资本水平，导致未来城乡收入差距的扩大	城市的教育制度
	蔡昉④，Mallee⑤，Solinger⑥	一些地方政府也设置了对待迁移的限制政策。制度本身的惯性和人们观念转变的缓慢，造成了地方政府不是以对城市发展的贡献而是以身份来决定是否提供福利和服务的公共管理模式	地方政府政策
	陆铭等⑦，叶建亮⑧，Johnson⑨	二元经济背景下，公共产品在城乡居民、流动人口间分配政策的差异也对劳动力迁移行为产生了深刻影响。农村人口在城市无法得到社会和教育服务，进而影响了劳动力向城市迁移	公共资源配置制度
	蔡昉⑩，蔡昉等⑪，白南生等⑫	就业歧视等政策安排，进而表现为城市劳动力市场上农村劳动力与城市劳动力的工资差异	劳动力市场，就业制度

---

①　张宗和，宋树理.中国"民工荒"的制度成因与行为分析[J].浙江工商大学学报，2006(1).

②　卢向虎等.中国农村人口城乡迁移规模的实证分析[J].中国农村经济，2006(1).

③　Dennis & Yang T. China's land arrangements and rural labor mobility [J]. China Economic review，1999(2)：101-116.

④　蔡昉.集成劳动力流动的研究[J].转自：中国转轨时期劳动力流动[M].北京：社会科学文献出版社，2006(6)：1-12.

⑤　Mallee P. In defense of migration：Recent Chinese studies on rural population mobility [J]. Chinese Information，1995/1996(10)：3-4.

⑥　Solinger D J. Citizenship issues in China's internal migration：Comparisons with Germany and Japan [J]. Political Science Quarter，1999(3)：455-478.

⑦　陆铭，陈钊.城市化、城市倾向的经济政策与城乡收入差距[J].经济研究，2004(6)：50-58.

⑧　叶建亮.公共产品歧视性分配政策与城市人口控制[J].经济研究，2006(11)：27-36.

⑨　Johnson D Gale. Agricultural adjustment in China：Taiwan Experience and its Implications [J]. Office of Agricultural economics research，The University of Chicago，1995.

⑩　蔡昉.二元劳动力市场条件下的就业体制转换[J].转自中国社会科学，1998(2)：4-14.

⑪　蔡昉，都阳，王美艳.户籍制度与劳动力市场保护[J].经济研究，2001(12)：41-49.

⑫　白南生，何宇鹏.回乡还是外出？——安徽、四川二省农村外出劳动力回流研究[J].社会学研究，2002(3).

　　此外,在宏观劳动力迁移研究中还有一个领域是利用经济学和社会学的理论进行劳动力所在社区相关的研究。社区层面的研究主要集中在社会资本、社会网络因素对劳动力个人或家庭迁移决策的影响。在该领域代表性的学者包括社会学者佐藤宏[①]、章元[②]、Hwang[③]、Yang[④]、Bian[⑤]。他们认为中国是一个关系型社会,社会关系网络在日常生活中的作用非常重要。在劳动力市场上,社会关系网能够传递关于就业岗位的信息,从而促进劳动力与就业岗位之间的配置,或者帮助求职者找到更好待遇的工作岗位等。经济学者 Zhao、Zhang[⑥]、陈钊[⑦]等也证实了亲邻网络对中国农村劳动力寻找工作的重要性。除此之外,Zhao、Yang[⑧]、朱农还证明了劳动力所在地的区域特征对其迁移决策也产生了重要影响;外向型经济区域不仅能够吸收本地劳动力,而且能对区域外劳动力形成明显的拉力。

　　(二)迁移的微观影响因素研究——个体层面

　　国内外有关微观劳动力迁移因素的研究,主要集中在劳动力个体特征的研究,一些比较典型的研究如蔡昉、赵耀辉、姚洋等的研究,但是侧重点有所不同。表2.4列举了一些个体劳动力迁移的代表性文献。

　　① 佐藤宏.外出务工、谋职和城市劳动力市场——市场支撑机制的社会网络分析[J].载:李实,佐藤宏主编.经济转型的代价——中国城市失业、贫困、收入差距的经验分析[M].中国财政经济出版社,2004.

　　② 章元,李锐,王后,陈亮.社会网络与工资水平——基于农民工样本的实证分析[J].世界经济文汇,2008(6).

　　③ Hwang K K. Face and Favor: the Chinese Power Game [J]. American Journal of Sociology,1987(92):944-974.

　　④ Yang Meihui. Gifts, Favors and Banquets: The Art of Social Relationships in China, Ithaca [M]. NY: Cornell University Press, 1994.

　　⑤ Bian Yanjie. Bringing Strong Ties Back in: Indirect Ties, Network Bridges and Job Searches in China [J]. American Sociological Review, 1997(3):366-385.

　　⑥ Zhang Xiao and Li Guo. Does Guanxi Matter to No farm Employment [J]. Journal of Comparative Economics, 2003 (2):315－331.

　　Zhao Yaohui. The Role of Migrant Networks in Labor Migration: The Case of China [J]. Contemporary Economic Policy, 2003(2):500-511.

　　⑦ 陈钊,陆铭,佐藤宏.关系与行业进入障碍——中国城市劳动力市场不平等的来源[Z].复旦大学经济学院工作论文,2009.

　　⑧ Zhao Yaohui. Leaving The Countryside: Rural－to－Urban Migration Decision in China [J]. Armenian Economic Preview, 1999. 89(2).

　　Yang Xiushi. Determinants of Migration Intentions in Hubei Province, China: Individual versus Family Migration [J]. Environment and Planning A, 2000, 32(5) : 769-787.

表 2.4　　　　　　关于中国个体劳动力迁移影响因素的代表性文献

研究点	研究者	研究内容	影响因素
移民与非移民之比	蔡昉①	通过 1990 年人口普查数据计算本地农村与全国农村平均收入之比、平均人口之比、平均耕地面积之比、乡镇企业雇员之比,分析增加农村收入会减少迁移;农村人口比例、人均耕地、乡镇企业雇员比例对迁移有正影响	人均收入、人口比例、人均耕地、受雇乡镇企业人数
本地农业与非农业工作迁移概率	赵耀辉②	1995 年四川省的调查结论:女性迁移概率较男性低 7%,结婚使迁移概率减少 2.8%,教育程度提高迁移概率,人均耕地对迁移有负影响	性别、婚姻状况、年龄、学前子女数量、人均耕地、教育程度
迁移概率	Hare③	1995 年河南省的调查结论:男性迁移概率比女性增加 30%,年龄较低者倾向于迁移,结婚减少迁移概率 10%,教育程度、人均生产性资产和人均耕地对迁移影响不显著	年龄、性别、婚姻状况
迁移时间长短	Hare④	1995 年河南省的调查结论:增加一亩耕地减少迁移时间 27%,人均生产性资产对迁移时间有负影响,家庭男、女性劳动力比例对迁移时间有正影响	人均生产性资产、人均耕地,家庭男、女性劳动力比例
迁移概率	Zhao⑤	1995 年四川省的调查结论:女性迁移概率低于平均水平 55.3%,已婚者迁移概率低 37.6%,年轻人更倾向于迁移,人均耕地影响为负,教育程度影响为正	性别、婚姻状况、年龄、人均耕地、教育程度
迁移概率	Zhao⑥	根据六省调查数据得出结论:老移民和回迁移民数量代表迁移网络,对迁移概率有正影响	老移民数量、回迁移民数量

① 蔡昉. 劳动力迁移和流动的经济学分析[J]. 中国社会科学(季刊),1996(春季卷).

② 赵耀辉. 中国农村劳动力流动及教育在其中的作用[J]. 经济研究,1997(2).

③④　Hare Denise. "Push" versus "Pull" Factors in Migration Outflows and Returns：Determinants of Migration Status and Spell Duration among China's Rural Population [J]. Journal of Development Studies, 1999(3):45-72.

⑤　Zhao Yaohui. Labor Migration and Earnings Differences：The Case of Rural China [J]. Economic Development and Cultural Change, 1999(4)：767-782.

⑥　Zhao Yaohui. The Role of Migrants Networks in Labor Migration：The Case of China [J]. Working Paper, E2001012, China Centre for Economic Research, Peking University,2001.

（续表）

研究点	研究者	研究内容	影响因素
迁移模式	De Brauw①	根据六省调查数据得出结论:移民或本地打工的概率、教育程度、家庭劳动力数量影响为正,年龄的影响为负;培训可以提高迁移概率	年龄、性别、教育程度、培训、家庭土地面积、家庭耐用品价值、家庭劳动力数量、时间趋势
迁移概率	Zhu②	根据1993年湖北省的调查数据得出结论:年龄的影响为正;教育程度对男性影响为正,对女性无影响;结婚减少迁移概率;城乡收入差距有影响;家庭耕地面积有负影响	年龄、教育程度、人均耕地、婚姻状况、城乡收入差距
迁移状态	姚洋③	耕地较少和较多的农民外出打工的意愿较低,而耕地拥有量居中的农民外出打工意愿较强	耕地面积
迁移状态	陈波④	基于农村劳动力行为状态模型,验证了外出农民工回乡创业符合目标导向性理论假说,并证明了回乡创业人员通常并非以打工作为自己的最终谋生手段,其迁移决策与其风险偏好程度存在着正相关	风险偏好
迁移状态	纪月清,刘迎霞,钟甫宁⑤	2003～2007年农民收入水平快速提高、农村居民心理评价也随之提高、外出打工时家人离别的心理成本增加是农民工与农业劳动力工资差距扩大而农民工供给增速减缓的主要原因	心理成本
迁移状态	黄承伟⑥	移民文化理论强调迁移活动必然与社会文化有各种联系。社会文化、认同感、适应感等都对移民迁移的全过程有影响	城市社会文化、认同感、适应感

①　De Brauw,et al. The Evolution of China's Rural Labor Markets during the Reforms [J]. Journal of Comparative Economics, 2002(30): 329-353.
②　Zhu Nong. The Impact of Income Gaps on Migration Decisions in China [J]. Economic Review, 2002(13): 213-230.
③　姚洋. 自由、公正与制度变迁[M].河南人民出版社,2002.
④　陈波. 中国农村劳动力回乡创业问题研究[D].中国农业大学博士论文,2009.
高芸,张丞.农村劳动力反复流动行为的决定因素分析[J].农业技术经济,2010(3).
⑤　纪月清,刘迎霞,钟甫宁. 中国农村劳动力迁移:一个分析框架——从迁移成本角度解释2003－2007年农民工市场的变化[J].农业技术经济,2009(5):4-11.
⑥　黄承伟. 中国农村扶贫自愿移民搬迁的理论与实践[M].北京:中国财政经济出版社,2004:27-30.

（三）迁移的微观影响因素研究——家庭层面

家庭层面的研究始于国内外学者对新劳动力迁移经济理论的认识。由于新劳动力迁移经济学于 20 世纪八九十年代才逐步发展成熟，因此国内外学者在该层面的研究也就是最近 20 年左右的文献。表 2.5 就该层面的代表性文献和研究内容进行了总结。

表 2.5　　　　　　　关于中国劳动力家庭层面迁移影响因素的代表性文献

研究点	研究者	研究内容	影响因素
家庭内劳动力外出决策及外出人数	杜鹰和白南生[1]	通过 1994 年对四川省的调查得出结论：家庭迁移决策与外部环境呈正相关关系，家庭劳动力数量与外出人数正相关，家庭外出人数与非外出收入以及耕地面积负相关，个人教育程度与外出人数正相关	耕地面积、家庭劳动力和外出劳动力人数、乡镇企业劳动力人数、家庭类型、村外出人数、村外出人员收入
迁移决策	Zhao[2]	通过 1995、1996 年四川省的调查得出结论：家庭平均年龄、家庭平均教育程度和耕地面积对迁移有负影响，家庭劳动力数量对迁移有正影响	家庭平均年龄、平均教育程度、劳动力数量、耕地面积
回流决策	白南生、宋洪远[3]	通过 1999 年 2 省 62 县的调查得出结论：家庭特征是影响回流的主要原因，就业市场环境的影响逐渐增强，个人因素的影响较弱	个人特征、家庭特征，结婚生育、家庭结构、子女上学、经济环境，失业、收入降低
迁移决策	zhao[4]，盛来运[5]	国家统计局中国农村住户调查资料研究：家庭人均纯收入、城乡收入差距影响为正，户主的教育程度、家庭劳动力人数对迁移无影响，家庭成员中未成年子女数量、人均耕地面积有负影响，社区非农发展水平有正影响。家庭为了规避在生产、收入方面的风险，或为了获得资本等稀缺资源，会将家庭的一个或多个成员送到外地的劳动力市场去	家庭人均纯收入、城乡收入差距、相对收入、性别、户主教育程度、家庭劳动力人数、未成年子女数量、家庭人均耕地面积、社区非农业发展水平、农业生产和收入风险

① 杜鹰，白南生等.走出乡村——中国农村劳动力流动实证研究[M].经济科学出版社,1997.

② Zhao Yaohui. Leaving the Countryside：Rural－to－Urban Migration Decision in China［J］. American Economic Review,1999 (2)：281-286.

③ 白南生，宋洪远等.回乡，还是进城[M].中国财政经济出版社,2002.

④ Zhao Yaohui. The Role of Migrant Network in Labor Migration：The Case of China [Z]. Working Paper, CCER, Beijing University,2001(10).

⑤ 盛来运.国外劳动力迁移理论的发展[J].统计研究,2005(8).

盛来运.中国农村劳动力外出的影响因素分析[J].中国农村观察,2007(3).

（续表）

研究点	研究者	研究内容	影响因素
迁移决策	Jalan and Ravallion①	基于 1985～1990 年广东省的数据得出结论:收入风险对迁移有显著的负向作用,农作物收成风险对迁移没有作用,健康风险对迁移有很小的作用	收入风险、农作物收成风险、健康风险
永久迁移决策	王国辉②	运用基于农户净收益最大化的宏观乡城迁移模型推导影响农户永久迁移的主要因素,认为就业率、收入和城市生活成本是影响进城农民从暂时迁移转变为永久迁移的主要因素,城乡社会保障制度对迁移有重要影响	城市就业率、收入、生活成本
迁移决策	骆新华③	家庭迁移决策考虑绝对预期收入水平,更重要的是考虑农村社区或参照人群的相对收入,用相对剥夺感来解释家庭迁移,即使家庭收入水平绝对值提高,但与参照人群相比还存在相对剥夺感,仍然会决定迁移	预期收入水平、相对收入水平
迁移决策	杨云彦,石智雷④	随着家庭财富积累值的增加,农民外出可能性在减小,当家庭财富积累水平较高时,家庭成员又倾向于外出务工,家庭财富积累状况与成员外出务工人数和可能性呈"U"字形相关关系,即经济条件较差和较好的家庭成员倾向于外出务工,而经济条件一般的农民则不愿意外出务工。家庭耕地总量也有类似的"U"字形关系。这与姚洋基于个人层面研究的耕地总量结论正好相反	家庭财富积累水平、家庭耕地总量水平

四、中国劳动力迁移研究述评

通过以上国内外学者对中国劳动力迁移研究的梳理和综合分析,发现现有研究大体有以下三个特点:

1. 当前的研究以借鉴国外经典理论和模型为主。国外经典理论立足于从宏

---

① Jalan J and M Ravallion. Behavioral Responses to Risk in Rural China [J]. Journal of Development Economics,2001(1):23-49.

② 王国辉.基于农户净收益最大化的宏观乡城迁移模型[J].中国人口科学,2006(2):48-57.

③ 骆新华.国际人口迁移的基本理论[J].理论月刊,2005(1).

④ 杨云彦,石智雷.家庭禀赋对农民外出务工行为的影响[J].中国人口科学,2008(5).

观、微观两个层面研究,国内相关研究也是如此。由于国外家庭层面理论成型较晚,故国内在家庭层面的研究也较少,也主要借助于新劳动力迁移理论和微观迁移理论进行研究。

2.缺少将宏观、微观两个层面的影响结合起来的系统研究。由于宏观层面和微观层面在研究视角上差别较大,而有效连接二者的家庭层面研究发展较晚,因此到目前为止并没有一整套集合宏观、微观两个层面的统一指标体系用于分析劳动力迁移,也就出现了目前仅在宏观层面或仅在微观层面上研究的局面。

3.从现有文献研究解决的问题看,绝大多数文献研究要么选取宏观特征因素,要么选取个体特征因素,少部分选取家庭和社区层面的因素进行研究;被解释变量往往是迁移与否,较少研究各种迁移状态;可能是因为连续数年观察流动人口和流动家庭的调查较为困难,几乎没有从动态时间序列研究各种迁移状态之间连接和过渡的。这也就说明了为什么目前研究运用静态分析和比较静态分析较多,运用面板数据较少,动态分析和经验研究较少。

第三节 农民工市民化研究与评述

一、农民工市民化的必然性

李路路[①]从实证研究分析,认为农民工市民化是一个不可逆转的趋势。而伍强胜、胡船[②]梳理了"一号文件"等政策,从政策取向角度分析了农民工市民化的趋势。简新华、黄锟[③]、张国胜[④]则从工业化和城市化的宏观经济角度研究并总结了农民工市民化的必要性和必然性。他们认为,农民工问题的出现是因为农民在实现非农化的同时没有实现市民化,也就出现了一个中间过渡群体。农民工市民化了,农民工也就消失了。

二、农民工市民化现状及存在的问题

(一)农民工市民化的现状

姜国祥[⑤]、简新华、黄锟[⑥]研究认为从农村人口的非农化、市民化与工业化的历

---

① 李路路.向城市移民:一个不可逆转的过程[J].载:李培林.农民工——中国进城农民工的经济社会分析[M].社会科学文献出版社,2003.

② 伍强胜,胡船."一号文件"与农民工市民化[N].新华报业网,2004-03-24,09:18.

③⑥ 简新华,黄锟.中国工业化和城市化过程中的农民工问题研究[M].北京:人民出版社,2008.

④ 张国胜.中国农民工市民化:社会成本视角的研究[M].北京:人民出版社,2009.

⑤ 姜国祥.农民市民化是解决"三农"问题的重要途径[J].上海农村经济,2005(3).

史进程看,农民工市民化进程总体是滞后的。农民工并没有顺利实现市民化,原因是他们属于城市外来型边缘群体。农民工在城市生存状态边缘化表现在工作性质、居住分布、社会地位、经济地位、社会心态、继承性和家庭模式边缘化①。朱力②、李强③、王春光④、刘传江⑤、陈丰⑥等学者研究表明,我国迁移城市农民工的适应水平较低,在城市社会阶层中地位低下,城市非正规就业市场与正规就业市场分离,将一部分素质、能力较高的农民工排斥于社会底层和非正规就业市场,他们在城市务工,却对城市没有强烈的融入意愿和归属感,绝大多数农民工处于游离于城乡间的"半城市化"状态,在某种意义上已经产生社会隔离、边缘化累积和代际传递。

(二)农民工市民化进程中存在的问题

农民工群体产生以来,由于农民工而引发的各种城市和农村内部以及城乡之间的社会、经济问题逐步表现出来,并见诸各类媒体之上。简新华、黄锟按照农民工市民化(农民退出农业、进入非农产业成为农民工,最后融入城市成为市民)的进程,归纳总结了各阶段农民工存在的问题⑦。

三、农民工市民化的影响因素

现有研究普遍认为,农民工没有实现市民化是一个复杂和综合问题,它受到多种因素的影响,各种因素都在对农民工市民化产生阻碍。有学者认为工业化和城市化进程中,城市发展水平滞后影响吸纳农民工成为市民的能力,社会文化环境也产生了一定的影响。大部分学者则从制度政策角度、社会资本供给角度和农民工自身角度分析了农民工在经济、社会生活、文化心理等方面不能顺利实现市民化的因素。现将这些观点总结如下:⑧

---

① 刘传江,徐建玲.中国农民工市民化进程研究[M].北京:人民出版社,2008.
② 朱力.论农民工阶层的城市适应[J].江海学刊,2002(6);
徐志昊.进城农民工家庭的城市适应性[J].福州大学学报,2004(1).
③ 李强.中国城市中的二元劳动力市场与底层精英问题.载:清华大学社会学系.清华社会学评论特辑①[M].鹭江出版社,2000.
李强.户籍分层与农民工的社会地位[J].中国党政干部论坛.2002(8).
④ 王春光.农民工的社会流动和社会地位的变化[J].江苏行政学院学报,2003(4).
王春光.农村流动人口的"半城市化"问题研究[J].社会学研究,2006(5).
⑤ 刘传江.农民工生存状态的边缘化与市民化[J].人口与计划生育,2004(11).
刘传江.中国农民工市民化研究[J].理论月刊,2006(10).
⑥ 陈丰.从"虚城市化"到市民化:农民工城市化的现实路径[J].社会科学,2007(2).
⑦ 简新华,黄锟.中国工业化和城市化过程中的农民工问题研究[M].北京:人民出版社,2008.
⑧ 杨英强.现阶段农民工市民化问题研究[D].西南财经大学博士论文,2008.
王竹林.城市化进程中农民工市民化研究[D].西北农林科技大学博士论文,2008.
王志浩.中国农民工流动行为研究[D].东北林业大学博士论文,2007.

（一）城市发展水平因素

简新华[1]、张国胜[2]等人研究指出，中国虽然在短期内工业化水平突出，工业化可以吸纳数以亿计的农民在 20～30 年内完成非农化，但很难实现城市化，因为城市化水平很难同时建设更多更大的城市以容纳这些实现了非农化的农民工及其家属。

（二）社会文化环境因素

基于目前农民工和市民之间的摩擦、冲突和隔离的现状，有学者认为是社会文化环境因素产生的结果。

郑月琴[3]分析了农民工的心态和社会文化环境两方面，建议从社会文化因素和农民工矛盾心态的调试上解决问题。张春龙基于科塞的社会冲突理论研究了城市市民排斥农民工的冲突根源，认为农民工与市民权利地位不平等、争夺城市资源，农民工对自己与市民享有权利、制度合法化的怀疑，是引发冲突的根源[4]。朱力认为，农民工与市民的社会冲突，制度性歧视是主要原因，也有农民工自身素质不高与社会资本条件不足等限制因素[5]。还有学者引入社会距离的概念，分析了农民工与市民间的社会距离。卢国显就认为农民工与市民的社会距离较远，主观意识上的距离较大。市民对农民工排斥，双方属于非对称性交往[6]。郭星华也指出，新生代农民工与市民的社会距离不是在逐步缩小，而是正在逐渐增大[7]。王满四、熊巍俊[8]、钱正武[9]、刘传江[10]研究了社会各方面特别是城市居民对农民工的思想认识受到了社会文化环境的影响，产生了对农民工的歧视、抵触情绪。

（三）制度因素

绝大部分学者认为农民工市民化的制度障碍是最关键的阻碍因素，因此这方面的研究众多，讨论热烈。目前农民工市民化的制度障碍主要有两种观点。

绝大多数学者持有的观点是城乡二元分割的户籍管理制度及其引申出来的二元分割的劳动就业制度、教育培训制度、社会保障制度、城市住房供给制度等一系

① 简新华，黄锟.中国工业化和城市化过程中的农民工问题研究[M].北京：人民出版社，2008.
② 张国胜.中国农民工市民化：社会成本视角的研究[M].北京：人民出版社，2009.
③ 郑月琴.农民工市民化进程中的心理形态和社会文化环境分析[J].经济与管理，2005(9)：10.
④ 张春龙.民工与市民冲突的社会学分析[J].社会，2000(2).
⑤ 朱力.群体性偏见与歧视——农民工与市民的摩擦性互动[J].江海学刊，2001(6).
⑥ 卢国显.我国大城市农民工与市民社会距离的实证研究[J].中国人民公安大学学报(社会科学版)，2006(4).
⑦ 郭星华，储卉娟.从乡村到都市：融入与隔离——关于民工与城市居民社会距离的实证研究[J].江海学刊，2004(4).
⑧ 王满四，熊巍俊.科学认识城市农民工市民化问题[J].农业经济，2005(2)：16.
⑨ 钱正武.社会政策支持与农民工市民化[J].理论与政策，2005(6)：88.
⑩ 刘传江，徐建玲.中国农民工市民化进程研究[M].北京：人民出版社，2008.

列的制度安排是阻碍农民工市民化的最关键因素①。社会学者熊贵彬认为二元户籍分割是阻碍农民工市民化的根本原因只是表面,关键是户籍制度背后的国家权力对社会的全面管理与控制作用,这是中国当前"金字塔形"社会结构的功能需求②。

少数学者持有的观点是户籍制度和农地制度是阻碍农民工市民化的最关键因素③。他们建议逐步放开户籍制度,实行土地有偿流转制度,加快农民工社会保障制度改革,促进养老保险社会化。除此之外,学者杨建华还分析了非正式制度惯性对农民工市民化滞后的影响。

(四)政策因素

蔡昉、都阳④、王满四、熊巍俊⑤、钱正武⑥、刘传江⑦等学者从地方政府政策制定角度研究了对农民工市民化造成的影响。蔡昉、都阳通过引入政治经济学的分析方法,提出了"既得利益论"。他们认为城市市民为了维护既得利益,通过对地方政府政策制定过程的影响,形成了排斥农民工的歧视性政策,造成城市正规就业和非正规就业二元劳动力市场的分割。农民工群体很难从非正规就业市场进入正规就业市场就业。

(五)农民工自身因素

农民工自身因素方面的研究主要从农民工人力资本方面展开,人口学者也有

①　李培林.流动民工的社会网络和社会地位[J].社会学研究,1996(4).
　　李强.城市农民工与城市中的非正规就业[J].社会学研究.2002(6).
　　李强.中国城市中的二元劳动力市场与底层精英问题[J].载:清华大学社会学系.清华社会学评论特辑①[M].鹭江出版社,2000.
　　李强.户籍分层与农民工的社会地位[J].中国党政干部论坛,2002(8).
　　王春光.农民工在流动中面临的社会体制问题[J].中国党政干部论坛.2004(4).
　　王春光.我国城市就业制度对进城农村流动人口生存和发展的影响[J].浙江大学学报(人文社会科学版),2006(5).
　　王春光.人力资本的获得与农村流动人口的社会流动——一种立足于制度视角的分析[J].北京工业大学学报(社会科学版),2007(5).
　　王满四,熊巍俊.制度变迁与农民身份的变迁——城市农民工及其市民化问题的制度分析[J].农业经济导刊,2005(8).
②　熊贵彬.国家权力与社会结构视野下的农民工城市化[M].北京:中国社会出版社,2009:39-49.
③　胡平.简析城市农民工市民化的障碍及实现途径[J].农村经济,2005(5):81.
　　卢向虎.制度是如何阻碍我国农村人口向城市迁移的?[J].调研世界,2005(6):30-32.
　　刘传江,徐建玲.中国农民工市民化进程研究[M].北京:人民出版社,2008.
④　蔡昉,都阳,王美艳.中国城市限制外地民工就业的政治经济学分析[C].载:张曙光.中国制度变迁的案例研究[M].北京:中国财政经济出版社,2005.
⑤　王满四,熊巍俊.科学认识城市农民工市民化问题[J].农业经济,2005(2):16.
⑥　钱正武.社会政策支持与农民工市民化[J].理论与政策,2005(6):88.
⑦　刘传江,徐建玲.中国农民工市民化进程研究[M].北京:人民出版社,2008.

从农民工性别、年龄、地域等方面研究的①。刘林平研究发现,教育年限、培训、工龄等人力资本投资变量对农民工收入有显著的正向影响,年龄和性别等人口统计学因素也有显著影响②。张杨晰的研究也表明,教育程度、培训和当前工作持续时间对农民工的收入作用明显③。姚先国研究表明,文化程度和职业培训是提高农民工就业层次的主要人力资本因素④。整体来看,农民工整体文化程度不高,职业技能、职业培训缺乏是造成农民工收入低、保障差,职业选择和就业空间小,以及就业竞争和替代能力不强的主要原因。从长期来看,限制农民工提高就业地位和进入更高层次职业的主要障碍将是农民工自身的人力资本⑤。

（六）社会资本供给因素

王满四、熊巍俊⑥、赵立新⑦、张国胜⑧认为,社会资本缺失使农民工市民化进程受阻,进而引发许多社会问题。项飙用"系"(以某一行动者为中心的多种关系的组合)来描述"浙江村"的发展,"系"内的变化和不同"系"之间的互动促进了"浙江村"的形成⑨。赵延东定量研究也表明,在农民工经济地位获得过程中,社会资本所扮演的角色是极其重要的,其作用可能比人力资本等因素更为显著,甚至连他们拥有的人力资本也可能要依靠其社会资本才能充分发挥作用⑩。

四、农民工市民化的路径及保障措施

关于农民工市民化的途径,有的学者从农民工市民化的路径方面研究,有的学者从农民工市民化的保障措施方面来研究,并且在这方面一些学者综合了各方面措施来研究,也有一些学者只针对某一项政策制度安排研究。除此之外,还有一些学者分析了农民工市民化的前景。

---

① 胡平.简析城市农民工市民化的障碍及实现途径[J].农村经济,2005(5):81.
郑月琴.农民工市民化进程中的心理形态和社会文化环境分析[J].经济与管理,2005(9):10.
刘传江,徐建玲.中国农民工市民化进程研究[M].北京:人民出版社,2008.
张国胜.中国农民工市民化:社会成本视角的研究[M].北京:人民出版社,2009.
② 刘林平,张春泥.农民工工资:人力资本、社会资本、企业制度还是社会环境?——珠江三角洲农民工工资的决定模型[J].社会学研究,2007(6).
③ 张杨晰.进城农民工人力资本对其非农收入的影响——基于江苏省南京市外来农民工的调查[J].农村经济,2007(8).
④ 姚先国,俞玲.农民工职业分层与人力资本约束[J].浙江大学学报(人文社会科学版),2006(5).
⑤ 张新岭,赵永乐,林竹,宋成一.农民工就业:人力资本和社会资本的耦合分析[J].农村经济,2007(12).
⑥ 王满四,熊巍俊.科学认识城市农民工市民化问题[J].农业经济,2005(2):16.
⑦ 赵立新.城市农民工市民化研究[J].人口学刊,2006(4).
⑧ 张国胜.中国农民工市民化:社会成本视角的研究[M].北京:人民出版社,2009.
⑨ 项飙.跨越边界的社区——北京"浙江村"的生活史[M].上海:三联书店,2000:24.
⑩ 赵延东,王奋宇.城乡流动人口的经济地位获得及决定因素[J].中国人口科学.2002(4).

（一）农民工市民化的路径

1.简新华①、刘传江②提出了"两阶段三环节"路径。刘传江提出了中国农村人口城市化与市场经济国家迥然不同，表现为"两阶段三环节"的"中国路径"。两个阶段分别是：第一阶段从农民（农村剩余劳动力）到城市农民工的过程已无障碍，第二阶段从城市农民工到产业工人和市民的职业和身份转化过程，目前依然步履维艰。农民工市民化进程应当分为农村退出、城市进入和城市融合三个环节进行推进。简新华在此基础上又分析了每个环节出现的问题，并对每个环节的问题有针对性地分析，提出政策建议。

2.谢建社提出了"渐进、分期、分批"路径③。他运用社会分层理论，通过调查研究和实证分析，将农民工大体上分为准市民身份的农民工、自我雇用的个体农民工、依靠打工维持生计的农民工、失业农民工、失地农民工五个层次，提出了针对不同特征的农民工群体渐进、分期、分批的市民化路径。

3.朱信凯提出了市场化改革路径④。他认为，针对我国的现实国情，应确立以政府为主导，以市场为导向，以多元城镇化发展为依托，以土地制度改革、户籍制度改革和社会保障制度改革为保障，通过建立和完善统一开放、城乡一体化、平等竞争的劳动力市场，大力发展劳动密集型产业和第三产业等，积极、稳妥、有序地实现农民工市民化。

（二）农民工市民化的保障措施

1.全方位保障措施研究。中国农民工迁移与农民市民化研究"课题组⑤认为，完成农民工市民化，需要从制度、政策和运行机制等多方入手，相互推动。通过加快产业结构调整与升级，吸纳更多的农村剩余劳动力；通过加快城镇化建设，增强城镇生活、就业能力，使各级城镇成为迁移农民工的主要归宿；通过户籍制度改革，消除农民工进城的制度门槛；通过社会保障制度改革、城乡就业制度改革，增强农民工迁移城市意愿；通过农村土地制度改革，将进城农民从土地上解放出来。

赵立新认为要促进农民工市民化就必须增加农民工的社会资本存量。需要破除城乡二元分割思想，树立城乡开放、平等、统筹的观念；需要营造农民工与城市市民相互融合的文化环境，增强农民工对城市社会的认同感；进一步推进城乡各类制度改革，建立和完善农民工顺利融入城市的制度平台；加强对农民工素质提升和就业培训，增加农民工的人力资本存量；建立和发挥民间组织的作用，加强宣传引导，

① 简新华，黄锟.中国工业化和城市化过程中的农民工问题研究[M].北京：人民出版社,2008.
② 刘传江.城乡统筹发展视角下的农民工市民化[J].人口研究,2005(4).
③ 谢建社.农民工分层：中国城市化思考[J].广州大学学报（社会科学版）,2006(10):45-47.
④ 朱信凯.农民市民化的国际经验及对我国农民工问题的启示[J].农业经济导刊,2005(5).
⑤ 农村劳动力转移与农民市民化研究课题组.影响农民市民化的因素分析[J].经济研究参考,2003(5).

增强农民工社会参与意识①。

其他学者如曾芬钰②认为农民工市民化主要解决城乡分割的二元户籍制度、增强农民工的货币原始积累能力、全面繁荣农村经济三个方面。徐虹③认为，农民工市民化应以制度创新为关键，产业升级为带动，教育培训为根本。黄小军④认为农民工市民化目标的实现，不仅取决于政府积极的主导作用，而且取决于农民工自身素质的提高。

2.政府行为研究。钱正武⑤针对农民工市民化进程缓慢的状况，提出有关政府部门应针对农民工市民化进程中遇到的现实问题，"有所为，有所不为"，积极推进农民工市民化进程。要求政府部门树立科学发展观，从战略高度重视农民工市民化问题；促进制度创新，为农民工提供市民化的平台；培育社会资本，切实提高农民工的社会地位；开发人力资源，提高农民工在城市的生存能力；转变政府观念和管理方式，加强对农民工的服务管理。邓鸿勋、崔传义⑥认为城市政府应转变观念，与时俱进，把农民工视为新市民；以人为本，为农民工提供全方位的服务；制度创新，构建和谐城市，实现农民工分流。傅琼⑦认为，政府制度改革和政策跟进促进农民工市民化，主要是五大制度、政策建设：户籍管理制度改革的目的是降低农民城市定居的落户门槛，就业制度改革的目的是吸纳农民工进入城市就业体系，社会保障制度改革的目的是建立城乡统筹、一体的社会保障体系，教育体制改革的目的是解决农民子女入学、教育的同等市民待遇，住房保障体制改革的目的是让农民工顺利定居城市。

3.保障措施专项研究。傅晨⑧认为应该对农民工实行最低收入保障制度，这既是改善城乡二元结构的有效渠道，也符合市场经济规律。王元璋⑨则认为农民工市民化的制度根源是户籍制度，在目前现行户籍制度改革存在一定难度的情况下，给予农民工与市民同等待遇、公平环境极具现实意义。曾祥炎⑩则指出农民工市民化根源是城乡社会保障制度分离，通过"土地换保障"将农民工纳入城市社会保障体系，具有以下几个优点：一是可以加速我国农民工市民化进程，二是不会给政府财政造成过大压力，三是有利于农村土地的整合与流转。

---

① 赵立新.城市农民工市民化问题研究[J].人口学刊,2006(4):32-34.
② 曾芬钰.城市化本质与"农民工"的终结[J].当代经济研究,2003(10):13-14.
③ 徐虹.农民工市民化的途径是什么?[N].四川日报,2004-10-28,(02).
④ 黄小军.农民工市民化政策博弈分析[J].江西农业大学学报(社会科学版),2005(4):12-15.
⑤ 钱正武.政府能为农民工市民化做些什么[N].光明日报,2005-02-08,理论版.
⑥ 邓鸿勋,崔传义.建设农民工与市民和谐发展的城市[N].农民日报,2006-04-22(003).
⑦ 傅琼.加速农民工市民化的制度创新[J].农村经济,2005(2).
⑧ 傅晨.农民工问题研究三题[J].南方经济,2004(8).
⑨ 王元璋,盛喜真.农民工待遇市民化探析[J].人口与经济,2004(2).
⑩ 曾祥炎,王学先,唐长久."土地换保障"与农民工市民化[J].晋阳学刊,2005(6).

五、农民工市民化研究述评

通过文献梳理和分析,可以看出,目前关于农民工市民化问题的研究主要集中于几个方面:一是说明市民化是农民工发展的大趋势,具有历史的必然性和重要性;二是农民工市民化的障碍研究,探究如何顺利完成市民化进程;三是市民化的路径和相关措施研究。但就目前研究现状来看,大量的研究过多地纠结于农民工市民化受哪些因素影响,而没有提出如何改变这些因素而完成市民化进程,这与当今中国经济和社会发展对农民工的归宿问题研究是很不相称的。就这一主体来看,现有研究的问题,一是缺乏微观层面的研究。对于农民工市民化过多地局限于宏观层面的研究,而对微观个体或家庭如何实现市民化、受到哪些因素制约、如何改变这些因素还没有细致的研究。二是研究缺乏理论深度,多是实证分析,这对市民化的重要性和必然性来说,是远远不够的。三是市民化路径的可操作性差。现有研究对市民化的目标已经明确,但提出的路径停留在理论层面,如何实现该路径需要从农民工个体、家庭、社区和宏观各方面进行综合研究。

第四节　中国劳动力迁移成本—收益研究与评述

一、中国劳动力迁移成本—收益研究

在本章第一节中总结和评述了国外经典的劳动力迁移理论。从成本—收益角度讲,刘易斯提出的二元经济结构理论可以说也是劳动力迁移的成本—收益理论。托达罗提出以预期收入理论为基础的城乡人口迁移模型也是成本—收益理论的一种体现。真正全面揭开劳动力迁移的成本—收益研究的是舒尔茨创立的人力资本理论[1]。

关于中国劳动力迁移成本—收益的研究,较早的是赵树凯关于劳动力迁移的个人成本和迁移风险的描述性分析[2]。他认为劳动力迁移的个人成本包括交通费用、城市管理费用、生活费用、税费开支等。风险包括失业、就业中的权益损失和意外伤害。"由于成本和风险的客观存在,迁移就业对于迁移本人来说不是一件轻易的事情,而是一种沉重、富有理性的经济行为。劳动力迁移的目标是明确的,就是寻找新的就业机会,开辟新的收入来源,以收入最大化为目标。"[3]沈卫平对劳动力流动的机会成本进行了分析[3]。他认为劳动力流动的机会成本主要包括工资率、

①③　杜书云.农村劳动力转移就业成本—收益问题研究[M].经济科学出版社,2007(5):43.
②　赵树凯.农村劳动力迁移:成本与风险的初步考察[J].农业经济问题,1995(3).
③　沈卫平.劳动力要素流动的机会成本分析[J].江淮论坛,1995(6).

制度成本、转业培训成本、风险成本、迁移成本、放弃与获得闲暇、增加收益的较多机会、非经济因素等。他指出农村务农的机会成本较高,向城市流动的机会成本低于城市得到的预期收益,但在农村向农村非农产业流动的机会成本更低,因此农村劳动力流动倾向于兼业经营。刘焕喜、郭犹焕[①]依据舒尔茨的理论,指出劳动力流动是人力资本投资的一种形式,其投资成本包括流动成本、人力资本成本和流动的机会成本。林木雄、郑芳把农村劳动力就业成本划分为私人成本、风险成本、机会成本、摩擦成本、制度成本和社会成本六种[②]。至此,关于劳动力迁移的成本分析逐步从微观个人层面转向宏观和微观两个层面产生的成本分析。

近几年围绕着中国劳动力迁移成本—收益的分析主要基于舒尔茨的理论展开。孟凡友[③]分析了农村劳动力流动的货币成本和收益、非货币成本和收益。赖小琼、余玉平[④]结合托达罗模型综合分析了城乡货币成本和收益、非货币成本和收益对劳动力转移的影响。王丹、夏爱萍[⑤]结合斯加斯塔德的成本—收益模型,增加了城乡生活成本差异和失业率等因素,分析了劳动力迁移的净收益现值。肖丽容、胡雪萍[⑥]把务农成本和收益、务工成本和收益分别分成有形和无形两类并配以权重,结合托达罗模型分析了劳动力迁移决定因素。薛国琴[⑦]在假定个体无差异的基础上,讨论了普遍意义上的劳动力迁移宏观和微观来源的成本、收益。游钦、胡宇晗[⑧]讨论了劳动力迁移的经济成本和收益、非经济成本和收益,并把它们进一步分为显性和隐性。周建、施国庆[⑨]通过城乡生产、生活的成本、收益计算了单位成本收益率,并据此分析了南京市60名农民工的净收益状况。杨岳[⑩]分析了劳动力流动的总成本、边际成本、总收益、边际收益和净收益,并据此提出了影响劳动力迁移的因素。

---

① 刘焕喜,郭犹焕.农村劳动力流动投资的成本分析—兼与农业投资比较[J].中国农村观察,1998(2).

② 林木雄,郑芳.农村劳动力重新择业的成本及成因与政府政策导向择业成本[J].河池师专学报,1998(4).

③ 孟凡友.农村劳动力流动的成本效益分析——深圳外来农村劳动力的成本效益分析[J].济南市社会主义学院学报,2003(1).

④ 赖小琼,余玉平.成本收益视线下的农村劳动力转移——托达罗模型的反思与拓展[J].当代经济研究,2004(2).

余玉平.农村劳动力转移的成本收益分析及政策建议[J].农村经济,2004(6).

⑤ 王丹,夏爱萍.中国农村劳动力转移的成本收益模型分析[J].商场现代化,2005(3).

⑥ 肖丽容,胡雪萍.农村劳动力在成本收益下的转移——托达罗模型的进一步思考[J].北方经济,2006(10).

⑦ 薛国琴.农村劳动力转移:动力、成本、收益[J].农业经济,2006(7).

⑧ 游钦,胡宇晗.农村剩余劳动力转移的成本和收益分析[J].安徽农业科学,2006(17).

⑨ 周建,施国庆.农民工流动的成本收益分析[J].河海大学学报(哲学社会科学版),2006(3).

⑩ 杨岳.劳动力流动的成本收益分析及影响因素[J].黄山学院学报,2006(2):97-100.

二、劳动力迁移成本—收益研究述评

综合以上关于中国劳动力迁移的成本—收益研究可见,近几年,国内学者逐步将国外经典理论与中国劳动力迁移实际情况相结合,提出了一些重要的研究结论,对成本和收益中包含的内容逐步丰富完善。但成本—收益分析的深度和广度还明显不够,方法也不够成熟,可能是因为个体劳动力流动的成本、收益数据获得的难度较大,使得运用这些理论进行实证分析的深度不够,不少论断缺乏定量分析的支撑。分析的广度主要集中在宏观政策层面和微观个体层面,对于家庭共同财产性支出和收益、社区公共物品供给成本收益的分析还没有涉及。

第五节　国内外相关研究的综合述评

通过对上述国外劳动力迁移经典理论、国内外对中国劳动力迁移各层面的研究以及农民工市民化研究的总结,结合研究方向,对现有研究作如下评述:

1. 综合国内外的研究来看,家庭层面劳动力迁移决策与迁移行为的理论研究和实践研究尚处于起步阶段,在中国农民工市民化问题上还没有形成一个完整的理论体系。现有的研究重点分析了宏观劳动力迁移和微观个体劳动力迁移,而农民工市民化研究多为宏观层面的研究。由此决定了现有文献在分析劳动者的迁移行为时,往往注重个体行为对它的影响,经济发展、制度设计等宏观因素对它的影响,而忽视了家庭这种更紧密的主体在中国经济发展中的行为特征。

2. 已有的家庭层面劳动力迁移研究往往偏好于分析个体特征和家庭特征对迁移的影响,宏观因素被忽视;且往往偏好于家庭静态行为的分析和比较静态行为分析。笔者认为,对家庭层面的劳动力迁移行为分析需从两个层面上深入研究:一方面需要围绕农民工家庭整体和内部成员的迁移行为,基于家庭劳动力资源最优配置进行系统的分析;另一方面则需要把家庭迁移行为放置在宏观经济发展和制度环境下进行动态的研究。

3. 当前家庭层面的分析框架需要重新梳理。当前家庭层面的研究主要利用单一决策模型(把家庭视作一个个体)或群体决策模型(把家庭视作多个个体)进行研究。然而,农民工家庭是一个具有理性经济行为的组织,既涉及家庭整体决策又涉及内部成员决策。家庭在决策时,是在综合考虑家庭内部劳动力的比较优势和外部环境条件基础上,追求家庭整体效用最大化。当然这种理性受制于认知、信息和环境的不确定性,受制于成员与成员间的信息共享、交互行为发生不确定等因素。因此,这就需要以劳动力家庭迁移行为中的家庭整体和成员个体作为分析单位,综合考虑成员、家庭、社区、宏观环境和制度等因素建立分析框架。

第三章
农民工家庭迁移决策与迁移行为分析框架

第一节　农民工家庭迁移决策与迁移行为分析思路

农民工家庭对其成员配置是基于家庭现实状况的理性出发的,这种理性体现在家庭不断追求整体效用最大化。而追求家庭效用最大化实践表现为追求家庭整体收益的最大化。该收益包含收入和成本两部分,而收入和成本都是流量概念,它们由每单位时间内既定流量的收入(成本)流所组成。它包含多重含义:①不同家庭单位时间长短或同一家庭在不同时期考虑单位时间的长短是不同的,有时家庭整体收益最大是在某一较短时期考虑的,有时家庭整体收益最大是在家庭整个生命周期中考虑的。②家庭在整体收益最大化目标下如何实现家庭整体净收益最大,需考虑家庭中成员(主要是劳动力)带来的收入和家庭所有成员的支出。若家庭总收入扣除总成本后的剩余最大,就完成了既定目标。③家庭在整体收益最大化目标下的迁移决策是多层次和多样式的,从市民化进程的角度来考虑,其迁移行为可以选择家庭整体不迁移、家庭整体迁移或家庭部分成员迁移,而家庭部分成员迁移又可以分为某些成员迁移、其他成员不迁移(简称部分迁移),或某些成员先迁移、其他成员追随先迁移者依次迁移(简称有序迁移),或者家庭在一个生命周期中未完成举家迁移,而由第二代及以后农民工家庭完成迁移(简称代际迁移)。当家庭根据家庭整体效用最大化对每个成员的迁移做出决策后,家庭成员间一方面会表现出成员间迁移投资共担而迁移收益共享的契约安排,即无论收益和资产如何配置,最终会在家庭成员间实现效用的均等;另一方面家庭成员会根据先前家庭决策,再选择个体的效用最大化行为,如果先前家庭集体决策没能实现效用均等,成员个体会在家庭整体决策基础上改变自己的行为。

20世纪90年代兴起的新劳动力迁移经济理论把家庭作为追求收益最大化的

主体,根据家庭预期收入最大化和风险最小化原则,决定家庭成员的迁移[①]。新劳动力迁移经济理论对研究中国农户成员外出务工有着很好的适用性。在中国传统社会中,人们有很强的家庭观念,家长有绝对的决策权,这是由中国的传统社会文化所决定的。首先,中国农民每家所耕种的土地面积小,家庭内部经营足够,并且这种以亲缘、血缘关系为依托的家庭结构有着很好的稳定性和安全性。其次,在中国有着比较特殊的代际继承关系,父母养育子女,供其读书,为其盖房娶妻,照顾子女,直到父母失去扶持下一代的能力。子女往往生活在父母的安排和影响下,在传统文化或道德约束下,子女也会赡养父母。由于城乡二元结构突出,农村经济发展落后,市场化程度较低,尤其是信贷和保险市场缺乏,农民在农村的收入来源比较单一,且农业生产受自然环境影响,风险较大。为了增加家庭收入,降低风险,户主在与其他家庭成员商量后自然会有可能决策派人外出务工[②]。

除此之外,舒尔茨和斯亚斯坦德提出的劳动力迁移成本—收益分析模型,运用微观经济学成本、收益分析原理和方法分析个体劳动者的理性迁移决策问题,也可以运用于家庭层面的劳动力迁移决策研究。该理论的优点是既能满足分析家庭整体收益最大化问题,又能够在此前提下,分析每个家庭成员的个体收益最大化问题。

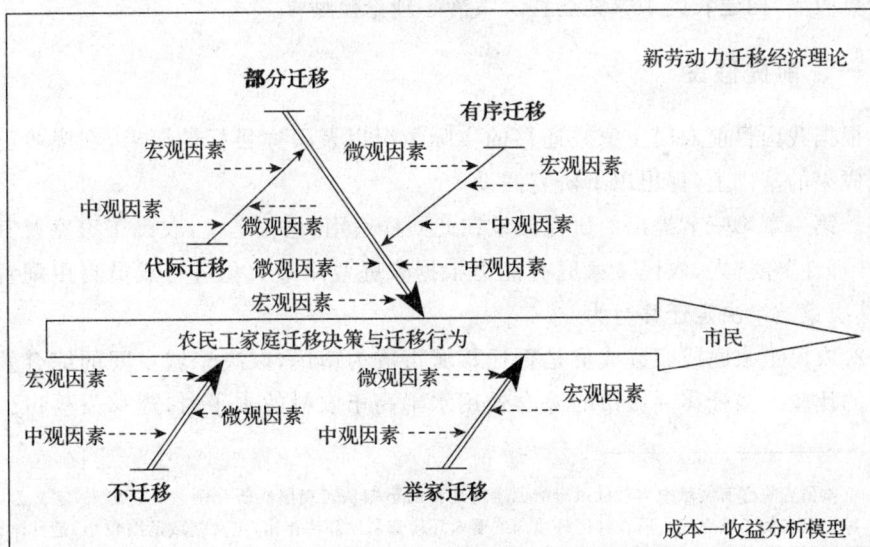

图 3.1 农民工家庭迁移决策模型

---

① Oded Stark. The Migration of Labor [J]. Cambridge, Basil Blackwell,1991.
② 杨云彦,石智雷.家庭禀赋对农民外出务工行为的影响[J].中国人口科学,2008(5).

　　基于以上研究思路,本研究借助石川图(图 3.1)描述了市民化进程中农民工家庭迁移决策的分析框架:在新劳动力迁移经济理论和成本—收益分析模型的基础上,将农民工家庭迁移行为选择放置在市民化进程的背景下进行决策,其迁移行为选择有不迁移、成员迁移(又包含成员有序迁移和代际迁移两种形式)和举家迁移三种,并分析每种迁移行为选择受到哪些宏观、中观①和微观因素的影响。本章将在新劳动迁移理论和成本—收益理论模型的基础上,结合农民工家庭理性或有限理性"经济人"假设,从静态(见第二节)和动态(见第四节)对农民工家庭多种迁移决策及其行为选择进行理论分析,在第三节和第五节中,将分别建立静态和动态迁移行为选择的决策影响因素理论模型。通过本章的理论框架构建和研究,为以下章节的理论和实证研究奠定坚实的基础。

第二节　静态农民工家庭迁移决策机制

　　基于以上思路,从实践上看,家庭收益最大化是农民工家庭效用最大化的现实表象;从理论上看,迁移行为的决策目标则是家庭对包含有形成本和收入、无形成本和收入等一系列因素的整体效用最大化。本研究基于农民工家庭效用受限于家庭预算收支,构建农民工家庭迁移决策静态理论模型②。

一、前提假设

　　根据我国目前农民工家庭迁移的实际情况以及研究目标的要求,在吸收已有研究成果的基础上,提出以下研究假设。

　　1.第一章第三节提出的研究假设在此同样适用,也就是说,农民工家庭及其成员是"理性"经济人,农民工家庭有能力根据家庭效用最大化进行成员自由配置决策,其决策结果决定迁移行为。

　　2.农民工家庭或家庭成员是否迁移城市成为市民,取决于城乡间的综合效用水平的比较。当迁移到城市的综合效用水平高于农村的水平时,迁移发生;反之,

---

　　①　本研究将已有文献中宏观社区影响因素对迁移的影响从宏观层次研究领域分离出来,定义为中观因素。原因是农民工家庭成员所在社区环境与宏观大环境和制度环境相比,定义领域范围较小,是具体影响某一个农民工家庭的特定环境。这类似于企业是微观经济主体,在宏观经济环境下,在某一特定产业内又受特定产业环境的影响,经济学中把该层次定义为区别于宏观经济学和微观经济学的中观经济学。本研究将引入社区层面的城乡社区福利性收支、成员社区间距离等因素,具体分析影响农民工家庭迁移的社区因素。

　　②　该模型引用林燕和张忠根(孤身外出还是举家迁移?[A].2010 年(第十届)中国制度经济学年会论文集[C],2010(10):452—466)的模型思路,保留了家庭四类成员的组成和家庭团聚收益效用因素,对原文中的假设、影响因素及参数设置和分析框架做了一些修改,并拓展了该模型的长期模型,在本章第四节中予以描述。

亦然。

3.农民工家庭整体效用包括家庭成员消费带来的效用、家庭共同财产带来的效用、社区公共物品带来的效用、宏观环境与制度资源等带来的效用以及家庭团聚带来的心理满足等。

4.农民工家庭预算约束即为家庭城乡全部预期收支,包括成员个人收支、家庭整体收支、家庭及成员所处社区公共物品损益、家庭所享受到的宏观环境与制度性损益以及家庭团聚心理收入(或家庭离散心理成本)等。

5.农民工家庭成员结构假设。假设家庭总人数固定为 N,家庭成员有两种分类:一是分为劳动力(即在劳动年龄内或不在劳动年龄内但可以参加城乡劳动并获取工资的成员)和非劳动力(即儿童、老人等不能参加城乡劳动的成员),数量分别设为 N^1 和 N^2;二是分为迁移城市家庭成员和留守农村家庭成员,数量分别设为 N_u 和 N_r。由此,得到农民工家庭的城市劳动力(人数为 N_u^1)、城市非劳动力(人数为 N_u^2)、农村劳动力(人数为 N_r^1)、农村非劳动力(人数为 N_r^2)四类成员。在一个农民工家庭里,如何在城乡间配置这四类家庭成员的数量就是农民工家庭静态的迁移决策,或曰农民工家庭成员迁移行为选择。它们之间的关系是: $N_u^1+N_u^2=N_u$,$N_r^1+N_r^2=N_r$,$N_u^1+N_r^1=N^1$,$N_u^2+N_r^2=N^2$,$N_u^1+N_u^2+N_r^1+N_r^2=N$。

二、农民工家庭效用函数

基于以上假定和分析,家庭效用函数可表示为

$$U=U(M,H,C,S,Ps) \tag{3.2-1}$$

式中,M 代表家庭成员个体消费效用,H 代表家庭共同财产效用,C 代表社区公共物品效用,S 代表宏观环境与制度效用,Ps 代表家庭团聚的心理效用。

假定该函数是凹函数并连续可微。由该效用函数确定家庭效用最大化,并且在家庭成员迁移投资共担与收益共享契约安排下,家庭所有成员的效用水平相等[①],即 $u_u=u_r=u^1=u^2=u,uN=U$。由于该效用函数建立在家庭预算约束(见本节第三部分分析)基础上,因此只要家庭成员配置确定,家庭收支状况即确定,成员的边际效用不会单独发生变化。

下面对(3.2-1)式中的各变量予以解释。

(一)M 和 H 人均化假设与解释

农民工家庭成员收入和消费水平不同,但是在迁移投资共担与收益共享契约安排假定下,家庭各成员间的收入和家庭共同财产是可以相互调整实现效用均衡

---

① 如果家庭成员的效用水平不相等,则效用低的成员和效用高的成员会在家庭效用最大化条件下,采取改变迁移投资与收益契约安排的行为。

的。本研究假设经过调整后，家庭成员收入和家庭公共财产人均效用是相等的。

家庭成员收入可以再分配，进而消费也可以再分配，最终使人均效用相等。由此设每个成员的个人消费量为 m，分配家庭总消费量 M 的比例为 $g_{mi}(i \in N)(0 \leqslant g_{mi} \leqslant 1)$，则 $m = g_{mi} \dfrac{M}{N}$。

在农民工家庭中，最主要的共同财产就是承包地和宅基地（包括住房）。承包地作为家庭共同财产，一般按人口平均分配，可以产生地租收入（由于家庭承包地所有权缺失，很难在农村土地市场上交易，因此假定即使农民工家庭举家迁移，承包地也不会带来地价收入，但可以转租或转让）。从目前城市农民工居住现状看，城市家庭成员居住面积小，以租房为主（购买面积较小的住房可以视作租房的一种特殊形式），但城市租房价格高；农村自有住房面积大，但租金价格低。在家庭成员迁移投资共担、收益共享契约安排的福利转移下，城市住房租金支出会自动分摊到农村成员中；农村住房租金收入，也会自动分摊给城市成员（由于家庭宅基地所有权缺失，宅基地也很难在农村土地市场上交易，因此假定即使农民工举家迁移，农村住房也不能销售，只能出租）。本研究假定承包地和农村住房在农民工家庭成员间配置后，效用相等。因此，设每个成员分配的家庭共同财产为 h，分配家庭总财产 H 的比例为 $g_{hi}(i \in N)(0 \leqslant g_{hi} \leqslant 1)$，则 $h = g_{hi} \dfrac{H}{N}$。

（二）C 和 S 城乡差异化解释

农民工家庭及其成员所在社区公共物品和宏观环境与制度效用主要包括：①社交网络损益，即迁移前农村亲情等社交关系给农民工在农村带来的收入，迁移城市后带来的损失；②社会歧视，即农民工迁移入城后遭受到的社区市民歧视带来的损失；③自然环境损益，即迁移前在农村享受到的空气新鲜、人口稀疏等自然环境的收入，迁移入城自然环境较差的损失；④城市生活不适应，即工作压力大、受人管束，没有了农村的舒适、恬静生活的损失；⑤非二元宏观经济和制度因素损益，即城市比农村优越的生活环境带来的生活便利和生活水平的提高；⑥技能性收入，即在城市务工中所获得的各项工作技能与知识，属于不用自己投资的无形人力资本；⑦文化性收入，即在城市享受到的文化环境等方面的收益。以上①～④项属于农村生产、生活效用的增加，⑤～⑦项属于城市务工、生活效用的增加。农民工家庭成员会对在城乡间感受到的这些效用净值进行比较。

城乡在社区公共物品和宏观环境与制度上的效用表现是不同的，因此虽然家庭内部信息较完全，C 和 S 对于农民工家庭来说是公共资源，是不可分的。但城乡家庭成员分别享受的城乡社区公共物品和城乡宏观环境与制度等是不同的，由此产生的效用也是不同的。设单位城市成员享受到的社区公共物品收益为 c_u，单位农村成员享受到的社区公共物品收益为 c_r，则 $c_u \times N_u + c_r \times N_r = C$；单位城市成员享受到的宏观环境与制度性收益为 s_u，单位农村成员享受到的宏观环境与制度性收益为 s_r，则 $s_u \times N_u + s_r \times N_r = S$。

（三）Ps 的间接衡量与解释

家庭团聚心理效用难以直接衡量。假定家庭成员离散会产生心理损失，为了减少这种心理损失，外出成员会频繁回家，由此将外出人员往返于城乡间发生的交通费用作为家庭团聚的负效用。交通费用属于家庭净支出，设迁入地距迁出地间的距离为 d，单位距离交通费用为 T_e，则家庭离散心理损失，即流动成本为 $Ps = N_u d T_e$，且 $\dfrac{\partial Ps}{\partial N_u} > 0, \dfrac{\partial Ps}{\partial d} > 0, \dfrac{\partial Ps}{\partial T_e} > 0$。当 $N_u = 0$ 或 $N_u = N$ 时，$d = 0$，故 $Ps = 0$。外出成员越多，离家越远，家庭离散的心理损失越大，负效用越显著。

三、农民工家庭预算约束

（一）家庭劳动力工资性收入

假设农民工家庭中非劳动力不带来工资性收入，劳动力工资是家庭工资性收入的全部来源。设平均每个成员务农工资收入为 w_r（由农业劳动力市场决定），务工的工资收入为 w_u（由非农业劳动力市场决定），务工就业概率为 $\pi (0 \leq \pi \leq 1)$，则家庭总工资收入为 $w_r N_r^1 + \pi w_u N_u^1$。

（二）家庭共同财产性收入

由于农民工家庭共同财产按人均效用均等分配，因此像承包地和农村住房这些家庭主要共同财产带来的收入就会产生两部分：一部分是农村家庭成员生产（或生活）用承包地和居住住房产生的收入，设每个成员获得的租金（由农村地租和房租市场决定）为 r_h，由前假设每个成员拥有量为 h，则该部分成员带来的收入为 $N_r r_h h$；另一部分是城市家庭成员的租金收入，他们的承包地和住房可以选择闲置、农村家庭成员代种与使用或市场出租（农村家庭成员代种承包地和使用住房可以认为是出租的特殊情形），因此设出租的可能性为 $\upsilon (0 \leq \upsilon \leq 1)$，则该部分成员家庭公共财产带来的收入为 $\upsilon N_u r_h h$。

（三）社区公共物品收入和宏观环境与制度收入

由于目前我国城乡二元经济结构存在的事实，无论是社区公共物品还是宏观环境与制度，城市市民享受的福利水平都高于农民享受到的福利水平，即 $c_u > c_r$，$s_u > s_r$。但由于农民工家庭成员城乡流动中，要么不能享受到城市的社区公共物品供给和宏观环境与制度供给带来的收益，要么不能享受到农村的，或者两方皆不享受，因此设农村和城市家庭成员社区公共物品收入获得的可能性分别为 $\varphi_r, \varphi_u (0 \leq \varphi_r \leq 1, 0 \leq \varphi_u \leq 1)$，农村和城市宏观环境与制度收入获得率为 $\theta_r, \theta_u (0 \leq \theta_r \leq 1, 0 \leq$

$\theta_u\leqslant1$），则农民工家庭获得的社区公共物品收入为 $\varphi_rN_rc_r+\varphi_uN_uc_u$，获得的宏观环境与制度收入为 $\theta_rN_rs_r+\theta_uN_us_u$[1]。

（四）家庭其他收入

设农民工家庭其他收入为 I_e。

农民工家庭通过城乡成员配置，获取城乡工资收入、家庭财产性收入、社区公共物品收入和宏观环境与制度收入。家庭总收入（设为 I）可以表示为：

$$I=w_rN_r^1+\pi w_uN_u^1+N_rr_hh+\upsilon N_ur_hh+\varphi_rN_rc_r+\varphi_uN_uc_u+\theta_rN_rs_r+\theta_uN_us_u+I_e$$

$$(3.2-2)$$

（五）家庭成员消费支出

设农民工家庭城市成员消费的产品平均价格为 p_u（由城市消费品市场决定），农村成员消费的产品平均价格为 p_r（由农村消费品市场决定），由前述假设家庭每个成员的个人消费量为 m，则家庭成员总消费支出为 $N_up_um+N_rp_rm$[2]。

（六）家庭整体大额支出

农民工家庭整体大额支出一般为教育、医疗和养老支出。在此假定理论分析中，教育、医疗和养老支出分摊到家庭成员消费支出中，但在实证检验中将养老支出作为家庭成员消费支出一部分在家庭成员消费支出中衡量，医疗支出和教育支出单独计量。

（七）家庭共同财产性支出

像承包地和城乡住房这些家庭主要共同财产的损失同样由两部分组成：一部分是农村家庭成员的承包地和住房自用，视作收支相抵，因此该部分租金收入也就是租金损失，而城市家庭成员的承包地是靠农村集体成员权取得的，租出去获得租金收入，没有租出也不承担相应支出；另一部分是城市家庭成员城市租房支出，设每个城市家庭成员租房租金为 r_{uh}（由城市房租市场决定），人均租房面积为 h_u，则农民工家庭共同财产性支出为 $N_rr_hh+N_ur_{uh}h_u$，主体是城市家庭成员居住支出 $N_ur_{uh}h_u$。

（八）社区公共物品和宏观环境与制度供给购买成本

社区公共物品供给和宏观环境与制度供给都具有正外部性，因此农民工家庭成员在农村不存在歧视，可以无偿获得这些外部性收入，但农民工家庭城市成员在城市存在歧视，不能完全获得这些外部性收入，需要支付一些成本购买，如建立城

---

① 实证检验中，宏观环境与制度收入指标为评价类虚拟变量，家庭实际收入不再计量该类收入，视同与社区公共物品供给收入一起核算在城乡福利性收入中。

② 农民工家庭成员的信息获取和通讯支出也被核算在日常消费支出。在第四章第二节第二部分实证检验中，通讯支出单独计量。

市的社会网络，减少社区市民的歧视，自身教育培训和子女城市教育，进入城市医疗、养老等社保和服务体系等。即使支付成本，得到一些城市社区公共物品和宏观环境与制度收入，城市农民工对自己在城市所处的社区和宏观环境也是不满意的①，单位城市市民获得的社区公共物品和宏观环境与制度外部性收入与单位农民工家庭成员在城市获得该部分外部性收益的差额，即单位农民工家庭城市成员个体的净损失为$(1-\varphi)c_u+(1-\theta)s_u$，由此得到农民工家庭成员支付的总成本为$N_uc_u+N_us_u$。

（九）家庭团聚支出

如前所述，家庭团聚支出为城市家庭成员往返于城乡的流动成本$Ps=N_udT_e$。

（十）家庭其他支出

设农民工家庭其他支出为E_e。

农民工家庭通过城乡成员配置需要支付的成本，包括城乡成员消费支出、家庭整体大额支出、城市成员支付的住房租金、城市社区和宏观环境与制度供给的购买支出、家庭团聚支出等。家庭总支出（设为E）可以表示为

$$E=N_up_um+N_rp_rm+N_rr_{rh}h+N_ur_{uh}h_u+N_uc_u+N_us_u+N_udT_e+E_e \quad (3.2-3)$$

在这里，假定农民工家庭全部收入能够支付全部支出，即$I\geqslant E$，不考虑家庭通过借贷来消费的情况；为了理论分析的方便，假定家庭其他收支差额为常数，即$I_e-E_e=A$，A为常数。

四、农民工家庭效用最大化及求解过程

根据以上假设和分析，实现家庭效用最大化求解如下：

$$\max_{N_u^1,N_r^1,N_u^2,N_r^2} U=U(M,H,C,S,Ps)② \quad (3.2-4)$$

$$S.\cdot T.\cdot I\geqslant E$$

$$N^1\geqslant N_u^1$$

$$N^2\geqslant N_u^2$$

式中$M=g_{mi}m\bar N$，$H=g_{hi}h\bar N$，$C=c_uN_u+c_rN_r$，$S=s_uN_u+s_rN_r$。

---

① 2010年调查显示，农民工对工作城市不满意的占26%，无所谓和比较满意的占65.9%，表示满意的占8.1%。

② 在家庭成员个体因素、家庭因素、社区因素、宏观环境与制度因素共同作用下，为了实现家庭效用最大化，家庭的决策是对其成员进行城乡配置。效用如何实现最大是依据家庭整体收支状况来决策的。在家庭效用达到最大化的条件下，有$\frac{\partial U}{\partial N_u}=0$，$\frac{\partial U}{\partial N_r}=0$。否则，当$\frac{\partial U}{\partial N_u}=0$时，农村家庭成员会迁移城市，家庭效用增加；同理，当$\frac{\partial U}{\partial N_r}=0$时，城市家庭成员会迁移农村，家庭效用增加。这与家庭效用最大化矛盾。

构建拉格朗日函数：

$$Z=U+\lambda_1(I-E)+\lambda_2(N^1-N_u^1)+\lambda_3(N^2-N_u^2)(\lambda_1,\lambda_2,\lambda_3\geqslant0) \qquad (3.2-5)$$

在 3.2—5 式中 λ_1、λ_2、λ_3 分别是家庭收支差额约束条件、家庭农村劳动力数量约束条件和家庭农村非劳动力数量约束条件的效用影子价格①。

将 3.2—2、3.2—3 式代入 3.2—5 式，整理得

$$Z=U+\lambda_1\Big[w_rN_r^1+\pi w_uN_u^1+\upsilon N_ur_{rh}\frac{g_{hi}H}{N}+\varphi_rN_rc_r+(\varphi_u-1)N_uc_u+\theta_rN_rs_r+$$

$$(\theta_u-1)N_us_u-N_up_r\frac{g_{mi}M}{N}-N_rp_r\frac{g_{mi}M}{N}-N_ur_{uh}h_u-N_udT_e+I_e-E_e\Big]+\lambda_2N_r^1+$$

$$\lambda_3N_r^2 \qquad (3.2-6)$$

根据库恩—塔克条件，对 3.2—6 式中的家庭人口数 N_u^1、N_u^2、N_r^1、N_r^2 和 λ_1、λ_2、λ_3 求导，得到

$$\frac{\partial Z}{\partial N_u^1}=\lambda_1\Big[\pi w_u+\upsilon r_{rh}\frac{g_{hi}H}{N}+(\varphi_u-1)c_u+(\theta_u-1)s_u-p_u\frac{g_{mi}M}{N}-r_{uh}h_u-dT_e\Big]\leqslant0$$

$$N_u^1\geqslant0,且\ N_u^1\frac{\partial Z}{\partial N_u^1}=0 \qquad (3.2-7)$$

$$\frac{\partial Z}{\partial N_r^1}=\lambda_1\Big[w_r+\varphi_rc_r+\theta_rs_r-p_r\frac{g_{mi}M}{N}\Big]+\lambda_2\leqslant0$$

$$N_r^1\geqslant0,且\ N_r^1\frac{\partial Z}{\partial N_r^1}=0 \qquad (3.2-8)$$

$$\frac{\partial Z}{\partial N_u^2}=\lambda_1\Big[\upsilon r_{rh}\frac{g_{hi}H}{N}+(\varphi_u-1)c_u+(\theta_u-1)s_u-p_u\frac{g_{mi}M}{N}-r_{uh}h_u-dT_e\Big]\leqslant0$$

$$N_u^2\geqslant0,且\ N_u^2\frac{\partial Z}{\partial N_u^2}=0 \qquad (3.2-9)$$

$$\frac{\partial Z}{\partial N_r^2}=\lambda_1\Big[\varphi_rc_r+\theta_rs_r-p_r\frac{g_{mi}M}{N}\Big]+\lambda_3\leqslant0$$

$$N_r^2\geqslant0,且\ N_r^2\frac{\partial Z}{\partial N_r^2}=0 \qquad (3.2-10)$$

$$\frac{\partial Z}{\partial\lambda_1}=I-E\geqslant0,\lambda_1\geqslant0,且\ \lambda_1\frac{\partial Z}{\partial\lambda_1}=0 \qquad (3.2-11)$$

$$\frac{\partial Z}{\partial\lambda_2}=N_r^1\geqslant0,\lambda_2\geqslant0,且\ \lambda_2\frac{\partial Z}{\partial\lambda_2}=0 \qquad (3.2-12)$$

---

① 这里的效用影子价格是指当增加家庭收支、城市家庭劳动力数量或城市非劳动力数量中一个单位变化时而引起目标效用函数效用增量的比值。

$$\frac{\partial Z}{\partial \lambda_3} = N_r^2 \geqslant 0, \lambda_3 \geqslant 0, 且\ \lambda_3 \frac{\partial Z}{\partial \lambda_3} = 0 \tag{3.2-13}$$

对 3.2—7 式至 3.2—13 式求解,去掉无效解后[①],得到农民工家庭效用最大化的解。

五、农民工家庭劳动力成员迁移决策

1. 当 $N_u^1 = 0, N_r^1 = \overline{N^1}$ 时,有 $Ps = 0$。由于 $N_u^1 = 0$,由 3.2—7 式的互补松弛条件,要求:

$$\lambda_1 \left[\pi w_u + v r_{rh} \frac{g_{hi}H}{\overline{N}} + (\varphi_u - 1)c_u + (\theta_u - 1)s_u - p_u \frac{g_{mi}M}{\overline{N}} - r_{uh}h_u \right] < 0 \ [②] \tag{3.2-14}$$

由 3.2—12 式中 $\frac{\partial Z}{\partial \lambda_2} = N_r^1 > 0$ 成立,又由 $\lambda_2 \frac{\partial Z}{\partial \lambda_2} = 0$,得 $\lambda_2 = 0$,代入 3.2—8 式的互补松弛条件得

$$\lambda_1 \left[w_r + \varphi_r c_r + \theta_r s_r - p_r \frac{g_{mi}M}{\overline{N}} \right] < 0 \tag{3.2-15}$$

则 $\lambda_1 \neq 0, \lambda_1 > 0$,代入 3.2—14、3.2—15 式得

$$\pi w_u + v r_{rh} \frac{g_{hi}H}{\overline{N}} + (\varphi_u - 1)c_u + (\theta_u - 1)s_u - p_u \frac{g_{mi}M}{\overline{N}} - r_{uh}h_u < 0 \tag{3.2-16}$$

$$w_r + \varphi_r c_r + \theta_r s_r - p_r \frac{g_{mi}M}{\overline{N}} < 0 \tag{3.2-17}$$

由以上分析得出结论,当 $\lambda_1 > 0, \lambda_2 = 0$ 时,$N_u^1 = 0, N_r^1 = \overline{N^1}$ 是农民工家庭劳动力迁移决策的最优解。该最优解的经济学意义是农民工家庭选择劳动力不迁移。原因是在该种条件下,由 3.2—16 式得知家庭劳动力在城市的边际净收益为负,由 3.2—17 式得知家庭劳动力在农村的边际净收益为负[③],但由于 $Ps = 0$,即 3.2—16 式描述的状态属于全部劳动力迁移城市,农民工家庭一次性把全部劳动力迁移到城市的巨大成本是在迁移时需要外加考虑的,因此农民家庭劳动力迁移决策为不迁移。

---

① 因为存在 $N_u^1 + N_r^1 = N^1, N_u^2 + N_r^2 = N^2, N_u^1 + N_u^2 = N_u, N_r^1 + N_r^2 = N_r, N_u^1 + N_r^1 + N_u^2 + N_r^2 = \overline{N}$ 的约束,因此不是所有解都有效,如 $N_u^1 = 0$ 时 $N_r^1 = 0$,或 $N_u^1 = N^1$ 时 $N_r^1 = N^1$ 即为无效解。

② 在 3.2—7 式中,当 $N_u^1 = 0$ 时,$N_u^1 \frac{\partial Z}{\partial N_u^1} = 0$,则 $\frac{\partial Z}{\partial N_u^1}$ 可以等于零,但这只是一个临界条件,而 $\frac{\partial Z}{\partial N_u^1} < 0$,则认为是互补松弛条件。此时由于 $Ps = 0, dT_e = 0$。

③ 3.2—17 式中 λ 是每个家庭成员在农村获得的收益,p 是每个家庭成员在农村支出的成本。3.2—16 式中解释方法与 3.2—17 相同。以下各种条件下的解释方法相同。

2. 当 $N_r^1 = 0, N_u^1 = \bar{N}^1$ 时，有 $Ps = 0$，由 3.2－12 式得到 $\dfrac{\partial Z}{\partial \lambda_2} = N_r^1 = 0$。又由

3.2－12式中 $\lambda_2 \dfrac{\partial Z}{\partial \lambda_2} = 0$ 互补松弛条件得到 $\lambda_2 > 0$。再由 3.2－7、3.2－8 式的互补

松弛条件，要求：

$$\lambda_1 \left[\pi w_u + v r_{rh} \frac{g_{hi} H}{\bar{N}} + (\varphi_u - 1) c_u + (\theta_u - 1) s_u - p_u \frac{g_{mi} M}{\bar{N}} - r_{uh} h_u \right] < 0 \qquad (3.2-18)$$

$$\lambda_1 \left[w_r + \varphi_r c_r + \theta_r s_r - p_r \frac{g_{mi} M}{\bar{N}} \right] + \lambda_2 < 0 \qquad (3.2-19)$$

得到 $\lambda_1 \neq 0, \lambda_1 > 0$，代入 3.2－18、3.2－19 式得

$$\pi w_u + v r_{rh} \frac{g_{hi} H}{\bar{N}} + (\varphi_u - 1) c_u + (\theta_u - 1) s_u - p_u \frac{g_{mi} M}{\bar{N}} - r_{uh} h_u < 0 \qquad (3.2-20)$$

$$w_r + \varphi_r c_r + \theta_r s_r - p_r \frac{g_{mi} M}{\bar{N}} < -\frac{\lambda_2}{\lambda_1} \qquad (3.2-21)$$

由以上分析得出结论，当 $\lambda_1 > 0, \lambda_2 > 0$ 时，$N_r^1 = 0, N_u^1 = \bar{N}^1$ 是农民工家庭劳动力的迁移决策最优解。该最优解的经济学意义是农民工家庭劳动力选择全部迁移。原因是由 3.2－20 式得知家庭劳动力在城市的边际净收益小于零，由 3.2－21 式得知家庭劳动力在农村的边际净收益要小于 $-\dfrac{\lambda_2}{\lambda_1}$，要远小于零，因此农民家庭劳动力迁移决策为全部迁移。

3. 当 $N_u^1 = N_u^{1*} \ (0 < N_u^{1*} < N^1)$，$N_r^1 = \bar{N}^1 - N_u^{1*}$ 时，有 $Ps \neq 0$，由 3.2－12 或得到 $\dfrac{\partial Z}{\partial \lambda_2} = N_r^1 > 0$，又由 $\lambda_2 \dfrac{\partial Z}{\partial \lambda_2} = 0$ 得到 $\lambda_2 = 0$，代入 3.2－8 式的互补松弛条件得

$$\lambda_1 \left[w_r + \varphi_r c_r + \theta_r s_r - p_r \frac{g_{mi} M}{\bar{N}} \right] < 0 \qquad (3.2-22)$$

再由 3.2－7 式的互补松弛条件，要求：

$$\lambda_1 \left[\pi w_u + v r_{rh} \frac{g_{hi} H}{\bar{N}} + (\varphi_u - 1) c_u + (\theta_u - 1) s_u - p_u \frac{g_{mi} M}{\bar{N}} u - r_{uh} h_u - d T_e \right] < 0$$

$$(3.2-23)$$

则 $\lambda_1 \neq 0, \lambda_1 > 0$，代入 3.2－22、3.2－23 式得

$$w_r + \varphi_r c_r + \theta_r s_r - p_r \frac{g_{mi} M}{\bar{N}} < 0 \qquad (3.2-24)$$

$$\pi w_u + v r_{rh} \frac{g_{hi} H}{\bar{N}} + (\varphi_u - 1) c_u + (\theta_u - 1) s_u - p_u \frac{g_{mi} M}{\bar{N}} - r_{uh} h_u - d T_e < 0 \qquad (3.2-25)$$

由以上分析得出结论,当 $\lambda_1 > 0, \lambda_2 = 0$ 时, $N_u^1 = N_u^{1*}\ (0 < N_u^{1*} < \bar{N}^1), N_r^{1*} = \bar{N}^1 - N_u^{1*}$ 是农民工家庭劳动力迁移决策的最优解。该最优解的经济学意义是农民工家庭选择部分劳动力迁移。原因是由 3.2－24 式得知家庭劳动力在农村的边际净收益小于零,由 3.2－25 式得知家庭劳动力在城市的边际净收益小于零,且 $Ps \neq 0$,即充分考虑了部分迁移时的流动成本,因此农民家庭劳动力迁移决策为部分迁移、部分家留守或回流。

六、农民工家庭非劳动力成员迁移决策

与农民工家庭劳动力迁移决策相似,家庭中非劳动力最优迁移决策的组合解如下:

1. 当 $\lambda_1 > 0, \lambda_3 = 0$ 时, $Ps = 0$,由 3.2－9、3.2－10 式的相互松弛条件得

$$\upsilon r_{rh} \frac{g_{hi}H}{\bar{N}} + (\varphi_u - 1)c_u + (\theta_u - 1)s_u - p_u \frac{g_{mi}M}{\bar{N}} - r_{uh}h_u < 0 \qquad (3.2-26)$$

$$\varphi_r c_r + \theta_r s_r - p_r \frac{g_{mi}M}{\bar{N}} < 0 \qquad (3.2-27)$$

$N_u^2 = 0, N_r^2 = \bar{N}^2$ 是农民工家庭非劳动力迁移决策的最优解。该最优解的经济学意义是农民工家庭选择非劳动力不迁移。原因是在该种条件下,由 3.2－26 式得知家庭非劳动力在城市的边际净收益为负,由 3.2－27 式得知家庭非劳动力在农村的边际净收益为负,但由于 $Ps = 0$,即 3.2－26 式描述的状态属于全部非劳动力迁移城市,农民工家庭一次性把全部非劳动力迁移到城市的巨大成本是在迁移时需要外加考虑的,因此农民家庭非劳动力迁移决策为不迁移。

2. 当 $\lambda_1 > 0, \lambda_3 > 0$ 时, $Ps = 0$,由 3.2－9、3.2－10 式的相互松弛条件得

$$\upsilon r_{rh} \frac{g_{hi}H}{\bar{N}} + (\varphi_u - 1)c_u + (\theta_u - 1)s_u - p_u \frac{g_{mi}M}{\bar{N}} - r_{uh}h_u < 0 \qquad (3.2-28)$$

$$\varphi_r c_r + \theta_r s_r - p_r \frac{g_{mi}M}{\bar{N}} < -\frac{\lambda_3}{\lambda_1} \qquad (3.2-29)$$

$N_r^2 = 0, N_u^2 = \bar{N}^2$ 是农民工家庭非劳动力迁移决策的最优解。该最优解的经济学意义是农民工家庭选择非劳动力全部迁移。原因是在该种条件下,由 3.2－28 式得知家庭非劳动力在城市的边际净收益为负,由 3.2－29 式得知家庭非劳动力在农村的边际净收益为 $-\frac{\lambda_3}{\lambda_1}$,远小于零,因此农民家庭非劳动力迁移决策为全部迁移。

3. 当 $\lambda_1>0,\lambda_3=0$ 时，$Ps\neq0$，由 3.2—9、3.2—10 式的相互松弛条件得：

$$vr_{rh}\frac{g_{hi}H}{N}+(\varphi_u-1)c_u+(\theta_u-1)s_u-p_u\frac{g_{mi}M}{N}-r_{uh}h_u-dT_e<0 \qquad (3.2-30)$$

$$\varphi_r c_r+\theta_r s_r-p_r\frac{g_{mi}M}{N}<0 \qquad (3.2-31)$$

$N_u^2=N_u^{2*}(0<N_u^{2*}<N^2)$，$N_r^{2*}=\overline{N}^2-N_u^{2*}$ 是农民工家庭劳动力迁移决策的最优解。该最优解的经济学意义是农民工家庭选择部分非劳动力迁移。原因是由 3.2—30 式得知家庭非劳动力在农村的边际净收益小于零，由 3.2—31 式得知家庭非劳动力在城市的边际净收益小于零，且 $Ps\neq0$，即充分考虑了部分迁移时的流动成本，因此农民家庭非劳动力迁移决策为部分迁移、部分留守或回流。

七、农民工家庭迁移决策

在家庭整体效用最大化条件下，根据上述家庭劳动力迁移决策的最优解和家庭非劳动力迁移决策的最优解，得到家庭整体迁移决策的一系列最优解组合（表3.1）。

表 3.1　　　　　　　　　静态农民工家庭迁移决策最优组合表

影子价格条件	家庭团聚因素	迁移决策组合	决策组合状态描述（按家庭市民化程度顺序）
$\lambda_1>0,\lambda_2=0,\lambda_3=0$	$Ps=0$	$N_u^1=0,N_r^1=\overline{N}^1,N_u^2=0,N_r^2=\overline{N}^2$	全部农民工家庭成员不迁移
$\lambda_1>0,\lambda_2=0,\lambda_3>0$	$Ps=0$	$N_u^1=0,N_r^1=\overline{N}^1,N_r^2=0,N_u^2=\overline{N}^2$	家庭劳动力选择不迁移、非劳动力选择部分迁移或全部迁移。这两种情况实践表现是家庭有子女先于劳动力到城市求学而非务工
$\lambda_1>0,\lambda_2=0,\lambda_3=0$	$Ps\neq0$	$N_u^1=0,N_r^1=\overline{N}^1$，$N_u^2=N_u^{2*},N_r^{2*}=\overline{N}^2-N_u^{2*}$	
$\lambda_1>0,\lambda_2=0,\lambda_3=0$	$Ps\neq0$	$N_u^1=N_u^{1*}$，$N_r^{1*}=\overline{N}^1-N_u^{1*}$，$N_u^2=0,N_r^2=\overline{N}^2$	家庭劳动力部分迁移，非劳动力不迁移。这种情况较为普遍，家庭劳动力部分单独入城务工
$\lambda_1>0,\lambda_2=0,\lambda_3=0$	$Ps\neq0$	$N_u^1=N_u^{1*}$，$N_r^{1*}=\overline{N}^1-N_u^{1*}$，$N_u^2=N_u^{2*},N_r^{2*}=\overline{N}^2-N_u^{2*}$	家庭劳动力和非劳动力部分迁移。这种情况一般是在家庭劳动力合理分工的基础上，迁移入城劳动力携带部分非劳动力迁移入城

（续表）

影子价格条件	家庭团聚因素	迁移决策组合	决策组合状态描述（按家庭市民化程度顺序）
$\lambda_1 > 0, \lambda_2 = 0, \lambda_3 > 0$	$Ps \neq 0$	$N_u^1 = N_u^{1*}$, $N_r^{1*} = \overline{N}^1 - N_u^{1*}$, $N_r^2 = 0, N_u^2 = \overline{N}^2$	家庭劳动力部分迁移，非劳动力全部迁移。该情况是城市劳动力足以带动全部非劳动力迁移，而家庭农村务农收入又比较重要，在家庭总收入中所占比重较大时，家庭大部分成员迁移，只留部分劳动力农村务农
$\lambda_1 > 0, \lambda_2 > 0, \lambda_3 = 0$	$Ps = 0$	$N_r^1 = 0, N_u^1 = \overline{N}^1, N_u^2 = 0, N_r^2 = \overline{N}^2$	家庭劳动力全部迁移，非劳动力不迁移或部分迁移。这种情况较为普遍，家庭劳动力全部进城务工并携带部分老人或儿童入城，或老人或儿童留守
$\lambda_1 > 0, \lambda_2 > 0, \lambda_2 > 0$	$Ps \neq 0$	$N_r^1 = 0, N_u^1 = \overline{N}^1$, $N_u^2 = N_u^{2*}, N_r^{2*} = \overline{N}^2 - N_u^{2*}$	
$\lambda_1 > 0, \lambda_2 > 0, \lambda_3 > 0$	$Ps = 0$	$N_r^1 = 0, N_u^1 = \overline{N}^1, N_r^2 = 0, N_u^2 = \overline{N}^2$	农民工家庭举家迁移

第三节　静态农民工家庭迁移决策影响因素分析

根据上述静态农民工家庭迁移决策机制的初步分析，可以看出农民工家庭迁移行为影响因素包括农民工个体特征因素、家庭特征因素、社区因素、宏观环境与制度因素。我们研究分析的问题是：影响农民工家庭迁移决策的主要因素有哪些？这些因素对迁移决策的影响程度如何？哪些因素是促进农民工家庭市民化的关键因素，从而根据这些因素提出相应的对策措施？本节将对这些影响因素及其分析方法进行理论分析，主要讨论促进农民工家庭市民化的若干影响因素和影响方向，为下文经验研究提供分析这些因素影响方向、影响程度的理论假设。

一、迁移决策影响因素影响方向的理论分析

下面将本章第二节得到的部分结论用于迁移决策影响因素的理论分析。

由上节第五部分分析得到静态农民工家庭劳动力迁移决策，并得到单位劳动力城市务工的边际收益 $MR_{N_u^1}$ 和农村务农的边际收益 $MR_{N_r^1}$，具体如下：

$$MR_{N_u^1} = \pi w_u + v r_{rh} \frac{g_{hi} H}{N} + (\varphi_u - 1) c_u + (\theta_u - 1) s_u - p_u \frac{g_{mi} M}{N} - r_{uh} h_u - d T_e$$

$$MR_{N_r^1} = w_r + \varphi_r c_r + \theta_r s_r - p_r \frac{g_{mi} M}{N}$$

$MR_{N_r^1}$ 可以视作单位劳动力进城务工、努力实现市民化的机会成本。

同理,由上节第六部分分析得到单位非劳动力进入城市的边际收益 $MR_{N_u^2}$ 和在农村的边际收益 $MR_{N_r^2}$ 如下:

$$MR_{N_u^2} = \upsilon r_{rh} \frac{g_{hi} H}{\underline{N}} + (\varphi_u - 1) c_u + (\theta_u - 1) s_u - p_u \frac{g_{mi} M}{\underline{N}} - r_{uh} h_u - d T_e$$

$$MR_{N_r^2} = \varphi_r c_r + \theta_r s_r - p_r \frac{g_{mi} M}{\underline{N}}$$

$MR_{N_r^2}$ 可以视作单位非劳动力努力实现市民化的机会成本。

在农民工家庭入城的单位劳动力和非劳动力的边际收益影响因素中,除了 π、w_u、w_r 外,其他因素都是双方共同受影响的因素,且这些因素对双方影响的方向也是相同的。下面对这些因素逐一进行理论分析。

(一)城乡工资性收入因素(π、w_u、w_r)

城乡工资性收入因素有 π(城市就业概率)、w_u(城市工资水平)和 w_r(农村工资水平或城市务工机会成本)。在家庭劳动力迁移决策中,虽然要考虑生活成本、迁移成本、家庭共同财产收支、社区公共物品收支以及宏观环境与制度收支等因素的影响,但当 $\pi w_u > w_r$ 时,城市更高的工资收入通常会胜过生活成本、迁移成本等因素的考虑。其中 π 除了由城市就业市场决定外,对劳动力迁移的影响还表现在劳动力的风险偏好上。如果劳动力偏好是避险的,则会降低其迁移概率,反之则会增加迁移概率。但考虑到农业生产同样需要规避风险,家庭会将一个或多个劳动力派往城市劳动力市场,实现收入来源多元化,以减少对农业生产收入来源的依赖[①]。由此,规避风险的劳动力数量减少,选择风险中性或喜好风险的劳动力会增加。w_u 的高低主要取决于家庭劳动力的性别、年龄、能力、经验、学历等因素的不同上。

对于家庭非劳动力,由于没有工资性收入,因此生活成本、迁移成本、家庭共同财产收入、社区因素、宏观环境与制度因素对他们的迁移就产生了重大影响。一般而言,劳动力成员较之非劳动力成员更容易克服迁移障碍。考虑到家庭成员在迁移投资共担、收益共享的契约安排下的效用均等配置状况,工资收入对非劳动力的迁移决策影响是间接的。家庭劳动力在城市赚取务工收入后,扣除举家迁移的城市生活成本,扣除举家迁移后家庭脱离农村产生的家庭资产、社区公共物品、宏观环境与制度等的净损失,扣除举家迁移后进入城市产生的构建城市家庭、社区和进

① Oded Stark. The Migration of Labor [M]. Cambridge, Basil Blackwell, 1991. 引自:杨云彦,石智雷.家庭禀赋对农民外出务工行为的影响[J].中国人口科学,2008(5).

入城市公共服务体系的基本费用外,存在剩余,则家庭非劳动力迁移城市的概率会大大增加。

(二)家庭成员个体消费因素(p_u、p_r、g_{mi}、M)

家庭成员个体消费因素有 p_u(城市消费价格水平)、p_r(农村消费价格水平)、g_{mi}(成员间消费品分配比例)和 M(家庭消费总量)。其中,M 是受家庭总收入水平影响的,g_{mi} 是家庭成员在契约安排下达到效用均等的主观配置,$g_{mi}M$ 对家庭成员迁移决策的作用是负向的。p_u 和 p_r 由城乡消费品市场决定。$p_u g_{mi}M$ 对家庭成员迁移决策的作用是负向的,即城市的高消费对成员迁移产生阻碍。农民工没能完成向较高消费的市民转换,而是节衣缩食,将收入寄回农村,就是克服这种阻碍影响的实践状态[①]。$p_r g_{mi}M$ 对家庭成员迁移决策的作用是正向的,即农村消费水平提高会推动劳动力迁移城市。

(三)城乡家庭共同财产收支因素(υ、r_{rh}、r_{uh}、g_{hi}、H、h_u)

城乡家庭共同财产收支因素有 υ(家庭农村共同财产出租概率)、r_{rh}(农村财产租金率)、r_{uh}(城市住房租金率)、g_{hi}(家庭共同财产分配比例)、H(家庭共同财产总量)、h_u(城市居住总面积)。其中,υ、r_{rh} 由农村资产市场决定,g_{hi} 是家庭成员在契约安排下达到效用均等的主观配置,H 由农民工家庭所在区域及人口总量决定,$\upsilon r_{rh} g_{hi} H$ 对家庭成员迁移决策的作用是正向的,即随着农村财产性收入的提高,成员迁移概率会增大。r_{uh} 由城市资产市场决定,h_u 由迁移城市劳动力的收入状况决定,$r_{uh} h_u$ 对迁移决策的作用是负向的,即城市财产性支出提高会阻碍成员迁移。

(四)社区因素、宏观环境与制度因素(φ_u、θ_u、φ_r、θ_r、c_r、c_u、s_r、s_u)

影响农民工家庭迁移决策的社区因素、宏观环境与制度因素有 φ_u 和 φ_r(城乡社区收入获得概率)、θ_u 和 θ_r(城乡宏观环境与制度收入获得概率)、c_r(农村社区收入)、c_u(城市社区收入或为此支付的成本)、s_r(农村宏观环境与制度收入)、s_u(城市宏观环境与制度收入或为此支付的成本)。它们都由城乡二元经济、社会结构和制度结构决定。其中,c_u 和 s_u 表示农民工迁移城市获得的城市社区、宏观环境与制度收入,但在城乡二元经济结构下,他们需要为此付出成本,且不能完全获得与城市市民同等收入,其净损失是(φ_u-1)c_u($0<\varphi_u<1$)和(θ_u-1)s_u($0<\theta_u<1$)。φ_u、θ_u、c_u、s_u 对家庭成员迁移决策的作用是正向的,即随着城乡二元结构向一元结构转换,可以提高成员迁移概率。$\varphi_r c_r$、$\theta_r s_r$ 对迁移决策的作用是负向的,即有利于农村发展的社区因素、宏观环境与制度因素供给越多,农民工家庭越倾向选择不迁移或

---

① 根据农业银行总行信息部提供的1993年28个省12673个农户的统计数据显示,有95%以上的农村外出打工劳动力是往家里寄钱的,而且平均有30%以上打工收入被寄往家里。资料来源:胡斌.农村劳动力流动动机及其决策行为——兼析外出与不外出打工劳动力收入逆差的形成[J].经济研究,1996(9).

回流。

(五)家庭团聚支出因素(d、T_e)

农民工家庭决策部分成员迁移时,就需要考虑为家庭团聚而支付的心理成本(表现为流动成本),其影响因素有 d(迁移距离)、T_e(单位距离交通费用)。它们对家庭成员迁移决策的作用是负向的。当家庭有成员迁移时,d 和 T_e 越大,则家庭团聚的心理成本越大。为了降低团聚支出,农民工家庭有两种选择:一是外迁成员回流农村,二是其他成员随先迁成员迁移。也就是说,在家庭考虑了其他因素后,有足够的概率和动力促进举家迁移。关键看其他因素中迁移推动因素能否克服迁移障碍,特别是城乡二元经济结构产生的障碍[①]。

二、迁移决策的影响因素及影响程度模型

在上节第一部分假设基础上,引入第一章第二节第一部分提出的农民工家庭从纯农村户、半迁移户、举家迁移未定居户、举家迁移定居户和城市住户五种迁移状态的分类。

根据以上假设,静态农民工家庭迁移行为选择集为 $J,J=\{J_0,J_1,J_2,J_3,J_4\}$,其中 J_0 代表无家庭成员迁移状态,J_1,J_2,J_3,J_4 分别表示农民工家庭迁移的后四种状态。假设第 i 个农民工家庭选择第 j 种迁移行为的效用是 $U(i,j)$。对于理性的农民工家庭来说,将选择集中选择期望效用最大的一个方案,即 $J_i^* = \arg\max\limits_{j=0,1,2,3,4} U(i,j)$。

定义:

$$U(i,j)=V_0(i,j)+V_1(i,j)$$

式中:$V_0(i,j)=v(X_{ij})=v(M_{ij},H_i,C_i,S_i,Ps_{ij})$,其中 $X_{ij}=(M_{ij},H_i,C_i,S_i,Ps_{ij})$ 表示该农民工家庭主要成员的个体特征 M、家庭整体特征 H、家庭所在社区特征 C、家庭面临宏观环境与制度特征 S 和心理特征 Ps 等可观测因素组成的向量;$V_1(i,j)$ 代表该农民工家庭在选择过程中不可观测因素组成的向量,且 $EV_1(i,j)=0$,在 $U(i,j)$ 中所占的比重较小。

设 $\alpha_{ij}^* = \alpha_{i,j}-\alpha_{i,j-1},\beta_{ij}^* = \beta_{i,j}-\beta_{i,j-1}(j=1,2,3,4)$,$J_0,J_1,J_2,J_3$ 分别为 J_1,J_2,J_3,J_4 的比较基础。

设 $Y=\begin{cases}1,\text{选择}J_0,J_1,J_2,J_3,J_4\text{ 其中之一},\\0,\text{其他},\end{cases}$,则运用二元 Logistic 模型对农民

[①] 由于该部分是引用林燕、张忠根论文.孤身外出还是举家迁移?[A].2010 年(第十届)中国制度经济学年会论文集[C],2010(10):452−466)中保留的家庭团聚收益效用因素,因此该部分的结论与引出文献的结论相同。

工家庭迁移的四个阶段 J_1,J_2,J_3,J_4 进行分析,具体模型如下:

$$P_i=F[V_0(i,j)]=F(\alpha_{ij}^*+\sum_{j=1}^{4}\beta_{ij}^*X_{ij})=\frac{1}{1+\exp[-(\alpha_{ij}^*+\sum_{j=1}^{4}\beta_{ij}^*X_{ij})]}$$ ①

第四节　动态农民工家庭迁移决策机制

理性的农民工家庭并非是静止地考虑家庭的效用问题,他们会用长远的目光来理性预期家庭未来的走势,因此运用动态均衡分析农民工家庭迁移决策机制及其影响因素是非常必要的。本研究在静态农民工家庭迁移决策机制的基础上,引入工作搜寻模型(Job Search Model)的思想来研究长期农民工家庭迁移的动态决策。

工作搜寻模型主要用于研究就业的经济行为和心理因素,最早由 Stigler[2] 提出,后经 Wanberg[3]、Kanfer[4]、Vinokur[5]、Saks[6] 等发展了工作搜寻的静态模型,Soelberg、Barber[7]、Saks[8] 等发展了工作搜寻的阶段模型。Feldman、Werbel 等利用工作搜寻模型对不同的就业群体进行了相关实证研究[9]。这些研究通过对不同的亚群体的分析,认为影响工作搜索行为的因素主要有研究对象自我效能感、工作搜索动机以及环境特征等,而工作搜索行为又会影响到就业情况和就业质量。

---

①　王春超.政策约束下的中国农户就业决策与劳动力流动[D]华中师范大学博士论文,2008.

②　Stigler George J. The Economics of Information [J]. Journal of Political Economy, 1961,69(3):213—225.

③　Wanberg C R, Kanfer R, Rotundo M. Unemployed individuals: Motives, job — search competencies, and job—search constraints as predictors of job—seeking and reemployment [J]. Journal of Applied Psychology, 1999, 84(6):897—910.

④　Kanfer R, Wanberg C R, Kantrowitz T M. Job search and employment: A personality — motivational analysis and meta—analytic review [J]. Journal of Applied Psychology, 2001, 86(5): 837-855.

⑤　Vinokur A D, Schul Y. The Web of Coping Resources and Pathways to Reemployment Following a Job Loss [J]. Journal of Occupational Health Psychology, 2002, 7(1):68-83.

⑥　Saks A M, Ashforth B E. Is job search related to employment quality? It all depends on fit [J]. Journal of Applied Psychology, 2002, 87(4): 646-654.

⑦　Barber A E, Daly C L, Giannantonio C M et al. Job search activities: An examination of changes over time [J]. Personnel Psychology, 1994, 47: 739-765.

⑧　Saks A M, Ashforth B E. Change in Job Search Behaviors and Employment Outcomes [J]. Journal of Vocational Behavior, 2000, 56:277-287.

⑨　时金献,侯德娟.工作搜索行为研究的回顾和展望[J].河南大学学报(社会科学版),2007(1):159-165.

一、前提假设

1.假设农民工家庭风险偏好中性并追求终身效用现值最大化,现实中主要表现为追求终身收益现值最大化。农民工家庭有能力提高家庭总体收入水平,达到长期收益最大化的行为状态。农民工家庭据此进行理性决策,其决策结果决定迁移行为。

2.动态农民工家庭迁移行为依然受到家庭成员个体因素、家庭因素、社区因素、宏观环境与制度因素的影响。本研究假定农民工家庭动态决策属于有限理性决策,即家庭对长期家庭成员个体和家庭因素相关信息及长期趋势掌握较充分,而对于社区因素、宏观环境与制度因素相关信息及长期趋势掌握较不充分。

3.按照 Soelberg 的工作搜寻的阶段模型,农民工家庭的迁移行为变化属于序列变化状态,即第一阶段是不迁移(纯农村户)阶段、第二阶段是部分成员迁移(半迁移户)阶段、第三阶段是举家迁移阶段。农民工家庭的迁移行为按三阶段的顺序发生变化。选择不迁移、部分迁移、举家迁移,关键是比较每种状态下的预期终身收益现值。只有未来预期状态终身收入现值大于目前状态预期终身收入现值时,他才愿意改变家庭迁移行为。

4.假定时期是指农民工家庭在一个生命周期内,即家庭组织结构没有发生根本变化的时期。假设从当期(决策期)到家庭组织结构变化的一个生命周期总时长分成 $0,1,2,\cdots\cdots T_*$ 段,每段时间长度为 d,且每个就业期内至多就业一次,$T\in\{0,1,2,\cdots\cdots T_*\}$,则农民工家庭组成情况依然沿用上节中的家庭成员组成安排,即在每个 T 期内有 $N_{u,T}^1+N_{u,T}^2=N_{u,T}$,$N_{r,T}^1+N_{r,T}^2=N_{r,T}$,$N_{u,T}^1+N_{r,T}^1=N_T^1$,$N_{u,T}^2+N_{r,T}^2=N_T^2$,$N_{u,T}^1+N_{u,T}^2+N_{r,T}^1+N_{r,T}^2=\overline{N}$。当农民工家庭组织结构发生变化时,本研究假定形成了一个新的家庭,而在新家庭组织结构下的迁移决策问题需在新的家庭成员组成约束下进行。从一个家庭生命周期过渡到下一个家庭生命周期的迁移决策与迁移行为问题属于超长期的动态决策问题。

5.每期贴现因子为 ε。

二、农民工家庭预算约束

(一)家庭工资性收入

设 $w_{r,0}$ 为第 0 期(当期)农民工家庭农村劳动力单位时间的平均工资收入,$w_{u,0}$ 为第 0 期(当期)农民工家庭城市劳动力单位时间的平均工资收入,$w_{r,T}$ 为第 T 期内家庭农村劳动力单位时间的平均工资收入,$w_{u,T}$ 为第 T 期内家庭城市劳动力单位时间的平均工资收入。

另设每期收入平均增长速度为 δ_1,则农民工家庭农村劳动力每期收入的平均

增长速度 $\delta=\delta_{1r}$，家庭城市劳动力每期收入的平均增长速度 $\delta=\delta_{1u}$，则 $w_T=w_0 \cdot (1+\delta_1)^T$。

另设 ξ_T 代表第 T 期内劳动力在城市是否就业，$\xi_T=\begin{cases}0,\text{失业},\\1,\text{就业};\end{cases}$ ι_T 为第 T 期的工作时间，且每个就业期 T 内平均就业时间相等，即 $\iota_T\sim U(0,d)$，且假设 ξ_T,w_T,ι_T 相互独立。

设 $W_{r,T}$ 为在第 T 期内的农民工家庭单位劳动力农村工资总收入，$W_{u,T}$ 为在第 T 期内的单位劳动力城市工资总收入，则 $W_{r,T}=w_{r,T}\cdot\iota_T$，$W_{u,T}=\xi_T\cdot w_{u,T}\cdot\iota_T$。

基于以上假设，可得到家庭单位农村劳动力在第 T 期的预期收入为

$$EW_{r,T}=Ew_{r,T}\cdot E\iota_T=(1+\delta_{1r})^T w_{r,0}\cdot\frac{d}{2} \qquad (3.4-1)$$

家庭单位城市劳动力在第 T 期的预期收入为

$$EW_{u,T}=E\xi_T\cdot Ew_{u,T}\cdot E\iota_T=P\{\xi_T=1\}\cdot(1+\delta_{1u})^T\cdot w_{u,0}\cdot\frac{d}{2} \qquad (3.4-2)$$

另设 $P\{\xi_T=1\}=P(T)$，根据不同年龄段就业概率的一般规律，农民工在城市的整个就业期内有 $P(T)$ 先增加后减少，则存在时期 $T_{\max}$，使得就业概率最大，即 $P(T_{\max})\geqslant P(T)$，从而可设 $P(T)$ 由指数方程 $e^{-\alpha|T-T_{\max}|}$ 表示（α 为方程参数）。当 $T=0$ 时，$P(0)=e^{-aT_{\max}}$，该就业率可用农民工当期城市就业率测得。

由 3.4-1、3.4-2 式及以上分析得到，单位农村劳动力的预期工资总收入现值 PV_r 和单位城市劳动力的预期工资总收入现值 PV_u 为

$$PV_r=\sum_{T=0}^{T_*}EW_T=\sum_{T=0}^{T_*}w_{r,0}\cdot\left(\frac{1+\delta_{1r}}{1+\varepsilon}\right)^T\cdot\frac{d}{2} \qquad (3.4-3)$$

$$PV_u=\sum_{T=0}^{T_*}EW_T=\sum_{T=0}^{T_*}e^{-\alpha|T-T_{\max}|}\cdot w_{u,0}\cdot\left(\frac{1+\delta_{1u}}{1+\varepsilon}\right)^T\cdot\frac{d}{2} \qquad (3.4-4)$$

（二）家庭成员消费支出

设农民工家庭城市成员第 0 期（当期）消费的产品平均价格为 $p_{u,0}$，农村成员消费的产品平均价格为 $p_{r,0}$，城乡消费品价格平均增长速度分别为 δ_{2u} 和 δ_{2r}，假设家庭每个成员在第 T 期的个人消费量为 m_T，根据杜森贝里的相对收入消费理论，消费是具有刚性的，因此假设家庭消费量有 $m_{T-1}\leqslant m_T$，则家庭单位农村成员消费支出现值为 $Cs_r=\sum_{T=0}^{T_*}p_{r,0}m_T\left(\frac{1+\delta_{2r}}{1+\varepsilon}\right)^T$，家庭单位城市成员消费支出现值为 $Cs_u=\sum_{T=0}^{T_*}p_{u,0}m_T\left(\frac{1+\delta_{2u}}{1+\varepsilon}\right)^T$。

（三）家庭共同财产性收入

设第 0 期（当期）农民工家庭每个成员在 d 段时间内获得的租金（由农村地租

和房租市场决定)为 $r_{rh,0}$，每期租金平均增长速度为 δ_3，由本章第二节假设每个成员拥有量为 h，家庭单位农村成员在第 T 期内的租金收入为 $r_{rh,0}h(1+\delta_3)^T$，家庭单位城市成员在第 T 期内的租金收入为 $\upsilon_T r_{rh,0}h(1+\delta_3)^T$。因此，得到家庭单位农村成员预期共同财产性收入现值 $H_r = \sum_{T=0}^{T_*} r_{rh,0}h\left(\dfrac{1+\delta_3}{1+\varepsilon}\right)^T$，家庭单位城市成员预期共同财产性收入现值 $H_u = \sum_{T=0}^{T_*} \upsilon_T r_{rh,0}h\left(\dfrac{1+\delta_3}{1+\varepsilon}\right)^T$。

（四）家庭共同财产性支出

由本章第二节假设农民工家庭农村成员的共同财产收支相抵，另设每个城市家庭成员第 0 期（当期）租房租金支出为 $r_{uh,0}$，平均每期租金增长速度为 δ_4，人均租房面积为 $h_{u,T}$，则农民工家庭单位城市成员共同财产性支出为 $CH_u = \sum_{T=0}^{T_*} r_{uh,0}h_{u,T}\left(\dfrac{1+\delta_4}{1+\varepsilon}\right)^T$，单位农村成员共同财产性支出为 $CH_r = \sum_{T=0}^{T_*} r_{rh,0}h\left(\dfrac{1+\delta_2}{1+\varepsilon}\right)^T$。

由以上分析得到，农民工家庭单位城市劳动力的预期收入净现值为

$$NPV_{N_u^1} = PV_u - Cs_u + H_u - CH_u = \sum_{T=0}^{T_*}\left(e^{-\alpha\,|\,T-T_{\max}\,|}\,w_{u,0}\,\frac{d}{2}\right.$$

$$\left. - p_{u,0}m_T\right)\left(\frac{\delta_{1u}-\delta_{2u}}{1+\varepsilon}\right)^T + \sum_{T=0}^{T_*}(\upsilon_T r_{rh,0}h - r_{uh,0}h_{u,T})\left(\frac{\delta_3-\delta_4}{1+\varepsilon}\right)^T$$

家庭单位城市非劳动力的预期收入净现值为

$$NPV_{N_u^2} = -Cs_u + H_u - CH_u = \sum_{T=0}^{T_*}(\upsilon_T r_{rh,0}h - r_{uh,0}h_{u,T})\left(\frac{\delta_3-\delta_4}{1+\varepsilon}\right)^T$$

$$- \sum_{T=0}^{T_*} p_{u,0}m_T\left(\frac{1+\delta_{2u}}{1+\varepsilon}\right)^T$$

家庭单位农村劳动力的预期收入净现值（即单位城市劳动力的机会成本）为

$$NPV_{N_r^1} = PV_r - Cs_r + H_r - CH_r = \sum_{T=0}^{T_*}\left(w_{r,0}\frac{d}{2} - p_{r,0}m_T\right)\left(\frac{\delta_{1r}-\delta_{2r}}{1+\varepsilon}\right)^T$$

家庭单位农村非劳动力的预期收入净现值（即单位城市非劳动力的机会成本）为

$$NPV_{N_r^2} = -Cs_r + H_r - CH_r = -\sum_{T=0}^{T_*} p_{r,0}m_T\left(\frac{1+\delta_{2r}}{1+\varepsilon}\right)^T$$

（五）社区因素、宏观环境与制度因素

由于农民工家庭动态决策属于有限理性决策，对于社区因素、宏观环境与制度因素相关信息及长期趋势掌握较不充分，因此动态社区因素、宏观环境与制度因素对于农民工家庭的影响不再能用准确的指标去衡量，但它们对农民工家庭迁移动态决策的影响是多方面的。

1. 对城市就业概率 $P(T)$ 的影响。由托达罗模型可知，农民工城市就业概率受

到城市现代部门就业状况变动和经济增长率变动的影响[①],有

$$P(T) = \frac{\lambda N}{S - N}$$

式中:λ 表示城市现代部门新就业岗位创造率,N 表示城市现代部门总就业人数,则 λN 表示现代部门在某一定时期创造的工作机会;S 表示城市劳动力总量,S−N 表示城市失业人数。

进一步,现代部门工作创造率等于工业产出增长率减去现代部门的劳动生产率增长率即

$$\lambda = \mu - \rho$$

式中:μ 表示工业产出增长率,ρ 表示劳动生产率增长率。

2.社区公共物品供给和相对经济地位变化(本章第二节中设变量为 C)对家庭成员迁移概率的影响。在本章第二节第二部分对社区公共物品供给的解释中,①~④项属于城市务工效用降低或农村务农效用增加,⑤~⑦项属于城市务工效用增加或农村务农效用降低。农民工家庭成员迁移概率会受到以上两个方面的影响。

除此之外,社区家庭相对经济地位的变化也是迁移决策的决定因素。Stark 就曾经根据墨西哥的研究认为引发移民的动因不是两地"绝对收入"差距,而是基于同参照群体比较后可能产生的"相对失落感"[②]。在中国农村社区(一般就是一个村子)中,农户之间联系非常紧密,每户都会不由自主地将自己的收入与村子中的平均家庭收入或其他家庭收入作比较,这样该村中的其他户或某一些户就成为参照群体。当家庭收入低于村内家庭平均收入或村内某些家庭收入时,该农户家庭就产生了"相对贫困"的失落感,该家庭会选择部分成员或全部成员迁移出去。在农村存在剩余劳动力的前提下,当一些家庭成员迁移出去后,村子平均家庭收入就会上升,随之造成又有一批家庭成员产生相对失落感,继而选择迁移。这个过程会不断持续下去,最终村子中只有家庭平均收入高于一定水平的家庭留下来。

3.城乡经济发展和收入变动趋势(在本章第二节设变量为 S 中)对家庭成员迁移概率的影响。当农民工家庭预期城乡经济发展和收入变动趋势使得城乡差距拉大时,家庭成员的迁移概率会增加。这种影响也可以理解为农民工家庭重新选择参照群体而产生的相对剥夺。对于有能力减少这种相对剥夺的农民工家庭来说,预期城乡差距越大,减少相对剥夺的意愿就越强,迁移概率就越大。

---

① Todaro M P. Model of Labor Migration and Urban Employment in Less Developed Countries [J]. The American Economic Review ,1969,59(1):138—148.

托达罗.第三世界的经济发展(上)[M].中国人民大学出版社,1988:354.

② Oded Stark. The Migration of Labor [M]. Cambridge, Basil Blackwell, 1991.

4. 制度因素(在本章第二节设变量为 S 中)对家庭成员迁移概率的影响。政府可以通过制度因素对农民工家庭迁移起到促进或制约作用。如果政府的制度调节使迁移概率增大,则家庭迁移成员增多,家庭收益现值增加;反之,迁移成员减少,家庭收益现值降低。

基于以上分析,设农民工家庭劳动力迁移概率为 $\pi_1(T)$,家庭非劳动力迁移概率为 $\pi_2(T)$,有:

$$\pi_1(T) = P(NPV, C, S) \qquad\qquad (3.4-5)$$

$$\pi_2(T) = P[\pi_1(T), NPV, C, S] \qquad\qquad (3.4-6)$$

式中,NPV 代表迁移城市的预期净收益,C 代表社区因素对迁移概率的影响,S 代表宏观环境与制度因素对迁移概率的影响。

3.4-5 式表示受以上三类因素影响,农民工家庭劳动力迁移概率,3.4-6 式表示农民工家庭非劳动力迁移概率除了受以上三类因素的影响,还受家庭劳动力迁移概率的影响。由于劳动力是家庭收入的主要来源,非劳动力迁移能否实现主要受家庭劳动力的迁移能力影响,如果家庭劳动力不能实现迁移,非劳动力迁移是很难实现的。

(六)家庭团聚支出

由前述短期家庭团聚支出为城市单位家庭成员往返城乡的交通总费用 $Ps = dT_e$,得到动态单位迁移家庭成员团聚总支出现值(流动成本)为 $C_{Ps} = \sum_{T=0}^{T_s^*} \frac{d_T T_{e,T}}{(1+\varepsilon)^T}$。

三、农民工家庭劳动力成员迁移决策

基于以上假设和分析,把农民工家庭长期收益净现值最大化作为家庭迁移行为的决策基础,建立家庭劳动力收益模型:

$$R_1 = \sum_{j=1}^{\pi_1(T)N^1} p_j(NPV_{N_u^1} - NPV_{N_r^1} - C_{Ps}) \qquad\qquad (3.4-7)$$

式中,R_1 代表长期收益净现值,j 代表农民工家庭迁移劳动力数量,p_j 为 j 人迁移获得净收益的概率。

由 3.4-7 式分析,农民工家庭劳动力长期收益净现值最大化表示为

$$\max R_1 = \max\left[\sum_{j=1}^{\pi_1(T)N^1} p_j(NPV_{N_u^1} - NPV_{N_r^1} - C_{Ps})\right] \qquad\qquad (3.4-8)$$

在 3.4-8 式中,促使农民工家庭劳动力迁移的前提条件是:$NPV_{N_u^1} - NPV_{N_r^1} > 0$,即只有劳动力在城市预期收益净现值大于农村预期收益净现值时,家庭劳动力才会迁移;当 $NPV_{N_u^1} - NPV_{N_r^1} < 0$ 时,就出现了工作搜寻理论中序列变化的第一阶段,即不迁移阶段。

当 $NPV_{N_u^1} - NPV_{N_r^1} > 0$ 时,农民工家庭开始有劳动力迁移。此时如果 $C_{Ps} >$

0,则当 $NPV_{N_u^1}-NPV_{N_r^1}-C_{Ps}>0$ 时,农民工家庭迁移劳动力增多,家庭收益净现值增加。但只要 $0<\pi_1(T)<1$,该阶段就为工作搜寻理论序次变化的第二阶段:部分迁移阶段。

当第二阶段中迁移劳动力继续增多,直到当 $\pi_1(T)=1$ 时,家庭收益最大,此时家庭全部劳动力迁移。该阶段为工作搜寻理论序次变化的第三阶段,即举家迁移阶段[1]。但实践中,由于 $\pi_1(T)$ 不仅受家庭内部因素的影响,还会受到社区因素、相对收入变动、宏观环境与制度因素等的影响,因此劳动力是否能够顺利迁移、迁移多少劳动力,就变成了农民工家庭有限理性迁移行为。

除此之外,如果 $NPV_{N_u^1}-NPV_{N_r^1}>0$,且 $C_{Ps}>0$,但 $NPV_{N_u^1}-NPV_{N_r^1}-C_{Ps}\leqslant0$,农民工家庭迁移行为选择有两种。当 $NPV_{N_u^1}-NPV_{N_r^1}>0$ 时,需考虑家庭原有财富积累和城市生活能力看能否实现举家迁移,实现 $C_{Ps}=0$。如果可行,则 $NPV_{N_u^1}-NPV_{N_r^1}-C_{Ps}=NPV_{N_u^1}-NPV_{N_r^1}>0$,农民工家庭选择一次性举家迁移;如果不可行,则 $C_{Ps}>0$,而 $NPV_{N_u^1}-NPV_{N_r^1}-C_{Ps}\leqslant0$,则农民工家庭会选择迁移劳动力逐步回流,实现 $NPV_{N_r^1}>0,C_{Ps}=0$。

四、农民工家庭非劳动力成员迁移决策

建立农民工家庭非劳动力收益模型:

$$R_2=\sum_{k=1}^{\pi_2(T)N^2}q_k(NPV_{N_u^2}-NPV_{N_r^2}-C_{Ps}) \tag{3.4-9}$$

式中,R_2 代表长期收益净现值,k 代表农民工家庭迁移非劳动力数量,q_k 为 k 人迁移获得净收益的概率。

由 3.4-9 式分析,农民工家庭非劳动力长期收益净现值最大化表示为

$$\max R_2=\max\left[\sum_{k=1}^{\pi_2(T)N^2}q_k(NPV_{N_u^2}-NPV_{N_r^2}-C_{Ps})\right] \tag{3.4-10}$$

在 3.4-10 式中,促使农民工家庭非劳动力迁移的条件并非 $NPV_{N_u^2}-NPV_{N_r^2}-C_{Ps}>0$,原因是家庭非劳动力收益并非家庭主要收入来源,当 $NPV_{N_u^2}-NPV_{N_r^2}-C_{Ps}\leqslant0$ 时,家庭非劳动力同样存在迁移的可能。不管是家庭非劳动力收益净现值为正还是为负,农民工家庭有多少非劳动力迁移的关键是迁移概率 $\pi_2(T)$。

由 $\pi_2(T)=P[\pi_1(T),NPV,C,S]$ 可知,农民工家庭非劳动力迁移最主要的先决因素是 $\pi_1(T)$,也就是家庭劳动力根据自己的收益净现值、社区因素、宏观环境与制度因素综合考量后,看迁移的概率为多少,预期净收益能不能带动家庭非劳动

---

[1]　这里的举家迁移阶段只是指农民工家庭劳动力成员的全部迁移问题,家庭非劳动力没有全部考虑在内。有可能非劳动力一同迁移,也有可能非劳动力留守农村,因此有可能 n,也有可能 $V(0)$。

力迁移。如果由 $\pi_1(T)$ 决定不能满足劳动力带动非劳动力迁移,则非劳动力一般不会作出迁移决策,即 $\pi_2(T)=0$,非劳动力选择不迁移,为工作搜寻理论中序列变化的第一阶段,即不迁移阶段;如果由 $\pi_1(T)$ 决定满足劳动力带动非劳动力迁移,非劳动力在综合考虑自身收益净现值、社区因素、宏观环境与制度因素后,开始选择是否迁移,当 $\pi_2(T)>0$ 时,非劳动力选择迁移,为工作搜寻理论序次变化的第二阶段,即部分迁移阶段。

当 $\pi_2(T)>0$,且农民工家庭迁移劳动力净收益状况足以带动全部非劳动力迁移时,即出现了工作搜寻理论序次变化的第三阶段,即举家迁移阶段①,此时 $\pi_2(T)=1$。当然,如果非劳动力自身能够实现 $NPV_{N_u^2}-NPV_{N_r^2}-C_{Ps}>0$,$\pi_2(T)=1$ 实现概率更大。

五、农民工家庭迁移决策

由 3.4－7 和 3.4－9 式可以得到农民工家庭整体迁移决策的动态收益模型:

$$R=R_1+R_2=\sum_{j=1}^{\pi_1(T)N^1} p_j(NPV_{N_u^1}-NPV_{N_r^1}-C_{Ps})$$

$$+\sum_{k=1}^{\pi_2(T)N^2} q_k(NPV_{N_u^2}-NPV_{N_r^2}-C_{Ps}) \qquad (3.4-11)$$

由 3.4－11 式分析,农民工家庭长期收益净现值最大化表示为

$$\max R=\max[\sum_{j=1}^{\pi_1(T)N^1} p_j(NPV_{N_u^1}-NPV_{N_r^1}-C_{Ps})$$

$$+\sum_{k=1}^{\pi_2(T)N^2} q_k(NPV_{N_u^2}-NPV_{N_r^2}-C_{Ps})] \qquad (3.4-12)$$

由 3.4－12 式可以得到表 3.2 长期农民工家庭迁移决策最优组合。

表 3.2　　　　　　　　　　动态农民工家庭迁移决策最优组合

序号	净收益现值	C_{Ps}	$\pi_1(T)$	$\pi_2(T)$	决策组合状态描述 (按家庭市民化程度顺序)
1	$NPV_{N_u^1}-NPV_{N_r^1}<0$	$C_{Ps}=0$	$\pi_1(T)=0$	$\pi_2(T)=0$	全部农民工家庭成员不迁移
2	$NPV_{N_u^1}-NPV_{N_r^1}>0$ $NPV_{N_u^1}-NPV_{N_r^1}-C_{Ps}>0$	$C_{Ps}>0$	$0<\pi_1(T)<1$	$\pi_2(T)=0$	家庭劳动力部分迁移,非劳动力不迁移。这种情况较为普遍,家庭劳动力部分入城务工

---

① 这里的举家迁移阶段只是指农民工家庭非劳动力成员的全部迁移问题,家庭劳动力没有全部考虑在内。有可能劳动力全部迁移,也有可能部分劳动力留守农村,因此有可能 $C_{Ps}=0$,也有可能 $C_{Ps}=0$。

（续表）

序号	净收益现值	C_{Ps}	$\pi_1(T)$	$\pi_2(T)$	决策组合状态描述（按家庭市民化程度顺序）
3	$NPV_{N_u^1} - NPV_{N_r^1} > 0$ $NPV_{N_u^1} - NPV_{N_r^1} - C_{Ps} > 0$	$C_{Ps} > 0$	$0 < \pi_1(T) < 1$	$0 < \pi_2(T) < 1$	家庭劳动力和非劳动力部分迁移。这种情况一般是在家庭劳动力合理分工的基础上,迁移入城劳动力携带部分非劳动力迁移入城
4	$NPV_{N_u^1} - NPV_{N_r^1} > 0$ $NPV_{N_u^1} - NPV_{N_r^1} - C_{Ps} > 0$	$C_{Ps} > 0$	$0 < \pi_1(T) < 1$	$\pi_2(T) = 1$	家庭劳动力部分迁移,非劳动力全部迁移。这种情况一般是城市劳动力足以带动全部非劳动力迁移,而家庭农村务农收入又比较重要,在家庭总收入中所占比重较大时,家庭大部分成员迁移,只留部分劳动力农村务农
5	$NPV_{N_u^1} - NPV_{N_r^1} > 0$ $NPV_{N_u^1} - NPV_{N_r^1} - C_{Ps} > 0$	$C_{Ps} \geqslant 0$	$\pi_1(T) = 1$（理论上）	$\pi_2(T)$ 不确定	理论上家庭劳动力全部迁移,非劳动力迁移行为不确定。实践中,由于 $\pi_1(T)$ 是否等于1是受家庭外社区宏观经济和制度等长期不确定性因素影响的有限理性决策
6	$NPV_{N_u^1} - NPV_{N_r^1} > 0$ $NPV_{N_u^1} - NPV_{N_r^1} - C_{Ps} \leqslant 0$	选择1: $C_{Ps} > 0$ $\to 0$	$\pi_1(T) > 0$ $\to 1$	$\pi_2(T) = 1$	考虑家庭原有财富积累和城市生活能力,实现一次性举家迁移,$C_{Ps} = 0$
7		选择2: $C_{Ps} > 0$ $\to 0$	$\pi_1(T) > 0$ $\to 0$	$\pi_2(T) = 0$	农民工家庭会选择迁移劳动力逐步回流,实现 $NPV_{N_r^1} > 0, C_{Ps} = 0$

注:表中 $C_{Ps} > 0 \to 0$ 代表 C_{Ps} 大于零并逐渐趋近于零,$\pi_1(T) > 0 \to 1$ 代表 $\pi_1(T)$ 大于零并逐渐趋近于1,$\pi_1(T) > 0 \to 0$ 代表 $\pi_1(T)$ 大于零并逐渐趋近于零。

六、代际迁移——一个超长期农民工家庭迁移决策特例

以上动态农民工家庭迁移决策机制分析,本研究假定是在农民工家庭组成没有发生变化的一个家庭生命周期中进行的。现在将分析周期扩展到农民工家庭的第二个家庭生命周期中,分析农民工家庭如何完成举家迁移并力争实现融入城市

的市民化目标。

借助本章第四节第一、五部分的分析假设和框架,增加两个假设:假设一,农民工家庭在第一个家庭生命周期中部分或全部劳动力(可能包含一些家庭非劳动力)到城市打工,但并没有完成举家迁移城市的目标,这部分迁移人口在超过城市要求的农民工就业年龄后,逐步回流到农村;假设二,虽然在第一个家庭生命周期中没有实现举家迁移,但第一代家庭成员为第二代家庭成员积累了一定的财富,这部分财富既包含物质财富积累,也包含在城市积累的社区资本(如工作技能、人际关系、教育文化环境)、城市宏观环境与制度等相关信息,从而能提高第二代农民工家庭整体城市生活能力。设这部分财富为 W_a,则由 3.4－12 式得到第二代农民工家庭整体迁移决策的长期收益净现值最大化模型:

$$\max R + W_a = W_a + \max\left[\sum_{j=1}^{\pi_1(T)\bar{N}^1} p_j(NPV_{N_u^1} - NPV_{N_r^1} - C_{P_s})\right.$$

$$\left. + \sum_{k=1}^{\pi_2(T)\bar{N}^2} q_k(NPV_{N_u^2} - NPV_{N_r^2} - C_{P_s})\right] \tag{3.4－13}$$

对 3.4－13 式决定的超长期农民工家庭迁移决策,同样可以得到表 3.2 中 7 种最优迁移行为选择组合。但 W_a 的存在会使第二代农民工家庭整体迁移能力提升,特别是表 3.2 中第 5、6 序号的迁移行为选择,举家迁移城市的概率会大大增加。在第 5 序号的迁移行为选择中,因为 W_a 包含的第一代家庭农民工在城市的努力,使得农民工家庭所在社区因素、宏观环境与制度等因素的不确定性降低,信息更充分,因此家庭迁移决策更趋理性,且 $\pi_1(T)=1$ 的概率会大大增加,更有利于实现举家迁移。在第 6 序号的迁移行为选择中,W_a 的存在使得家庭原有财富积累增加,城市生活能力大大提升,实现一次性举家迁移的概率也会大大提升。

第五节 动态农民工家庭迁移决策影响因素分析

一、迁移决策影响因素的影响方向的理论分析

在上节中,分析了动态农民工家庭迁移决策在受到四个方面因素影响后的迁移行为选择。下面将上节得到的部分结论用于迁移决策影响因素的理论分析。

由上节第五部分分析得到动态农民工家庭劳动力迁移决策的结论可知,决定长期迁移行为的关键因素有四个:$NPV_{N_u^1} - NPV_{N_r^1}$(单位劳动力城乡收益净现值)、$C_{P_s}$(家庭团聚支出现值)、$\pi_1(T)$(家庭劳动力迁移概率)、$\pi_2(T)$(家庭非劳动力迁移概率)。本研究在此将重点对 $NPV_{N_u^1}$、$NPV_{N_r^1}$ 的影响因素及它们对 $\pi_1(T)$ 和

$\pi_2(T)$ 的影响作出理论分析[①]。

由上节第二部分分析得到结论：

$$NPV_{N_u^1} = PV_u - Cs_u + H_u - CH_u$$

$$= \sum_{T=0}^{T_*} (e^{-\alpha|T-T_{max}|} w_{u,0} \frac{d}{2} - p_{u,0} m_T)\left(\frac{\delta_{1u} - \delta_{2u}}{1+\varepsilon}\right)^T$$

$$+ \sum_{T=0}^{T_*} (v_T r_{rh,0} h - r_{uh,0} h_{u,T})\left(\frac{\delta_3 - \delta_4}{1+\varepsilon}\right)^T$$

$$NPV_{N_r^1} = PV_r - Cs_r + H_r - CH_r = \sum_{T=0}^{T_*} (w_{r,0} \frac{d}{2} - p_{r,0} m_T)\left(\frac{\delta_{1r} - \delta_{2r}}{1+\varepsilon}\right)^T$$

$$\pi_1(T) = P(NPV, C, S)$$

$$\pi_2(T) = P(\pi_1(T), NPV, C, S)$$

（一）家庭成员收支因素

动态影响迁移行为的家庭成员收支因素有 $e^{-\alpha|T-T_{max}|}$（城市就业概率）、δ_{1u}（家庭城市劳动力工资增长速度）、δ_{2u}（城市消费品价格平均增长速度）、δ_{1r}（家庭农村劳动力工资增长速度）和 δ_{2r}（农村消费品价格平均增长速度）。

$e^{-\alpha|T-T_{max}|}$ 对家庭劳动力迁移的作用是正向的。在 $e^{-\alpha|T-T_{max}|}$ 中，最关键的影响因素是 T_{max}，即城市农民工劳动力市场上就业概率最高的时间从农民工多少岁开始、到多少岁结束。在市民化进程中，希望 T_{max} 能够在农民工迁移不久尽早到来，并且持续稳定地维持下去。显然 T_{max} 由城市农民工劳动力市场决定，从宏观意义上讲，它的到来和持续期取决于城市农民工劳动市场能否尽快地与城市市民的劳动力市场完全统一。

δ_{1u} 由城市农民工劳动力市场决定，对家庭劳动力迁移行为的作用是正向的。δ_{1r} 由农村劳动力市场决定，对家庭劳动力迁移行为的作用是负向的。δ_{2u} 由城市消费品市场决定，对家庭劳动力迁移行为的作用是负向的。δ_{2r} 由农村消费品市场决定，对家庭劳动力迁移行为的作用是正向的。

（二）城乡家庭共同财产性收支因素

动态影响迁移行为的城乡家庭共同财产性收支因素有 δ_3（农村财产租金平均增长速度）、δ_4（城市住房租金平均增长速度）。δ_3 由农村资产市场决定，对农民工家庭迁移行为的作用是正向的。δ_4 由城市房产市场决定，对农民工家庭迁移行为的作用是负向的。

---

①　在第四节第二部分中，已经对社区因素、宏观经济和制度因素对 $V(0)$ 和 $Y_u(t)$ 的影响进行了解释，在第四节第三、四部分中，$Y_r(t)$ 和 n 对 r 和 $C(0)$ 的影响进行了解释。另外，在第三节第一部分中短期农民工家庭迁移决策影响因素已经解释过的因素在此不作重复解释，作用方向相同。

二、迁移决策的影响因素及影响程度模型

设动态农民工家庭迁移行为选择集为 J，$J=\{J_0,J_1,J_2\}$，其中 J_0 代表不迁移，J_1 代表部分迁移，J_2 代表举家迁移。虽然举家迁移并不能完全说明农民工已经转变成市民，完成市民化进程，但举家迁移对农民工家庭及其成员以家庭这种极具凝聚力和稳定性的社会单元逐步融入城市，作用是举足轻重的①。

定义农民工家庭本期（设为 0 期）迁移行为选择在 J 选择集中的 j（$j=0,1,2$，分别代表选择 J_0,J_1,J_2）状态的概率为

$$\Pr(y_{i,0}=j\,|\,x_i)=p_{i,0,j}(x_i)$$

式中，i 代表农民工家庭，$j=0,1,2$，x_i 代表 M_i、H_i、C_i、S_i、P_{S_i}，即代表该农民工家庭主要成员（一般是户主）的个体特征、家庭整体特征、社区公共物品供给、家庭面临宏观环境与制度特征和家庭聚散特征等可观测家庭特征的集合，并假定其他不能观测的家庭异质性特征忽略不计。

定义农民工家庭前一期迁移行为选择为 k 状态时，t 期选择 j 状态的概率为

$$\Pr(y_{i,t}=j\,|\,x_i,y_{i,t-1}=k)=\frac{\exp(\beta_j x_{j,i,t}+\gamma_{k,j})}{\sum_{q=0}^{2}\exp(\beta_q x_{q,i,t}+\gamma_{k,q})}$$

式中，$y_{i,t-1}$ 代表滞后一期的被解释变量，$k,q\in J$，β 和 γ 为各影响因素的待估计参数。

对于两个不同时期的劳动就业状态序列：

$A=\{y_{i,0}=q_0,\cdots y_{i,t-1}=k,y_{i,t}=j,y_{i,t+1}=q_{t+1},\cdots y_{i,v-1}=q_{v-1},y_{i,v}=z,y_{i,v+1}=q_{v+1},\cdots y_{i,T}=q_T\}$

$B=\{y_{i,0}=q_0,\cdots y_{i,t-1}=k,y_{i,t}=z,y_{i,t+1}=q_{t+1},\cdots y_{i,v-1}=q_{v-1},y_{i,v}=j,y_{i,v+1}=q_{v+1},\cdots y_{i,T}=q_T\}$

$1\leqslant t<v\leqslant T-1,k,j,q,z\in J,j\neq z$

如果对于 $\forall j\in J,x_{i,t+1}=x_{i,v+1}$，根据 Honoré B E and E Kyriazidou ②的证明，可得：

当 $v-t=1$ 时，

$\Pr(A\,|\,x_i,A\bigcup B,\{\overset{=}{x}_{i,t+1})$

$$=\frac{\exp[\beta_j(x_{j,i,t}-x_{j,i,v})+\beta_n(x_{j,i,v}-x_{j,i,t})+(\gamma_{k,j}+\gamma_{j,z}+\gamma_{z,q_{v+1}})-(\gamma_{k,z}+\gamma_{z,j}+\gamma_{j,q_{v+1}})]}{1+\exp[\beta_j(x_{j,i,t}-x_{j,i,v})+\beta_n(x_{j,i,v}-x_{j,i,t})+(\gamma_{k,j}+\gamma_{j,z}+\gamma_{z,q_{v+1}})-(\gamma_{k,z}+\gamma_{z,j}+\gamma_{j,q_{v+1}})]}$$

① 该模型引用王春超（政策约束下的中国农户就业决策与劳动力流动[D]. 华中师范大学博士论文，2008：87-89）的模型思路，做了一些修改。

② Honoré B E and E Kyriazidou. Panel Data Discrete Choice Models with Lagged Dependent Variables. Econometric a 2000，68（4）：839-874.

当 $v-t>1$ 时，

$\Pr(A \mid x_i, A \bigcup B, \{\overline{\overline{x}}_{i,t+1})$

$$=\frac{\exp[\beta_j(x_{j,i,t}-x_{j,i,v})+\beta_n(x_{j,i,v}-x_{j,i,t})+(\gamma_{k,j}+\gamma_{j,q_{t+1}}+\gamma_{q_{v-1},z}+\gamma_{z,q_{v+1}})-(\gamma_{k,z}+\gamma_{z,q_{t-1}}+\gamma_{q_{v-1},j}+\gamma_{j,q_{v+1}})]}{1+\exp[\beta_j(x_{j,i,t}-x_{j,i,v})+\beta_n(x_{j,i,v}-x_{j,i,t})+(\gamma_{k,j}+\gamma_{j,q_{t+1}}+\gamma_{q_{v-1},z}+\gamma_{z,q_{v+1}})-(\gamma_{k,z}+\gamma_{z,q_{t-1}}+\gamma_{q_{v-1},j}+\gamma_{j,q_{v+1}})]}$$

进一步设定 $y_{j,i,t}=\begin{cases}1, \text{选择 } j, j=0,1,2, \\ 0, \text{否则}, \end{cases}$

因此最大似然函数为

$$\left\{\sum_{i=1}^{n}\sum_{1\leqslant t<v\leqslant T-1}\sum_{j\neq z}1\{y_{j,i,t}+y_{z,i,v}=1\}K\left(\frac{x_{i,t+1}-x_{i,v+1}}{\sigma_n}\right)\times 1\{v-t=1\}\right\}\times\ln\left(\frac{\exp(D_1)^{y_{j,i,t}}}{1+\exp(D_1)}\right)$$

$$+\left\{\sum_{i=1}^{n}\sum_{1\leqslant t<v\leqslant T-1}\sum_{j\neq z}1\{y_{j,i,t}+y_{z,i,v}=1\}K\left(\frac{x_{i,t+1}-x_{i,v+1}}{\sigma_n}\right)\times 1\{v-t>1\}\right\}\times\ln\left(\frac{\exp(D_2)^{y_{j,i,t}}}{1+\exp(D_2)}\right)$$

这里：

$D_1=\beta_j(x_{j,i,t}-x_{j,i,v})+\beta_n(x_{j,i,v}-x_{j,i,t})+(\gamma_{k,j}+\gamma_{j,z}+\gamma_{z,q_{v+1}})-(\gamma_{k,z}+\gamma_{z,j}+\gamma_{j,q_{v+1}})$

$D_2=\beta_j(x_{j,i,t}-x_{j,i,v})+\beta_n(x_{j,i,v}-x_{j,i,t})+(\gamma_{k,j}+\gamma_{j,q_{t+1}}+\gamma_{q_{v-1},z}+\gamma_{z,q_{v+1}})-(\gamma_{k,z}+\gamma_{z,q_{t-1}}+\gamma_{q_{v-1},j}+\gamma_{j,q_{v+1}})$

$K(\cdot)$ 是 Kernel 密度函数。

第六节　本章小结

本章首先假定农民工家庭迁移决策理性，提出了市民化进程中农民工家庭迁移决策与迁移行为分析思路：在新劳动力迁移经济理论和成本—收益分析模型的基础上，将农民工家庭迁移行为选择放置在市民化进程的背景下进行决策，其迁移行为选择有不迁移、成员迁移（又有成员有序迁移和代际迁移两种形式）和举家迁移三种，并分析每种迁移行为选择受到哪些宏观、中观和微观因素的影响。基于以上分析思路，本章从静态和动态构建了农民工家庭迁移决策机制理论模型，分析影响因素的影响方向，并提出了分析影响因素的理论模型，为以下章节提供理论支撑。

在静态农民工家庭迁移决策机制分析中，首先将农民工家庭成员分为四类，即家庭城市劳动力、家庭城市非劳动力、家庭农村劳动力和家庭农村非劳动力，静态看它们的总量和是不变的。该家庭迁移决策就是如何调整各类成员数量以实现最优配置。由此，建立了四类家庭成员组成的，由成员个体因素、家庭整体因素、家庭及成员所在社区因素以及宏观环境与制度因素影响的家庭总效用函数和预算约束方程。利用库恩—塔克条件对农民工家庭的总效用求解，得到农民工家庭劳动力迁移决策的三种最优解和非劳动力迁移决策的三种最优解。由此产生了农民工家庭整体迁移决策的 9 种最优组合,并对这 9 种组合的现实状态进行描述。

由静态农民工家庭迁移决策机制分析的结论,得到了农民工家庭单位劳动力和非劳动力的边际收益。进而,对农民工家庭迁移决策影响因素的影响方向进行了理论分析,提出了静态农民工家庭迁移决策影响因素分析的二元 Logistic 模型。在众多的影响因素中,城市就业概率、城市工资水平、家庭成员农村消费水平、家庭农村共同财产收入、城市社区公共物品供给、城市宏观环境与制度优势对农民工家庭迁移决策的作用是正向的;农村工资水平、家庭成员城市消费水平、城市家庭共同财产支出、农村的社区公共物品供给、农村宏观环境与制度优势以及家庭团聚支出对农民工家庭迁移决策的作用是负向的。

依据静态农民工家庭迁移决策机制分析,基于有限理性决策,引入工作搜寻模型,将其拓展到农民工家庭的一个生命周期中,提出了动态农民工家庭迁移决策机制。在农民工家庭四类成员的净现值收益约束下,分析了农民工家庭劳动力迁移决策的工作搜寻三阶段变化和非劳动力迁移决策的工作搜寻三阶段变化。并由以上分析结论,提出了 7 种长期农民工家庭迁移决策最优组合,并对超长期农民工家庭迁移决策的代际迁移特例进行了分析。

由动态农民工家庭迁移决策机制分析的结论,对农民工家庭迁移决策影响因素的影响方向进行了理论分析,提出了动态农民工家庭迁移决策影响因素影响程度的理论模型。在众多的影响因素中,城市就业概率峰值出现的时间和持续期、城市工资水平增长速度、家庭成员农村消费水平增长速度、家庭农村共同财产收入增长速度,对农民工家庭迁移决策的作用是正向的;农村工资水平增长速度、家庭成员城市消费水平增长速度、城市家庭共同财产支出水平增长速度、农村的社区公共物品供给增长,对农民工家庭迁移决策的作用是负向的。

第四章
农民工家庭迁移行为及迁移成本—收入分析

第一节　中国农民工家庭迁移行为的演变

本节首先梳理改革开放以来,中国农民工家庭迁移行为的历史和现状特征,谋求细致把握中国农民工家庭迁移行为的变迁及实践特征,为下文深入揭示和构建不同阶段农民工家庭迁移决策及其影响因素的分析提供现实基础。

一、中国农民工家庭迁移行为的历史回顾

一些农户脱离农村向城市迁移是农户家庭市民化的必经阶段。农村居民家庭最初有成员向城市非农产业流动是农民工家庭所作的一项重大决策。家庭成员流动开始之时,即是城市化和市民化开始之日。而后,家庭中不断有成员迁移城市,最终实现举家迁移并顺利融入城市也就是该家庭城市化和市民化进程的终结。对于改革开放以来中国农民工及农民工家庭的迁移状况,将从以下几个方面给予回顾和总结。

(一)外出务工农民数量持续增长,且阶段特征明显

改革开放以来,随着农业生产率的提高,大量农村剩余劳动力被释放出来,我国的工业化和城市化速度加快,产业结构发生巨大变化,加之国家对乡镇企业、民营企业、外资企业采取鼓励政策,大量农村劳动力进入城市非农产业。受制于城乡二元分割制度,没有完成市民化的农民工群体也就产生了。外出农民工数量从1983年的200万人猛增到2011年底的15863万人(见表4.1)。

表 4.1　　　　　　　　改革开放以来主要年份外出农民工数量　　　　　　单位:万人

年份	1983	1989	1993	1996	1997	1998	1999	2000	2001	2002
农民工数量	200	3000	6200	7223	3890.3	4935.5	5203.6	7849	8399	10470

年份	2003	2004	2005	2006	2007	2008	2009	2010	2011
农民工数量	11390	11823	12578	13181	12600	14041	14533	15335	15863

注:(1)1983、1989、1993 年的数据来源于《中国农民工调研报告》。

(2)1996 年数据来源于国家统计局第一次全国农业普查数据。

(3)1997～1999 年数据来源于劳动和社会保障部调查数据。

(4)2000～2002 年数据来源于劳动和社会保障部培训就业司和国家统计局农村社会经济调查总队"中国农村劳动力就业与流动"合作项目。

(5)2003～2005、2008、2009 年数据来源于国家统计局农村住户调查数据。

(6)2006 年数据来源于国家统计局第二次农业普查数据。

(7)2007 年数据来源于农业部全国农村固定观察点调查数据。

(8)2010 年数据来源于 2010 年国民经济和社会发展统计公报。

(9)2011 年数据来源于 2011 年《中国农民工调查监测报告》。

(10)1983～2006 年资料来源:韩俊.中国农民工战略问题研究[M].上海远东出版社,2009(5):5.

(11)2007－2009 年资料来源于各项调查报告和统计公报。

外出农民工数量增长的同时,呈现出三个阶段的不同特点[①]:

1.20 世纪 80 年代,以就地转移为主,乡镇企业是农民工就业的主要渠道。这一阶段,外出就业农民工数量从 80 年代初期的 200 万人左右发展到 1989 年的 3000 万人。80 年代初农民工流动规模较小,产生和吸收农民工的地区主要集中在东南沿海发达地区的广东、浙江等省份。80 年代中期,随着国家对乡镇企业的扶持,"离土不离乡,进厂不进城"的农民工流动增加,1983～1988 年,乡镇企业共吸纳农村劳动力 6300 万人。80 年代中后期,"进厂又进城,离土又离乡"的农民工跨省流动开始出现,但到 1989 年只占农民工总量的 23%,比重仍然较小。

2.20 世纪 90 年代,以跨地区异地流动为主,城市二、三产业成为农民工就业的主要渠道。外出就业农民工数量开始增加,从 90 年代初期的 6000 万人左右发展到世纪末的 1 亿人左右,而乡镇企业发展放缓,农民工流动范围逐步扩大,跨省流动比重大幅上升。1993 年全国跨省流动的农民工约为 2200 万人,跨省流动的比重达到 35.5%。流出地主要集中在中西部地区,东南沿海地区成为集中的流入地。

---

① 该部分资料来源:韩俊.中国农民工战略问题研究[M].上海远东出版社,2009(5):6-8.

3.21 世纪以来,农村劳动力供求关系进入重要转折期,农民工数量增长稳中趋缓。2002~2010 年,全国外出就业农民工数量年均增长 6.9%左右,低于上世纪 90 年代的平均增速(15%),进入稳定增长阶段。虽然总体上农村劳动力仍然过剩,但结构性供求矛盾开始突出,农村劳动力供求关系正从长期"供过于求"转向"总量过剩、结构短缺"。

此外,农民工外出务工流入地以大中城市为主,但县域经济和小城镇的作用不容忽视。从外出农民工就业的地点看,2011 年,在直辖市务工的农民工占 10.3%,在省会城市务工的农民工占 20.5%,在地级市务工的农民工占33.9%,在地级以上大中城市务工的农民工占 64.7%,在县级市以下务工的农民工占 35.3%[①]。大中城市是外出农民工的主要就业场所。而东部地区县域经济和小城镇的发展,已构成以城市群为主体推动城镇化战略的重要组成部分。

(二)举家迁移劳动力数量持续增加

进入 21 世纪以来,随着农村迁移劳动力逐步进入稳定增长阶段,常住户外出打工劳动力和举家迁移劳动力也逐渐进入稳定增长阶段。表 4.2 显示 2011 年举家迁移劳动力占全部农村迁移劳动力的 20.67%;另据国务院发展研究中心课题组的调查,全国举家外出的劳动力占全部农村劳动力的平均比重为 5.29%。从2002~2011 年变动趋势看,常住户外出打工劳动力增速逐步降低,而举家迁移劳动力增速逐步提高。也就是说,脱离农业生产和农村生活环境,全家向城市迁移在农民工中已经占到了一定的比例。随着近几年外出农民工在城市工作、生活逐步稳定,赚钱不再是农民工外出务工的唯一目的,他们日益注重家庭成员的团聚、子女教育以及生活水平的改善,带动其他家庭成员迁移的趋势日趋明显。

表 4.2　　　　　　2002~2011 年农村迁移劳动力变化　　　　　　单位:万人、%

年份	农村迁移劳动力		常住户外出打工劳动力		举家迁移劳动力	
	绝对数	年增速	绝对数	年增速	绝对数	年增速
2002	10470	NA	8120	NA	2350	NA
2003	11390	8.79	8960	10.34	2430	3.40
2004	11823	3.80	9353	4.39	2470	1.65
2005	12578	6.39	10038	7.32	2540	2.83
2006	13212	5.04	10568	5.28	2644	4.09
2008	14041	3.09	11182	2.86	2859	3.99

---

① 数据来源于 2011 年《中国农民工调查监测报告》。

（续表）

年份	农村迁移劳动力		常住户外出打工劳动力		举家迁移劳动力	
	绝对数	年增速	绝对数	年增速	绝对数	年增速
2009	14533	3.50	11567	3.44	2966	3.74
2010	15335	5.52	12264	6.03	3071	3.54
2011	15863	3.44	12584	2.61	3279	6.77

注：（1）2002～2006年数据来源于纪月清等〔家庭难以搬迁下的中国农村劳动力迁移[J].农业技术经济，2009（5）〕对《中国农村住户调查年鉴》的整理。

（2）2008～2010年数据来源于2011年《中国农村住户调查年鉴》综述部分。

（3）2011年数据来源于《中国农民工调查监测报告》。

（三）农村居民家庭表现出适合举家迁移的特征

1.规模逐步缩小，迁移家庭的人口负担逐步减轻。表4.3的数据显示，我国农村居民家庭规模从2001年的4.2人/户缩减到2010年的4.0人/户，其中劳动力增加到2.9人/户，非劳动力减少到1.1人/户。农村居民家庭规模逐步缩小，而户均劳动力数量在增加，户均非劳动力数量在减少。这一方面说明农民工家庭随迁人口负担在逐步减轻，有利于顺利实现举家迁移甚至是完成市民化的进程；另一方面，农村住户家庭未成年上学子女数量也在逐步减少，这也有利于迁移劳动力在城市减少教育负担，有利于农村家庭的举家迁移。

但从拥有的住房总值和耕地面积看，农村住户家庭拥有的这些家庭资产数量和价值都在逐步增加，将会对农村劳动力迁移产生阻碍。特别是在目前农村土地交易市场和农村住房交易市场不健全的条件下，农户是不愿意放弃农村的耕地、宅基地、住房等资产的，这一点在近两年的调查中得到了进一步证实①。

2.农村居民家庭整体文化水平普遍提高。表4.4显示，近十年来我国农村居民家庭初中及以上文化程度劳动力所占比重普遍提高，而小学及以下文化程度劳动力则逐渐减少。农村劳动力知识技能的提升，将有利于农村家庭整体迁移，毕竟家庭劳动力是举家迁移中的主力军，他们在城市的工作、生活能力将直接影响到举家迁移的实现。

表4.3　　　　　　　　　　近十年农村居民家庭基本状况变化

年份	常住人口（人/户）	劳动力（人/户）	非劳动力（人/户）	15岁以下在校学生数（人/户）	年末住房总价值（元/户）	耕地面积（亩/户）
2001	4.2	2.7	1.5	0.7	21167	8.4

---

① 2009年和2010年的调查数据在本节第二部分中予以说明。

（续表）

年份	常住人口（人/户）	劳动力（人/户）	非劳动力（人/户）	15岁以下在校学生数（人/户）	年末住房总价值(元/户)	耕地面积（亩/户）
2002	4.2	2.8	1.4	0.66	22571	8.4
2003	4.1	2.8	1.3	0.6	24210	8.0
2004	4.1	2.8	1.3	0.6	25863	8.2
2005	4.1	2.8	1.3	0.5	32610	8.5
2006	4.1	2.8	1.3	0.5	36225	8.7
2007	4.0	2.8	1.2	0.5	39639	8.6
2008	4.0	2.8	1.2	0.4	43130	8.7
2009	4.0	2.9	1.1	0.4	48289	9.0
2010	4.0	2.9	1.1	0.4	53428	9.1
2011	3.9	2.8	1.1	0.4	92388	9.0

注:数据来源于2002～2012《中国农村住户调查年鉴》并经计算整理得出。

表4.4　　　　　　近十年农村居民家庭劳动力文化状况变动　　　　　单位:%

年份	不识字或识字很少	小学程度	初中程度	高中程度	中专程度	大专及大专以上
2001	7.9	32.2	48.1	9.3	1.8	0.5
2002	7.9	31.1	48.9	9.7	1.9	0.5
2003	7.4	29.9	50.2	9.7	2.1	0.6
2004	7.5	29.2	50.4	10.1	2.1	0.8
2005	6.9	27.2	52.2	10.1	2.4	1.1
2006	6.6	26.4	52.8	10.5	2.4	1.3
2007	6.3	25.8	52.9	11.0	2.5	1.4
2008	6.1	25.3	52.8	11.7	2.7	1.7
2009	5.9	24.7	52.7	11.7	2.9	2.1
2010	5.7	24.4	52.4	12.0	2.9	2.4
2011	5.5	26.5	53.0	9.9	2.5	2.7

注:数据来源于2012年《中国农村住户调查年鉴》并经计算整理得出。

　　3.农村居民家庭外出从业收入持续、稳定、高速增长。表4.5显示,近十来我国农村居民家庭总收入和纯收入都在持续增长,特别是1978年后农村居民家庭纯收入中现金纯收入比重逐步增大,从1978年的41.9%增长到2011年的87.9%,

而实物纯收入比重逐步缩小。对于未来举家迁移的农民工家庭而言,进入城市前足够的财富积累对农民工家庭进入城市、定居城市都是非常有利的,特别是对第二代农民工家庭而言,在自身文化水平提高的同时又能得到家庭的资助,其融入城市的能力将会更强。在总收入中家庭经营收入依然是农村居民家庭主要的收入来源,但可以看到在 2005 年后农村居民家庭工资性收入开始持续、高速增长。其中,外出从业工资性收入从 2002 年开始就一直处于高速增长的状态。虽然目前外出从业收入在农村居民家庭中所占的比重还较低,但可以预见,随着外出从业收入在总收入中的比重逐渐升高,农村迁移劳动力或农村迁移家庭数量将会逐步增加。

表 4.5　　　　　　　近十年农村居民家庭收入状况变动　　　　　　单位:元/户,%

年份			2001	2002	2003	2004	2005	2006	2007	2008	2009	2010	2011
总收入	值	(1)	13889	14413	14688	16562	18988	20603	23164	26803	28462	32478	38349
	年增	(2)	NA	3.8	1.9	12.8	14.6	8.5	12.4	15.7	6.2	14.1	18.1
工资性收入	值	(3)	3242	3529	3765	4094	4815	5637	6385	7415	8245	9724	11557
	年增	(4)	NA	8.8	6.7	8.7	17.6	17.1	13.3	16.1	11.2	17.9	18.9
外出从业收入	值	(5)	1116	1252	1419	1633	1881	2273	2604	3048	3401	4061	4825
	年增	(6)	NA	12.2	13.3	15.0	15.2	20.8	14.6	17.0	11.6	19.4	18.8
家庭经营收入	值	(7)	9766	9998	10066	11498	12974	13571	15107	17208	17616	19750	23165
	年增	(8)	NA	2.4	0.7	14.2	12.8	4.6	11.3	13.9	2.4	12.1	17.3
财产性收入	值	(9)	197	221	270	314	363	412	513	592	669	809	889
	年增	(10)	NA	11.7	22.3	16.4	15.5	13.6	24.5	15.5	12.9	20.1	9.9
转移性收入	值	(11)	684	665	588	656	836	983	1160	1587	1932	2195	2735
	年增	(12)	NA	−2.7	−11.7	11.7	27.4	17.7	18.0	36.8	21.7	13.6	24.6
纯收入	值	(13)	9939	10398	10751	12039	13345	14707	16562	19042	20613	23676	27211
	年增	(14)	NA	4.6	3.4	12.0	10.8	10.2	12.6	15.0	8.2	14.9	14.9

注:(1)列(1)＝(3)＋(7)＋(9)＋(11)。列(5)属于列(3)中一部分。

(2)数据来源于 2002～2012 年《中国农村住户调查年鉴》并经计算得到。

需要指出的是,虽然目前在农村居民家庭总收入中家庭财产性收入和转移性收入所占的比重较低,但它们之和在家庭纯收入中的比重已经占到了 12.62%,且2004 年后它们的增长速度是最快也是最稳定的。家庭在农村的财产性收入最大的来源是耕地和宅基地(包括住房),转移性收入主要依靠国家惠农补贴支持。随着家庭在农村财产性收入和转移性收入的增多,农村居民家庭能否放弃该部分收入是需要考虑的。

二、中国农民工家庭迁移行为的最新进展

（一）农民工家庭及成员特征

1. 第二代农民工已成为外出农民工的主力，已婚者占多数。据国家统计局2011年《农民工调查监测报告》（以下简称《报告》）显示，外出农民工以青壮年为主，30岁以下（上世纪80年代以后出生、年满16周岁以上）占39.0%，31～40岁占22.7%，41～50岁占24.0%，50岁以上的农民工占14.3%。从婚姻状况看，已婚的外出农民工占73.4%。在2010年一项国家级的7省调查①（以下简称"2010年调查"）中得到同样的结论：第二代农民工占到了66.9%，已婚的占60.9%，已婚的农民工子女数平均1.05个/户。

由于外出农民工中已婚者占多数，因此农民工家庭中的子女生活、教育以及家庭团聚就成了现今农民工问题中需要重点关注的。2010年调查表明，举家外出农民工占25%，年龄越大这一比重越高。夫妻双方在同一城市打工的占51%，在同一单位工作的占18%，并以第二代农民工为主。子女在老家及随父母外出的基本上各占一半，在自己务工城市的占46.1%，在配偶务工城市的占4.9%，在老家的占48.9%，年龄越大其子女在自己务工城市的越多。以上数据说明，目前实现夫妻团聚、父母和子女团聚已经能够占到全部外出农民工的一半，但举家团聚的只占到了1/4。因此，如何实现农民工家庭迁移过程中举家团聚，利用家庭这种最基本、最稳定社会单位将大量农民工家庭迁移到城市、融入城市，是随着农民工迁移需要迫切解决的问题。

另外，从以上数据看，30岁以下的农民工已经成为主力。2010年调查显示，在外出务工前全部农民工从事过农业生产的平均年限是1.82年，第二代农民工有高达79.2%的人没有从事过农业生产，他们能在城市二、三产业就业却难以融入城市生活，又无法回流农村，只有7.7%的新生代农民工愿意回乡定居。这也就意味着第二代农民工留在城市是未来几年中需要重点解决的问题。

2. 外出农民工以初中以上文化程度为主，但技能培训比例较低。目前外出农民工文化程度普遍提高，特别是第二代农民工，他们接受过高中以上教育的比例更大。2011年《报告》指出，初中以下文化程度农民工只占15.9%，初中文化程度占61.1%，高中以上文化程度占23.0%。第二代农民工中接受过高中及以上教育的比例在30%以上。2010年调查显示，第二代农民工中高中以上文化程度的已经占

---

① 该项调查的数据来源：韩俊，何宇鹏，金三林.推进城乡统筹发展，加快农民工市民化进程[R].国务院发展研究中心报告，2011.

该调查中农民工家庭成员数量平均为4.19人，家庭劳动力平均为2.61人，2009年外出（出乡/镇）就业的家庭成员平均1.84人。

到 54.93%。这将有利于农民工掌握更先进、技术含量更高的工作技能,为未来农民工家庭逐步迁移城市打下良好的科技文化基础。

从外出农民工技能培训状况看,2011 年《报告》显示 73.8% 的外出农民工没有接受过任何形式的非农技能培训。2010 年的调查结论与此基本吻合:没有技能等级的农民工占 58.2%,初级技工占 21.9%,中级技工占 15%,高级技工占 3%,技师占 1.4%,高级技师占 0.5%。中高级农民工技师缺乏也是近几年"民工荒"的结构根源,同时对于大量农民工家庭迁移城市也是不小的障碍。

3. 外出务工时间较长,工作较稳定。2011 年《报告》显示,全国农民工总量为 25278 万人,其中外出农民工占 62.75%,本地农民工占 37.25%。外出打工的农民工比重高于本地从事非农业生产的比重,他们是农民工的主体。当前,农民工就业形式的稳定性逐渐提升。2010 年调查显示,农民工就业行业以工业为主(占 51.8%),主要在民营企业中务工(占 57.1%)。这些农民工累计外出打工时间平均 7 年;在当前城市就业时间平均 5.3 年,超过 5 年的占到了 40%,超过 10 年的约占 20%;在当前企业中的工作时间平均 3.99 年,57.9% 的人近三年没有更换过单位;2009 年在外打工的实际工作时间平均 9.86 个月,有 47.3% 的农民工全年在外务工。随着农民工在城市工作时间增加,就业逐步稳定,他们返回农村的概率大大降低,家庭成员部分迁移城市甚至举家迁移城市倾向日趋明显,且有 25% 的农民工家庭已经实现了举家迁移。

4. 外出务工农民工收支与城市居民相比差距较大,且有逐步扩大的趋势。2011 年《报告》显示,外出农民工月平均收入为 2049 元,2010 年调查数据稍低,平均月工资为 1719.83 元,其中 26～30 岁的农民工收入最高,平均 1820 元。但这只是全国城镇单位就业人员平均劳动报酬(2687 元①)的 52.7%,与城镇职工的收入差距有继续扩大之势(2005 年这一比重接近 60%)。另外,调查也显示,2009 年外出农民工打工净结余平均 7843 元,寄回老家的现金平均 6462 元,有力地改善了农民工家庭留守农村成员的生活状况。

消费支出方面,2009 年农民工家庭在目前务工地每月生活费支出平均 1243 元/户,食品支出所占比重近一半,为 540.32 元/户,同期农村居民生活消费支出 1331.16 元/户,城市居民户均消费支出为 2953.71 元②。虽然不排除在城市的农民工家庭不完整的情况,但至少说明,目前城市农民工家庭消费水平依然停留在农村消费水平上。他们在城市里节衣缩食,目的是支持农民工家庭其他成员的生活和发展。另外,城市农民工消费结构落后,以食品支出为主,造成这种现象的

---

① 由《2010 年中国统计年鉴》数据计算得到。

② 两个数据由《2010 年中国统计年鉴》的数据计算得到。

原因,除了农民工自身收入水平低以外,还与农民工无法享受城镇公共服务有关,必须通过个人支出来弥补公共服务的不足①。

5.农民工城市居住环境较差,定居城市住房成本支付难度巨大。2010 年调查显示,有 63.3％的农民工在地级以上大中城市务工。目前这些农民工在大中城市的居住环境整体较差。大多数农民工居住面积在 7 米² 以下,配套设施不完善(无卫生设施,无独立厨房,生活设施差),居住条件恶劣。此外,2011 年《报告》指出,外出农民工的住宿是以雇主或单位提供住房为主,仅有 0.7％的农民工在务工地自购房,四成外出农民工的雇主或单位不提供住宿也没有住房补贴,他们要为住宿每人月均支付 245 元的住房租金。大中城市高额的住房价格和住房租金都是农民工难以承受的,他们如果想定居城市,须为此付出巨大的努力。2010 年的调查表明,城市农民工能够承受的商品房单价平均为 2214.04 元/米²,能够承受的商品房总价平均 21.82 万元,大大低于当地的实际房价水平。按其目前的家庭收入水平和当地房价计算,平均大概需要 16 年才能买得起房子,71％的农民工需要 10 年以上才能买得起,近 30％的农民工需要 20 年以上才能买得起。调查还表明,对于那些想在务工地租房的农民工,能够承受的月租金水平平均为 292.7 元,也大大低于当地的一般房租水平。

6.农民工家庭农村资产处置市场化运作要求强烈。农民工家庭在农村最大的财产应该是耕地和宅基地(包括住房)。2010 年调查的农民工家庭,有 46％的人希望能"保留承包地,自家耕种",有 66.7％的人希望能"保留农村的宅基地和房产,将来备用",有 44.3％的人希望能有偿流转耕地,有 12.3％的人希望有偿转让宅基地,仅有 2.6％的人表示"给城镇户口,可以无偿放弃耕地",4.7％的人表示"给城镇户口,可以有偿放弃农村宅基地",11.4％的人希望能用农村宅基地置换城里的住房。应该说,农民工家庭对农村耕地和宅基地的处理方式更趋理性,有相当部分农民工希望农村资产能够像城市一样进行市场化运作。

(二)农民工家庭参与社区交流特征

1.参与企业和社区活动的意识较强,但参与渠道和机会较少。据 2010 年的调查,大部分农民工既没有回农村参与农村的居委会选举(占 67.2％),在城市社区中也没有得到应有的社区利益。有 54.7％的农民工基于自身和农民工群体的利益考虑,认为应该参与工作所在单位或所居住社区的管理活动(如民主决策、民主管理、民主监督等),有 67.5％的农民工认为应该参与居住社区的选举活动。但由于农民工还没有真正成为市民中的一员,实际参与社区、企业管理的人数还很少,参与社区选举的更少。

---

① 其他支出依次为社会保险个人缴费支出、交通支出,医疗支出和通讯支出。

另外,加入工会的农民工只占 26.5%。究其原因主要有二:一是企业或单位工会组织不健全(占 44.1%),二是有相当多的农民工认为工会"不能代表农民工的利益"或"没什么实际用处"。

2.农民工的城市生活单调,与市民交流较少。据调查,有 53.7% 的人平时没有参加业余文化生活,有业余文化生活的主要方式是看电视(占 73%)、上网(占 28.5%)、在家里或宿舍休息(占28.5%)、聊天打发时光(占 20.1%)、逛大街(占 18.8%)、看报纸杂志(占 15.2%)、学习培训(占 13.3%)、工友一起打牌(占 12.2%)等,和外界的交流不多。城市农民工依然是独立于城市之外的边缘群体,距离真正地向市民转化还有相当距离。

(三)农民工家庭对融入城市的制度需求特征

目前城市农民工对于定居城市、融入城市在制度上急需的保障是收入水平提高、社会保障与服务体系健全①、居住条件改善等方面,说明这些方面恰恰是农民工家庭整体迁移城市的最大障碍。在 2010 年的调查中,城市农民工最不满意的方面依次为收入水平(占 59.7%)、居住状况(占 30.3%)、社会保险(占 28.4%)、医疗条件(占 22.3%)、工作环境(占 19.3%)、子女教育(占 15.1%)、权益保障(占 14.6%)、职业技能培训(占 12%)、城市歧视(占 11.8%)等,而他们最希望政府做的事情依次是提高最低工资水平(占 65.90%)、改善社会保险(占 37.70%)、提供保障住房或廉租房(占 29.70%)、改善医疗条件(占25.40%)、改善工作和生活环境(占 24.20%)、加强权益保障(占 22.80%)、改善子女教育条件(占 18.50%)、提高职业技能(占 12.00%)。同时,农民工还希望政府能提供免费的公园、免费的文化站和图书馆、组织农民工自己的文化体育活动等文化服务。

(四)农民工家庭的市民化意愿

目前城市农民工尤其是第二代农民工的市民化意愿非常强烈。在 2010 年调查中,有 28.2% 的人表示即使不提供城镇户口,也愿意留在城市;有20.5% 的人表示不愿意,会回到农村;有 27.7% 的人表示无所谓,可以维持现有城乡流动的格局;有23.6% 的人表示户籍制度会发生改变,并能实现迁移城市。由此可知,虽然目前不迁移、城乡流动和迁移城市的农民工的比例相差不大,但有51.8% 的农民工表达了定居城市的强烈市民化愿望。关于定居地点,有 40.2% 的农民工表示定居在工作城市;另有 18.6% 的人表示定居在家乡城市或城镇,并且这些农民工希望在 5 年左右的时间内实现这一目标。

从上述农民工家庭迁移行为的最新状况,我们可以看到农民工家庭举家迁移

---

① 2009 年《报告》显示,全国雇主或单位为农民工缴纳养老保险、工伤保险、医疗保险、失业保险和生育保险的比例分别为 7.6%、21.8%、12.2%、3.9% 和 2.3%。

城市的意愿非常强烈,现实中也表现出众多对农民工家庭迁移城市的利好方面,但真正实现迁移城市又能顺利融入城市的农民工家庭少之又少,原因是在目前的收支状况、农村资产处置、城市社区融入、环境与制度保障等方面,农民工家庭距离融入城市还有较大的距离。而农民工家庭也因此对其家庭成员的配置更趋理性。

第二节　农民工家庭迁移收入分析

农民工家庭迁移收入和成本是家庭迁移决策和迁移行为选择最重要的决定性因素。本节和下节在确定农民工家庭迁移收入和成本构成基础上,对现阶段农民工家庭的收入、成本及其变动趋势进行分析。

一、农民工家庭迁移收入的构成

农民工家庭迁移的收入包括经济收入和非经济收入两个部分。经济性收入包括农民工家庭城市务工的工资性收入(或经营性收入)和企业福利、城市社会保障等福利性收入部分;非经济收入包括农民工家庭在城市享受到的城市环境,更便利的消费、文化、健康和卫生设施,更好的就业培训机会,城市社会关系的建立与改善,家庭在城市的心理满足等方面,其中最主要的为技能性收入和文化性收入。

(一)农民工家庭迁移经济收入

工资性收入(或经营性收入)是农民工在城市获得就业机会,从事生产性劳动所取得的实际现金收入。在目前城乡二元结构和城乡二元就业市场状况下,农民工及其家庭成员在城市获得的其他福利性收入微乎其微,工资性收入几乎是农民工家庭全部收入。近几年农民工工资水平的上涨,除了国家经济增长较快、就业需求比较旺盛等原因外,更重要的原因是农村剩余劳动力供给特征发生了变化,即从过去的无限供给阶段转为有限剩余、有限供给阶段。目前,农民工工资总体仍处于较低水平,2011 年农民工平均月收入为 2049 元,仅相当于城镇职工月平均收入的二分之一或三分之一。除此之外,农户劳动力进城从事个体经营性活动并获得的收入属于经营性收入。目前,政府对农民工家庭在城市里从事经营活动给予了一定的优惠条件,有助于越来越多的农民进城后从事经营性活动。

福利性收入是农民工家庭成员在城市务工过程中,接受企业福利、社会保险和社会福利而增加的收入[①]。企业和城市的社会福利一般包括企业及城市公共服务体系的各类补贴和福利性开支,如交通补助、餐费补助、住房补贴、子女教育福利、职工教育和培训、卫生保健补助等。企业和城市提供的社会保险一般包括养老、医

---

① 在第三章中定义的城市社区和城市宏观经济、制度收益即为这里的福利性收益。

疗、工伤、失业保险等。

当然,在农民工家庭未完全从农村退出前,农村家庭成员在农村的就业收入、农村社区和农村宏观环境与制度收入也应核算在农民工家庭总收入中,包括在农村获得工资性收入和在农村获得的福利性收入。

农民工家庭城市成员在农村的家庭财产,也可能为农民工家庭成员带来一定的财产性收入,也应被核算在农民工家庭总收入中。

(二)农民工家庭迁移非经济收入

技能性收入是农民工在城市务工,通过参加短期培训、岗位培训所获得各种技能以及有关的知识等无形人力资本收入。农民工通过从事各类工种工作,获得工作技能,接受先进的技术和管理思想,开阔视野。许多农民工在工作技能和管理经验提升后,能够进入较好的工作岗位,获得较高的收入;也可以利用技术经验,返乡组织生产经营、开拓市场。

文化性收入是农民工家庭成员在城市就业、生活,分享到城市文化环境及其相关领域带来的无形收入。相对农村,农民工进入城市,生活更加丰富多彩,逐渐形成全新的思维方式、审美情操以及现代生活方式;在城市文明的熏陶下,农民的文化水平、卫生习惯、遵纪守法和民主意识等都会有很大提高,使得农民工家庭整体在新事物感知、思想素质和剔除旧的观念方面都会发生无形的改变。

二、农民工家庭迁移收入的度量

(一)农民工家庭迁移收入和总收入的表示

在农民工家庭迁移收入中,经济收入是可以直接衡量的,且对家庭的迁移决策起到决定性的作用。非经济收入中,技能性收入可以通过农民工工作技能和管理经验的提升引致工资性收入的提高,或工作岗位的变换引致工资性收入的提高部分体现出来;文化性收入一部分可以由农民工家庭成员在城市生活的福利性收入表现出来。其他非经济收入在农民工家庭迁移决策中起到一定的作用,但不是决定性的,同时这部分也无法直接衡量,在农民工家庭迁移收入度量时只在有限范围内涉及。

在总收入度量时,农民工家庭经济收入获得概率,如城市就业率、城市社区收入和城市环境与制度收入获得率、农村家庭资产收入获得率都会对农民工家庭总收入产生影响。

考虑到农民工家庭未迁移成员农村务农或务工工资性收入和福利性收入,根据3.2-2式,农民工家庭短期迁移收入的表达形式为

$$I = w_r N_r^1 + \pi w_u N_u^1 + N_r r_h h + \upsilon N_u r_h h + \varphi_r N_r c_r + \varphi_u N_u c_u + \theta_r N_r s_r + \theta_u N_u s_u + I_e$$

式中,$w_u N_u^1$ 为农民工家庭城市劳动力工资性收入,π 为城市就业率,$N_u c_u$ 和 $N_u s_u$

为城市成员福利性收入，φ_u 和 θ_u 为城市福利性收入获得率（即城市社区收入和城市环境与制度收入获得率），$N_u r_n h$ 为城市成员农村资产收入，υ 为农村家庭资产收入获得率；$w_r N_r^1$ 为农村劳动力的务农或务工工资性收入，$N_r r_n h$ 为农村成员农村资产收入，$N_r c_r$ 和 $N_r s_r$ 为农村成员福利性收入，φ_r 和 θ_r 为农村福利性收入获得率。

（二）农民工家庭迁移收入和总收入的度量

根据 3.2－2 式关于农民工家庭总收入的表示，结合山东省 1334 户调查的数据，计算出现阶段农民工家庭总收入（见表 4.6）。

表 4.6　　　　　　　　　　**2011 年农民工家庭户均总收入明细**

家庭类型		纯农村户	半迁移户	举家迁移未定居户	举家迁移定居户	城市住户
城市劳动力总量＊（人/户）	N_u^1	0＊＊	1.39	2.01	2.20	2.10
城市务工收入[元/（人.月）]	w_u	0＊＊	2525.22	2831.28	2959.12	3031.45
城市就业率（%）	π	0＊＊	72.25	83.56	88.20	93.21
城市福利性收入[元/（户.年）]	$N_u s_u$	0＊＊	267.29	376.16	492.05	550.27
城市福利性收入获得率（%）	ϕ_u	0＊＊	63.94	66.15	61.68	66.67
农村资产收入[元/（户.年）]	$\upsilon N_u r_n h$	370.98	343.06	305.36	342.00	0
农村成员务农、务工收入[元/（户.年）]	$w_r N_r^1$	34981.82	19666.80	8410.76	0	0
农村成员福利性收入[元/（户.年）]	$N_r c_r$	315.07	289.61	305.06	0＊＊＊	0
农村福利性收入获得率（%）	φ_r	89.29	89.03	83.85	0＊＊＊	0
其他收入[元/（户.年）]	I_e	1127.98	988.88	1068.70	1250.00	774.75
总收入[元/（户.年）]	I	36762.11	51859.67	67352.96	70798.01	72347.10

注:(1)＊表示家庭中城市务工劳动力户均总量,户均家庭成员总量和户均城市家庭成员总量见表4.7;＊＊表示纯农村户在城市的劳动力主要是在校学生,偶尔也会有较少务工收入,享受到城市福利性收入,在此忽略不计;＊＊＊表示举家迁移定居户偶尔也会享受到农村的福利性收入,在此忽略不计。

(2)总收入按照3.2-2式进行计算。

由表4.6可知,从调查的五类家庭2011年总收入分析,纯农村户年均总收入最低,各类农民工户总收入依次增高,城市住户总收入最高。其中,半迁移户与纯农村户相比,年均总收入差距最大,相差41.07%,而举家迁移未定居户与半迁移户相比,年均总收入相差29.88%,说明当有劳动力在城市务工时,农村家庭收入会大幅度提升,农民工数量增加,家庭总收入也会随之增加。城市住户与举家迁移未定居户相比,总收入提高仅有5千元,差距已经不大,说明举家迁移未定居户和举家迁移定居户没有顺利转变成为城市家庭,其与城市住户之间的差别应该主要反映在非经济收入上。

(三)不同类型农民工家庭迁移收入结构分析

由表4.6和上部分的分析可知,按照市民化进程的顺序,从纯农村户到城市住户五类家庭,户均总收入逐步提高,变动幅度由大逐步变小。从五类家庭的迁移收入结构分析,可以得到以下结论:

1.半迁移户较纯农村户总收入差距最大,表现为半迁移户城市收入大幅增加(增加了30603.09元/户),而农村收入降低较少(降低了15505.53元/户),导致半迁移户比纯农村户总收入提高41.07%(提高1.5万余元),这其中家庭中每增加一个城市务工人员,月收入增加1827.47元[①],对半迁移户总收入提高贡献最大。由此可以说明,当农村家庭有劳动力迁移时,农民工进城务工可以显著提高家庭总收入水平。

2.举家迁移未定居户较半迁移户年均总收入进一步提高,户均增长近1.6万元,表现为农户举家进城务工、生活,农村收入降低了1万余元,但城市收入提高了近3万元。城市收入的增加主要源于家庭中城市务工劳动力数量、月均务工收入、城市就业率、城市福利性收入与收入获得率等城市生产、生活中全方位的数据提升。由此说明,随着农民工家庭成员逐步由农村迁移城市,建立了城市务工和生活网络,为家庭作出举家迁移决策提供了良好的物质基础和环境保障。

3.举家迁移定居户与未定居户和城市住户相比,其总收入增加变动不大,表现为随着家庭农村收入的减少直至丧失,城市收入又进一步增加。增加主要源于城市务工收入、就业率和城市福利性收入的增加。这说明,一方面,举家迁移未定居

---

① 月收益增加1827.47元为半入城户城市务工收益2525.22元/(人·月)与城市就业率72.25%求积计算得到。

户和定居户与城市住户之间在城市生活、就业和福利方面趋于一致,差距已经不显著;另一方面,当家庭发生以上市民化变动时,物质收入变动对农民工家庭的影响已不显著,而非物质收入变动会对家庭是否发生以上市民化进程产生影响,因此农民工家庭需要在文化、心理等非物质领域融入城市生活。

第三节　农民工家庭迁移成本分析

一、农民工家庭迁移成本的构成

传统的成本构成划分方法是按成本能否用货币来衡量,划分为经济成本和非经济成本,因而农民工家庭迁移的成本也可以分为这两部分。经济成本为迁移过程中发生的直接成本,也就是迁移过程中所要支出的所有费用。非经济成本又可以分为迁移过程中所要付出的心理成本、风险成本等[①]。

（一）农民工家庭迁移的经济成本

农民工家庭迁移的经济成本是农民工家庭或其部分成员在城市务工过程中的直接费用,具体包括生活成本和流动成本。

1.生活成本是农民工家庭或其部分成员在城市生活所必须支付的费用,一般包括食品、住房、生活必需品、医疗等方面的费用。对于农民工家庭及其成员,这些费用只是维持在城市务工生活最基本的费用。即使农民工家庭及其成员不发生迁移,在农村生活也要支付一定的相同类型费用,因此这一部分生活成本将计算为农民工家庭成员迁移前后基本生活费用的差额。一般来讲,农民工家庭在农村生活基本处于自给自足状态,生活成本较低;而在城市生活的成本要远高于农村,而且许多在农村不需要支付的费用在城市需要现金支付。

在生活成本中,除了以上费用外,农民工家庭劳动力为了在城市能够获得持续稳定的工资收入,需要支付一定的就业费用和培训费用[②]。如,与用人单位签订合同,办理手续,交纳保证金、抵押金,就业相关中介费用等,需要支付就业费用;在城乡二元户籍约束下,家庭劳动力在城市就业须办理暂住证、健康证、就业许可证等,也需要支付一定的就业费用。为了提高城市就业机会,增加工资收入,需要参加一定的社会和用人单位培训,一些费用需要家庭劳动力自己承担。这些就业费用和培训费用被认为是农民工家庭能够稳定地在城市就业、生活所必不可少的,因此一并把它们核算到生活成本中。

---

① 杜书云.农村劳动力转移就业成本—收益问题研究[M].经济科学出版社,2007(5):5-6.
② 在第三章中,该部分定义为购买城市社区、宏观环境与制度收入的支出。

2.流动成本①是农民工家庭城乡流动过程中所付出的直接经济支出,主要是家庭成员在城乡流动过程中的交通费用及在往返途中产生的其他费用(或者叫做家庭团聚成本)。由第三章的分析,流动成本是与农民工家庭及成员迁出地与迁入地之间的距离成正比的。当然,如果农民工家庭一次性举家迁移,不再回到原迁出地,则流动成本即为举家迁移的一次性迁移成本。

需要说明的是,以上农民工家庭迁移经济成本构成是已迁移城市家庭成员的经济成本构成。当农民工家庭选择部分成员迁移时,留守家庭成员的成本按照农村的人均生产、生活成本进行衡量,并假定他们的流动成本(只是迁移成员在城乡间流动,留守成员不发生流动成本)和机会成本为零。

(二)农民工家庭迁移的非经济成本

1.心理成本。当农民工家庭初次选择迁移,也就意味着家庭或成员要离开原居住地,生活、工作环境将发生根本性的变化,因此其所要付出的心理成本也是可想而知的。

在第三章中已经将家庭团聚的心理成本货币化为流动成本,主要是交通费用。但实际农民工家庭团聚的心理成本远非交通费用所能全部衡量。当农民工家庭部分成员外出、部分成员留守时,留下的主要是妇女、儿童和老人,他们在农村生活困难,无人照顾,生病难医,失学,得不到良好的家庭和学校教育,缺乏父母的有效监护和亲情关爱,这些都成为家庭团聚所付出的心理成本②。

另一方面,进入城市的家庭成员失去了农村社区周围的亲朋好友,在城市面对陌生的环境、遇到的困难、较大的生活压力、市民的歧视等,都会为此承担一定的心理负担,甚至产生自卑感。另外,家庭劳动力在城市从事收入较低的工作,工作环境差,风险高,且不能和市民同工同酬,有时还会出现工资拖欠、需要追讨等,都需要付出一定的心理成本。

2.风险成本。农民工家庭及其成员迁移过程中的风险来源于多方面。

一是失业风险。在我国农村根据集体成员权确定了人均拥有一份承包地,因此一般认为在农村不存在显性的失业问题。农民工家庭及其成员迁移城市时,由于城市本身失业率的存在,加之农民工在城市务工一般集中在工业、建筑业、服务业等行业,受雇于私营和个体企业者众多,他们的就业具有较强的不稳定性,解雇、失业的风险随时存在。

二是工资风险。目前城市农民工一般与企业之间签订的劳动合同不规范,拖欠工资的现象时常发生,这也就造成了工资拖欠风险。即使工资不拖欠,由于农民

---

① 这里的流动成本即在第三章中分析的家庭团聚成本。
② 简新华,黄锟.中国工业化和城市化过程中的农民工问题研究[M].北京:人民出版社,2008.

工与企业的正式职工不同,农民工与正式职工产生同工不同酬,农民工工资的增长速度与正式职工工资的增长速度也有明显差距,因此也就产生了工资标准和工资增幅上的风险。

三是工伤风险。农民工在工业、建筑业和餐饮、家政等低收入、高风险的行业中工作时,由于工作条件和环境较差,工作时间较长,很容易因疲劳导致工伤,或患上职业病或传染病,因此在这样的工作环境下的工伤风险较大。

四是城市环境与制度性收益风险。受到城乡二元结构的限制,农民工在城市并不是完全意义上的市民。因此,在农民工为自己或家庭能落户城市付出种种努力后,往往没能完全获得与市民相同的城市环境与制度供给,各项公共服务和社会保障福利不能完全享受,由此也就产生了这些方面的收益风险。

五是家庭农村资产收益风险。农村资产市场,如土地市场和宅基地(房屋)市场等不健全,在农民工家庭迁移城市后,家庭农村资产并不能进行合理的租售,由此产生了获得农村资产收益风险。

二、农民工家庭迁移成本的度量

(一)农民工家庭迁移成本和总成本的表示

在农民工家庭迁移成本中,经济成本是可以直接衡量的,且对家庭的迁移决策起到决定性的作用。非经济成本中风险成本将在农民工家庭迁移收益分析中通过概率的形式表示出来(如城市就业率,城市社区收益和城市经济、制度收益获得率,农村家庭资产收益获得率);心理成本中一部分由流动成本表示,其他心理成本在农民工家庭迁移决策中起到一定的作用,但不是决定性的,同时这部分心理成本也无法直接衡量。在农民工家庭迁移成本度量时,不作成本度量重点,只给予一定程度上的定性关注。

在成本度量时本研究以经济成本为主体进行计算,即农民工家庭迁移成本近似等于农民工家庭迁移的经济成本。考虑到农民工家庭未迁移成员的生产、生活支出,根据 3.2−3 式,农民工家庭静态迁移成本的表达形式为

$$E = N_u p_u m + N_r p_r m + N_r r_h h + N_{ur} r_{uh} h_u + N_u c_u + N_u s_u + N_u d T_e + E_e$$

式中,$N_u p_u m + N_{ur} r_{uh} h_u + N_u c_u + N_u s_u + N_u d T_e$ 为农民工家庭迁移城市的总成本,$N_r p_r m + N_r r_h h$ 为农村成员的生产、生活支出。

(二)农民工家庭迁移成本和总成本的度量

根据 3.2−3 式关于农民工家庭总成本的表示,结合 2012 年初对 2011 年山东省 1334 户的调查数据,计算出现阶段农民工家庭总成本(见表 4.7)。

由表 4.7 可知,从调查的五类家庭 2011 年总成本分析,纯农村户略高于半迁移户。举家迁移定居户与半迁移户和未定居户相比,年均总成本在逐步增加。半

迁移户与举家迁移定居户年均总成本净增加 2 万余元,净增加 71.91%。这可以认为是农民工家庭从开始有成员外出务工到举家定居城市所要付出的成本支出。农民工家庭举家迁移,完成市民化进程,成为真正的城市住户后,家庭年均总成本又略有降低。

表 4.7　　　　　　　　2011 年农民工家庭户均总成本明细

家庭类型		纯农村户	半迁移户	举家迁移未定居户	举家迁移定居户	城市住户
成员总量（人/户）	N	3.54	3.65	3.20	3.44	3.30
城市成员总量（人/户）	N_u	0.75 *	1.88	3.20	3.44	3.30
农村生活成本[元/(人·月)]	$p_r m$	347.91	292.26	174.29	0 * *	0
城市生活成本[元/(人·月)]	$p_u m$	347.22	378.68	466.19	697.37	644.96
居住支出[元/(户·月)]	$N_u r_{th} h_u$	225.00	316.13	594.53	656.56	568.25
通讯支出[元/(户·月)]		235.56	223.98	320.52	310.68	333.70
医疗支出[元/(户·年)]		1661.23	1285.59	1531.72	1898.06	1985.40
教育支出[元/(户·年)]		6151.18	4229.09	3830.83	6099.52	5734.96
其他支出[元/(户·年)]	E_e	1109.83	1212.97	1175.39	1522.72	1842.49
人员流动成本[元/(户·年)]	$N_u d T_e$	1131.38	1075.72	1046.15	0 * * *	0 * * *
总成本[元/(户·年)]	E	30353.35	29035.31	36466.39	49914.61	45926.67

注:(1) * 表示纯农村户中在城镇上学的家庭成员数量平均;＊＊表示举家迁移定居的农业户也会产生较少的农村日常生活成本,在此忽略不计;＊＊＊表示举家迁移定居户和与农村还有联系的城市住户也会产生较少的城乡流动成本,在此忽略不计。

（2）总成本按照 3.2－3 式进行计算。

（三）不同类型农民工家庭迁移成本结构分析

由表 4.7 和上部分的分析可知,按照市民化进程的顺序,纯农村户到城市住户五类家庭,户均总成本变动经历了先降低、后大幅增加、又略有降低的过程。从该五类家庭的迁移成本结构分析,可以得到以下结论:

1.半迁移户总成本较纯农村户略有减少,主要是农村日常生活成本、通讯支出、医疗支出、教育支出和流动成本的降低所致。两类家庭农村日常生活成本差额为 5440.42 元,占总成本差额的 412.77%,其原因是当家庭中有成员开始进城务工时,这部分成员城市务工、生活成本会增加,而农村成员会主动降低自身生活支出水平,支持家庭成员外出,这正是农民工家庭在先追求整体效用最大化、后追求个人效用最大化决策下,家庭共同采取措施规避城市生产、生活风险的具体表现。医疗支出的减少原因是半迁移户农民工均为青壮年劳动力,就医频率较低,医疗支出较少。教育支出的减少主要是半迁移户劳动力占家庭成员比重(85%)较纯农村户比重(84%)略高,而家庭在校学生比重则略低(据统计,19～24 岁未能接受中专和大专业以上教育的劳动力,半迁移户较纯农村户多 0.16 人/户),这部分成员多数成为农民工,因而家庭教育支出减少。通讯支出和流动支出降低的幅度不大,主要原因是两类家庭中外出上学的学生与家庭通讯和往返于家庭与学校间的频率较高,而农民工为了节约城市生活成本,会主动降低通讯和往返城乡间的频率,导致成本略有降低。

2.举家迁移定居户与半迁移户和举家迁移未定居户相比,家庭总成本大幅度增加。主要是城市生活成本、居住支出、通讯支出、医疗支出、教育支出及其他支出的增加所致。这些支出的增加都反映出目前城乡间在各类支出上的差距,也说明农民工家庭从半迁移到逐步定居城市,因举家迁移定居城市而增加的成本需要逐步增加的务工收入作为保证。举家迁移未定居户较半迁移户教育支出低,也较举家迁移定居户低,形成教育支出"U"形变动。农民工家庭在逐步定居城市前教育成本降低的原因是学龄段农民工家庭子女未享受到应有的城市教育资源,导致要么在农村接受教育,要么转化为农民工。

3.举家迁移定居户总成本略高于城市住户,主要源于城市生活成本、居住成本和教育支出的降低,其原因可以归结为融入城市后,获得城市社区和制度认可而导致的风险支出和心理成本的降低。

第四节　农民工家庭迁移的净收益

一、农民工家庭迁移净收益的度量

(一)农民工家庭迁移净收益的表示

对迁移净收益的预期和追求是农民工家庭迁移城市甚至融入城市的基本动力。农民工家庭迁移净收益(设为 PR)即为按照市民化进程的顺序,某类家庭与前一类家庭净收益的差额,即

$$PR=\Gamma_{i+1}-\Gamma_i=(I_{i+1}-E_{i+1})-(I_i-E_i)\ (i=1,2,3,4)$$

这里 $i=1,2,3,4$ 分别代表纯农村住户、半迁移户、举家迁移未定居户和举家迁移定居户。

(二)农民工家庭迁移净收益的测算

根据表4.6和表4.7对五类家庭总收入和总成本的测算,计算现阶段农民工家庭迁移净收益(见表4.8)。

表4.8表明,纯农村户的净收益和成本收益率在五类家庭中最低。半迁移户和举家迁移未定居户的成本收益率最高,净收益与举家迁移定居户和城市住户的净收益相当,但这两类家庭总成本与纯农村户相差无几,说明这两类家庭由于没有完全融入城市,依然游离于城市和农村之间,虽然家庭总收入趋近于城市住户,但消费和生活依然维持在农村生活水平,生活质量和生存环境并没有发生质的变化。举家迁移定居户在发生迁移的三类家庭中,成本收益率和净收益最低。从总成本和总收益对比可以看出,这类家庭还不是真正的城市家庭,但为了定居城市,以花费比城市住户还要高的成本为代价,赚取比城市住户略低的收入。

表 4.8　　　　　　　　2011 年农民工家庭户均迁移净收益　　　　　　单位:元/户

家庭类型	总收入	总成本	家庭净收益	迁移净收益*	成本收益率(%)
纯农村户	36762.11	30353.35	6408.76	—	21.11
半迁移户	51859.67	29035.31	22824.36	16415.60	78.61
举家迁移未定居户	67352.96	36466.39	30886.57	8062.21	84.70
举家迁移定居户	70798.01	49914.61	20883.40	−10003.17	41.84
城市住户	72347.10	45926.67	26420.43	5537.03	57.53

注:*表示按照市民化进程的顺序,五类家庭中相邻两类家庭净收益的差额。

二、短期农民工家庭迁移净收益条件分析

(一)短期农民工家庭迁移净收益条件模型

比较不同类农民工家庭的迁移净收益,可得到农民工家庭作出迁移决策的短期均衡条件,即 $PR_{i+1}=PR_i(i=1,2,3,4)$,可以具体描述为

$$
\begin{cases}
\text{当 } PR_{i+1}<PR_i \text{ 时,家庭迁移保持 } i \text{ 状态} \\
\text{当 } PR_{i+1}=PR_i \text{ 时,家庭迁移均衡} \\
\text{当 } PR_{i+1}>PR_i \text{ 时,家庭迁移向 } i+1 \text{ 状态演进}
\end{cases}
$$

(二)短期农民工家庭迁移净收益条件

由表 4.8 可知,按照市民化的进程,$PR_{半迁移户}>PR_{纯农村户}$,差额为 16415.6 元,说明有相当比例的原纯农村户家庭会作出外出务工决策,家庭迁移人口从 0 开始增加。

$PR_{举家迁移未定居户}>PR_{半迁移户}$,差额为 8062.21 元,低于前一比较类型,说明有相当比例半迁移户会作出举家迁移但不定居城市的决策,由于净收益差额降低,作出该决策的动力和作出该决策的家庭比例会降低。

$PR_{举家迁移定居户}<PR_{举家迁移未定居户}$,差额为 -10003.17 元,表明举家迁移但没有定居城市的农民工家庭一般不会选择定居城市,而会维持现状或选择一个或几个家庭成员回流农村的决策。

$PR_{城市住户}>PR_{举家迁移定居户}$,说明举家迁移定居户有向城市住户演变的动力。

三、长期农民工家庭迁移净收益条件分析

从长期考察农民工家庭的市民化进程,农民工家庭市民化需要在一个家庭生命周期完成[①]。农民工家庭实现市民化的必要条件是农民工家庭全部成员迁移到城市后,其家庭城市总收入等于或大于家庭全体成员必要的城市生活支出。因此,可以构建在一个家庭生命周期内,农民工家庭市民化最低净收益条件模型[②]。

(一)模型的前提假设

长期农民工家庭市民化最低净收益条件模型的假设如下:

第一,假定农民工家庭在一个生命周期内,其家庭人口总量不会发生变化;在家庭生命周期后期,家庭子女由非劳动力转化为劳动力,但仍按照非劳动力核算,原因是农民工家庭子女工作所得到的收入结余归其父母所有,可以认为是父母工

---

① 农民工家庭的一个生命周期指家庭组织结构没有发生根本变化的时期。当家庭组织结构发生变化时,即一个家庭生命周期过渡到下一个家庭生命周期,属于超长期的决策问题。

② 该模型参考:韩俊.中国农民工战略问题研究[M].上海远东出版社,2009:159-166.

资水平的上涨。

第二,农民工家庭市民化的决策时点就是农民工家庭成员结构初步稳定的那一时点。在本研究中,该点假定为农民工家庭户主夫妻双方结为夫妻后,子女数量不再发生变动之时。

第三,农民工家庭决策的一个生命周期从决策时点开始,到该家庭子女成立新的家庭为止,排除中间家庭夫妻双方离婚等事件的影响。并假定农民工家庭一个生命周期结束后,无论农民工家庭回流农村还是定居城市,其生活都是有保障的,因而他们不需要为今后的生活而储蓄。

(二)模型的构建

在上述假设的基础上,构建农民工家庭市民化最低净收益条件模型如下:

$$\sum_{t_1=0}^{m}(\sum_{i=1}^{N^1}\pi_i R_{w,i})e^{-rt_1}+\sum_{t_2=m+1}^{n}(\sum_{i=1}^{N^1}\pi_i R'_{w,i})e^{-rt_2}+\sum_{t_3=0}^{n}[\sum_{k=1}^{N}(\theta_k R_{s,k}-C_{b,k})]e^{-rt_3}+S_0$$
$$\geqslant C_d$$

模型中,农民工家庭一个生命周期从 0 到 n。其中,农民工夫妻及其子女数量稳定的年份为第 0 年,m 代表从 0 期到 m 期,农民工家庭劳动力仅有夫妻双方,每个劳动力按照不变价格计算的工资率为 R_w;从第 m+1 期开始到第 n 期,农民工家庭子女成为劳动力,劳动力总量仍计算为 N^1,但每个劳动力按照不变价格计算的工资率为 R'_w。π 为农民工家庭劳动力的就业概率,θ 为农民工家庭成员福利性收入的获得率,R_s 为按照不变价格计算的农民工家庭成员应获得福利性收入,C_b 为按照不变价格计算的农民工家庭城市日常生活消费支出。r 为贴现率,S_0 代表农民工家庭在第 0 期开始时拥有的财富积蓄。C_d 为农民工家庭在城市定居所必需的住房支出的贴现值。

如果该模型成立,则在一个生命周期内,农民工家庭的收入扣除生命周期内必要的生活消费支出,能够满足家庭定居城市的经济能力,农民工家庭具有在一个生命周期内完成市民化进程的能力。

该模型应用有两种思路:一种是给定各种变量的数值,看模型是否成立;另一种是给定某一变量之外的其他变量,看这一变量取什么数值时模型能够成立。

在这里我们给定农民工家庭除一个生命周期的时间 n 之外的全部变量,看 n 的取值为多少时农民工家庭能够完成市民化进程,用计算出的 n 值与一个农民工家庭生命周期的实际值对比。

(三)数据描述

按照模型要求,本部分选取半迁移户和举家迁移未定居户数据作为原始资料,共分析农民工家庭 695 户,占全部被调查户的 52.06%,解释变量的基本数据描述见表4.9。在调查数据处理中,由于调查数据都来自 2011 年的数据,假定统一按照

2011年山东省一般价格水平进行计算。

表4.9　　　　　　　　　　　　被访农民工家庭样本数据汇总

务工时间 解释变量	1年以内	2～3年	4～5年	6～9年	10～14年	15～19年	20年以上
农民工比例（%）	5.34	18.56	16.91	26.63	16.13	9.82	6.61
就业率π（%）	43.52	73.95	80.17	75.78	75.60	64.48	98.63
工资率R_w（元）	1819.44	2332.46	2804.60	2705.29	2582.32	2136.14	3455.22
房租价格（元）	2734.42	3505.43	4215.01	4065.76	3880.95	—	—

（四）模型变量数值的确定

农民工家庭一个生命周期从0到n的变量数值分别确定如下：

1. 农民工家庭从最初劳动力为夫妻且子女数量稳定,到子女成为劳动力的时期,$m=16$(或14),家庭劳动力总量$N^1=2$。家庭子女情况考虑独生子女和两个子女。假定子女都为7岁上学、16岁工作[①]。

2. 农民工家庭劳动力的初始就业概率$\pi=43.52\%$,按照2011年价格计算的农民工家庭劳动力的初始工资率$R_w=1819.44$元。

除以上工资性收入计算的基础数据,需要考虑就业率变动和工资率变动两种情况。

随着农民工城市务工时间的增长,其就业概率会发生变动。根据调查,山东省农民工在城市连续工作时间分段就业概率见表4.9。

随着农民工城市务工时间的增长,其工资率会发生变动。根据调查,山东省农民工在城市连续工作时间分段工资率见表4.9。

3. 农民工家庭城市成员福利性收入的获得率$\theta=64.35\%$,按照不变价格计算的农民工家庭应获福利性收入$R_s=287.89$元/(年·户)。

4. 按照不变价格计算的农民工家庭城市日常生活消费支出$C_b=395.05$元/(人·月)。物价增长率与贴现率相抵。

5. 贴现率$r=4\%$,$S_0=0$,即农民工家庭没有任何积蓄。

6. 根据调查,农民工家庭认为定居城市所必需的住房均价为5410.69元/米²,假定住房建筑面积为60米²。第11年买房,则总购房支出的贴现值$C_d=5410.69\times60\div(1+4\%)^{10}=219316.1$(元)。前10年在城市郊区租房,据调查,农民工家庭能够

---

① 这里假定农民工子女7岁上学,经过九年义务教育后工作,在义务教育期间,子女的教育支出忽略不计,仅产生日常生活消费支出。如果家庭中有两个子女,则假定两子女相差2年,则该家庭生命周期开始时一个子女零岁,一个子女2岁,则第一个子女成为劳动力时是14年之后,因此$P(t)=14$;当家庭仅有一个子女时,$m=16$

承受的初始租房支出为年均 2734.42 元,能承受的房租价格增长与家庭收入增长趋势相同(见表 4.9)。租房市场历年价格增长率与贴现率相抵。

(五)模型估算结果

模型估算结果见表 4.10。

表 4.10　　　　　　　　农民工家庭成员市民化的最低年限

编号	条件			n 数值
	子女	就业率变动	工资率变动	
结果一	1 个	初始值不变	初始值不变	模型不成立
结果二	1 个	变动	变动	13 年
结果三	2 个	初始值不变	初始值不变	模型不成立
结果四	2 个	变动	变动	17 年

通过表 4.10 可以看出,农民工家庭完成市民化的最短周期为 13 年(结果二)。这表明,即使在最有利的条件(1 个子女,就业率变动,工资率变动)下,农民工夫妻双方至少也要连续工作到 13 年后方能定居城市。另一计算周期为 17 年(结果四),说明其他条件不变时,子女数量的增加会延长农民工家庭定居城市的周期。结果一、三不能满足农民工家庭完成市民化最短周期条件,表明农民工夫妻双方未能在城市建立良好的工作环境,就业率和工资率不变时,该家庭不能定居城市,最终结果只能是在城市务工几年后回流农村。

需要指出的是,以上模型的结果仅是在估算农民工家庭最基本的净收益条件下得到的,而现实条件的复杂性使得该结果只具有参考意义。

四、农民工家庭迁移净收益分析结论与启示

综合本节第二、三部分分析可以得出两个基本结论:

1.处于市民化不同阶段的农民工家庭面临不同的"成本—收入"约束,或者说,"成本—收入"约束对不同类型农民工家庭的市民化进程具有不同的影响。

具体来讲:

第一,从纯农村户演变为半迁移户,城市收入大幅度增加使得家庭总收入大幅度增加而家庭总支出并未发生多少变化(原因是家庭中有成员开始进城务工时,这部分成员城市务工、生活成本会增加,但农村成员会主动降低自身生活支出水平,支持家庭成员外出,其结果是家庭总支出变化不大),从而使家庭净收益和家庭迁移净收益均有显著增加。这种结果对农民工家庭迁移决策是十分有利的。

第二,从半迁移户演化为举家迁移未定居户,家庭总收入、家庭总支出、家庭净收益均有大幅度增加,家庭迁移净收益也维持在较高水平。这时,农民工家庭的市

民化动力依然强劲。

第三，从举家迁移未定居户到举家迁移定居户，家庭总收入小幅度增加，但家庭总支出却大幅度增加（原因在于这类家庭还不是拥有城市户口的家庭，他们在城市的生活成本比原城市居民要高），从而使家庭净收益大幅度减少，家庭迁移净收益更是变成负值。这使得许多农民工家庭宁可维持在举家迁移不定居状态。这也是农民工家庭完成市民化过程的最艰难阶段。

第四，从举家迁移定居户演变为城市住户，家庭总收入略有增加，而家庭总支出有所减少（原因在于这时的农民工家庭已经融入城市，可以获得与城市住户相同的生活、就业和福利条件），结果是家庭净收益增加，家庭迁移净收益重新变为正值。这时候，农民工家庭市民化的重心和制约因素将从物质性收支转到文化、心理等非物质领域。

2.农民工家庭市民化是一个长期、艰苦的过程，需要一代人或几代人的共同努力。

本研究的结果表明，农民工家庭在有 1 个子女的条件下完成其市民化过程最少需要 13 年，在有 2 个子女的条件下完成其市民化过程最少需要 17 年，并且这一点是在这个漫长的时间里农民工的就业率和工资率保持一个稳定增长的态势下才能做到的。

从农民工家庭市民化的实践来看，"是定居城市还是回流农村"始终是农民工家庭面临的重要选题。如果农民工夫妻在城市工作数年后，青壮年时期已过，其就业率和工资率下降，没有希望积累起他们定居城市所必需的资本，返回农村便是他们唯一的和不得已的选择。也正因为如此，人们看到的往往是能够定居城市的农民工（人数）远少于不能定居城市的农民工（人数）。

因此，如何通过农民工的自身努力和各级政府的大力帮助，稳步提高农民工的就业率和工资率，缩短农民工家庭市民化的周期，进而推动全社会农民工家庭市民化的历史进程，是摆在我们面前的重大课题。

第五节　本章小结

本章首先对改革开放以来农民工家庭迁移行为的历史进行了回顾和总结。改革开放以来外出务工农民工数量持续增长，但阶段特征明显。20 世纪 80 年代以乡镇企业就地迁移为主，90 年代以异地到城市二、三产业就业为主，进入 21 世纪以迁移大城市为主，小城镇和县域内迁移作用也不可忽视。进入 21 世纪的 10 年中，举家迁移劳动力数量开始持续增加，且农村居民家庭表现出了适合举家迁移的特征，主要有：农村居民家庭规模缩小，迁移家庭的人口负担减轻；家庭整体文化水平提高;外出收入持续、稳定、高速增长。

2010年之后,我国农民工家庭的迁移行为又表现出了一些新的特征。在农民工家庭及成员方面,第二代农民工已经成为迁移劳动力的主力,已婚者占多数;外出务工人员以初中以上文化程度为主,但城市技能培训比例较低;外出务工农民工家庭收支与城市居民相比差距较大,且有逐步扩大的趋势;城市农民工家庭居住环境较差,定居城市的住房成本支付难度巨大;农民工家庭的农村资产处理越发趋于理性,且市场化运作要求较强。在农民工家庭所在社区交流方面,城市农民工参与企业和社区的意识较强,但参与渠道和机会较少;城市农民工生活较单调,与市民交流较少。在农民工家庭融入城市的制度需求方面,主要对增加工资收入、健全农民工城市社会保障和社会服务体系以及解决城市住房问题制度的需求较强烈。

本章主体部分分析了农民工家庭迁移过程中的收入和成本以及净收益。迁移收入包含经济收入(包括工资性收入和福利性收入)和非经济收入(包括技能性收入和文化性收入),迁移成本包含经济成本(包括生活成本和流动成本)和非经济成本(包括心理成本和风险成本),并分别建立了城乡农民工家庭的迁移收入和迁移成本模型。依据两个模型,结合2012年初对山东省五类城乡家庭的调查数据,得到以下结论:按照市民化进程的顺序,从纯农村户到城市非农户五类家庭,户均总成本变动经历了先降低、后大幅增加、又略有降低的过程;从纯农村户到城市非农户五类家庭,户均总收入逐步提高,变动幅度由大逐步变小。

根据农民工家庭迁移成本—收入分析,进而得到迁移净收益模型,并测算净收益水平,结论是:纯农村户的净收益和成本收益率在五类家庭中最低;半迁移户和举家迁移未定居户由于没有完全融入城市,依然游离于城市和农村之间,虽然家庭总收入趋近于城市家庭,但消费和生活依然维持在农村生活水平,生活质量和生存环境并没有发生质的变化;举家迁移定居户为了定居城市,以花费比城市家庭还要高的成本为代价,赚取比城市家庭略低的收入。

进一步,建立了农民工家庭市民化净收益均衡条件的短期和长期模型。研究结论是:(1)短期分析,农村家庭有足够的净收益动力选择部分甚至全部家庭成员迁移城市,但不能最终定居城市;定居城市的决策净收益动力不足,是农民工家庭顺利完成市民化进程最大的障碍,也就造成了目前农民工家庭更多地选择维持半迁移或举家迁移但不定居城市。(2)长期分析,农民工家庭完成市民化的最短周期为13年,要求农民工家庭付出长期努力,而努力的前提是比较稳定的就业率和工资率;青年农民工对未来中年失业和收入下降的担心是农民工市民化的一大障碍;工资率和就业率的提高、城市务工的长期良好预期可以大大缩短农民工家庭城市定居所必需的时间,因而有利于农民工家庭市民化。

第五章

初次离乡阶段农民工家庭迁移决策与迁移行为

　　本章分析农民工家庭派出首个劳动力进城务工的迁移行为①,探索农民工家庭初次离乡决策的主要影响因素。

第一节　农户初次离乡迁移状况描述

　　派出首个劳动力进城务工是农村家庭作出的重大决策。这可能预示着世代务农的农户在成员城乡配置、家庭收支、生活环境方面都将发生重大变化,也是家庭成员完成市民化进程的开端。本节以山东省城乡调查为基础,选取 370 户仅有一个外出农民工的家庭(以下简称"初次离乡户")进行分析,从家庭成员结构、收益结构、生产(生活)变动、第一个外出农民工城市务工状况以及对城市环境与制度了解和应用状况等角度,分析初次离乡阶段农民工家庭的迁移行为,选取 392 户无农民工的纯农村户进行对比分析。

一、初次离乡农民工家庭成员结构

表 5.1　　　　　　　　　被访农村家庭的家庭成员结构　　　　　　　单位:人/户

家庭类型	成员数量	城市劳动力	农村劳动力	农村非劳动力	城市非劳动力	子女数量*	老人数量
初次离乡户	3.46	1.00	1.34	0.58	0.53	1.02	0.11
纯农村户	3.54	0.00	2.17	0.62	0.75	1.22	0.15

　　注:* 包括未达到劳动年龄的子女和达到劳动年龄但不参与劳动的子女数量。

　　表 5.1 显示,初次离乡户成员总量略低于纯农村户。成员总量低主要源于非劳动力数量较低(低 0.26 人/户),其中子女数量和老人数量都低于纯农村户,而家

―――――――――――――――

　　① 很多农村家庭第一个外出的成员是外出上学的学生,虽然他们有不少已经达到劳动力年龄,具有劳动能力,但他们还不是真正的务工人员,对于农村家庭迁移行为的影响本研究不作分析。

庭劳动力总量却高于纯农村户(高 0.17 人/户)。从家庭结构分析,一方面,初次离乡户劳动力较多,单纯从事农业生产易产生劳动力剩余;另一方面,初次离乡户抚养子女数量和赡养老人数量较少,家庭负担较轻,有利于支持家庭决策选择一部分劳动力外出务工,因而作出了第一个家庭成员外出务工的决策,产生了第一个外出农民工。

二、初次离乡农民工家庭农村资产状况

表 5.2   被访农村家庭农村资产状况(截至 2011 年末)

指　标	初次离乡户	纯农村户	指　标	初次离乡户	纯农村户
宅基地面积(亩)	0.72	0.71	耕地面积(亩)	4.01	4.52
住房面积(m²)	113.45	121.17	转租耕地年租金(元)	394.44	350.46
宅基地、住房总值(万元)	7.30	7.87	农用固定资产总值(元)	10414.86	10952.81
意愿住房年租金(元)	1533.78	1257.40			

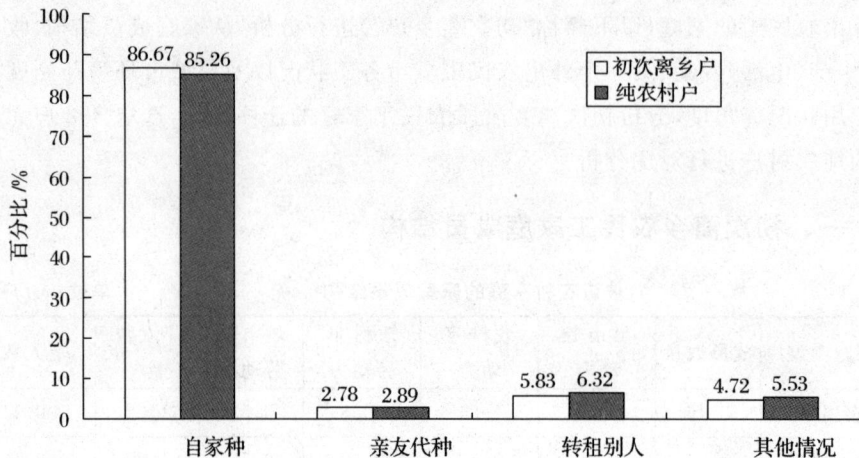

图 5.1   农户耕地经营类型

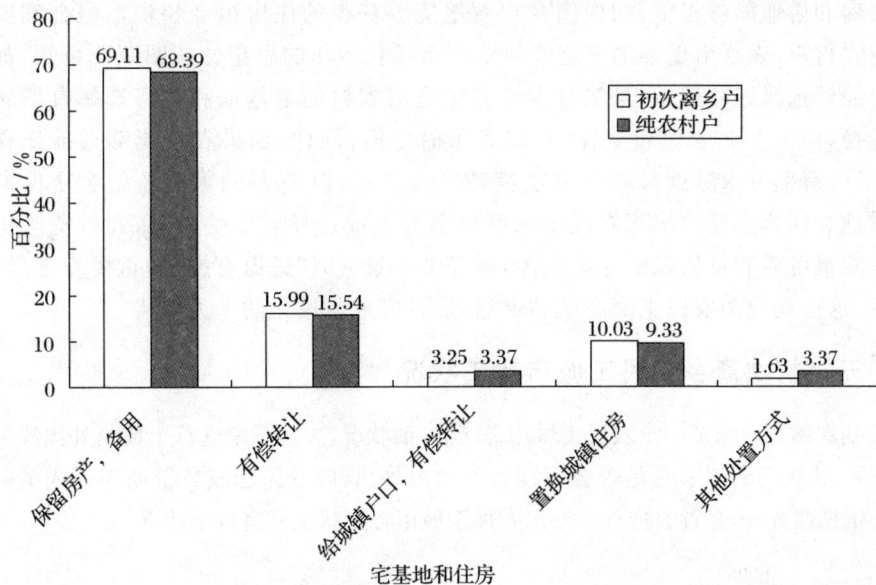

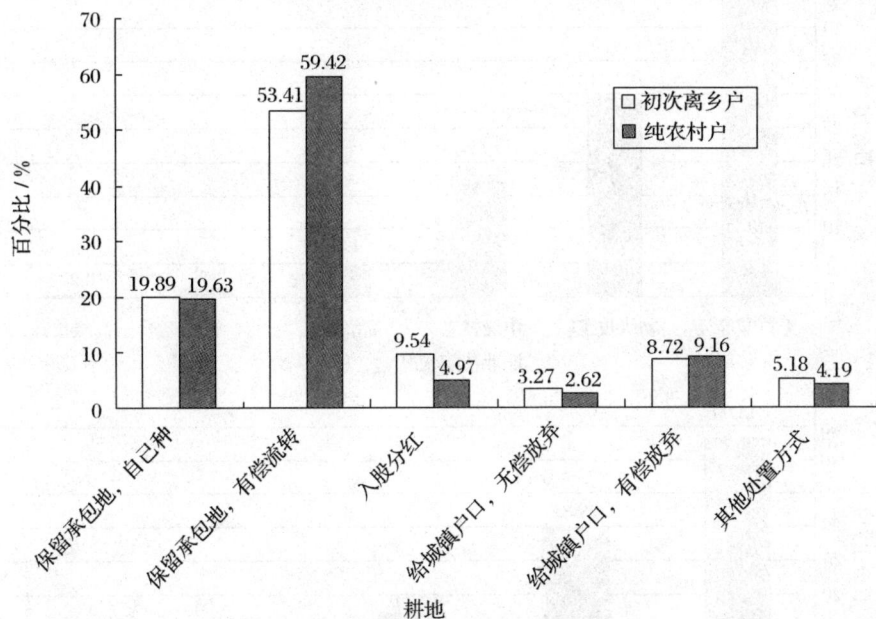

图 5.2　农户宅基地、住房和耕地处置意愿

表 5.2 和图 5.1 显示,初次离乡户较纯农村户宅基地面积、住房面积、耕地面积和农用固定资产总值均相差不大①,且两类农户绝大多数选择耕地自种。但如

----

① 初次离乡户较纯农村户住房面积、耕地面积略低,主要源于家庭规模因素,初次离乡户户均规模低于纯农村户。

果住房和耕地能够租赁,初次离乡户意愿能够获得的住房租金和耕地租金都要高于纯农村户,表现出更强的家庭农村资产市场化运作的思想。从图5.2可知,如果农户能够选择迁移城市,虽然有少部分家庭对农村的宅基地和住房选择有偿转让或置换,但70%的家庭希望保留,以备不时之需;同样,如果农户能够选择迁移城市,虽然有部分家庭选择耕地有偿流转方式处置,但75%的家庭还是希望保留这些耕地。这些都反映出当农民工家庭外出务工或迁移城市受阻时,农村资产仍然是家庭最可靠和可依赖的保障载体,是经济不景气时"进退有据"的重要安全屏障。当然,这也就成为农民工家庭顺利定居城市、完成市民化的一大障碍。

三、初次离乡农民工城市务工状况

初次离乡户中第一个农民工城市务工、生活状况,决定着家庭首个成员外出决策正确与否,也决定着该家庭是否会继续有劳动力外出,以及先迁成员带动随迁成员的能力。根据调查,山东省农户首个外出农民工城市务工状况具有以下特点:

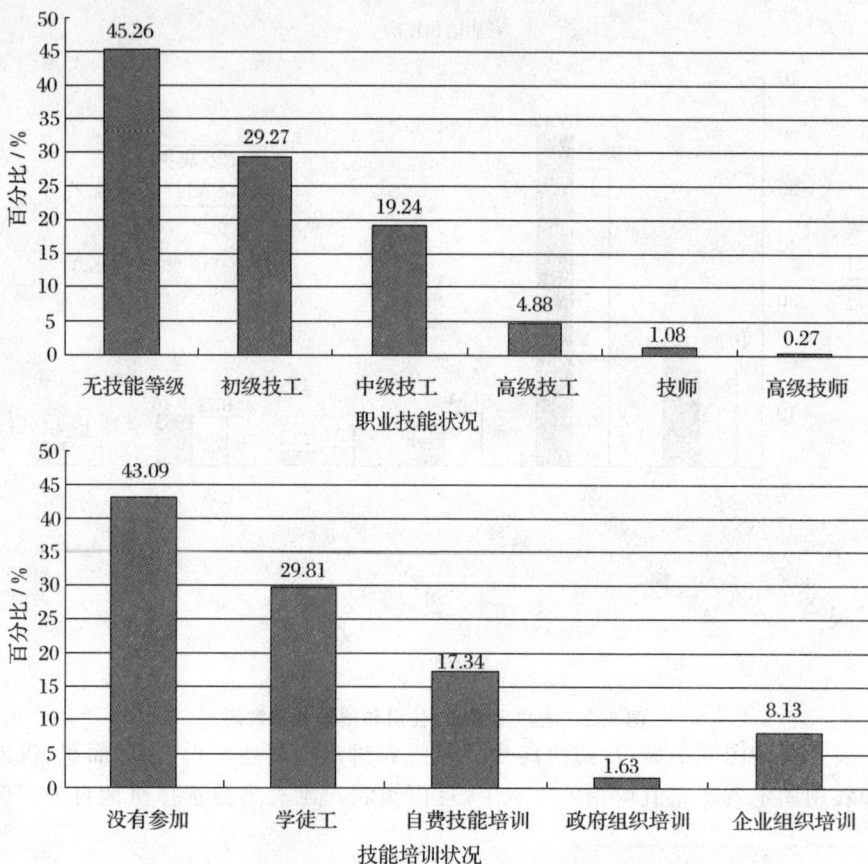

图5.3 首个外出农民工职业技能和技能培训状况

1. 初中以上文化程度农民工的比例提高,但职业技能较低,正规培训不足,近半数农民工无农业生产技能。调查显示,农民工多数接受了九年义务教育,初中以上文化程度的比例占到80%,特别是新生代农民工中,高中、中专和大专以上文化程度比例占60%以上。首个外出农民工都是家庭中文化层次中上层的成员,在家庭迁移决策中,他们是被认为最有能力在城市生存、稳定下来的成员。但是,这些农民工有45.26%的无职业技能等级,43.09%的没有参加过任何正规技能培训;有29.27%的为初级技工,29.81%的以学徒工形式接受技能培训(图5.3)。据中国劳动力市场网的统计,城市劳动力市场中需求量最大的是受过专门职业教育、具有一定专业技能的中专、职高和技校水平的劳动力,占总需求的60%左右[①]。而初次离乡户首个外出农民工的职业技能与城市就业市场对专门技能人才的需求仍然相去甚远。另外,随着新生代农民工成为农民工的主力军,首个外出农民工没有从事农业生产、无农业技能的比例越来越高。调查显示,有29.54%的农民工无农业生产技能,近半数的农民工从事农业生产2年以下。这说明虽然他们还属于农村,但实际上从离开学校后就进城务工,并不是真正的农民。他们离开农村进入城市后,一方面要求尽快寻找工作,并稳定下来,但自身技能的缺陷又不能使其就业率和工资水平能够长期稳定;另一方面,当城市就业困难而回流农村时,他们的农业生产技能缺失又会陷入两难境地。这种状态促进了农村无农业技能的劳动力入城,但又不得不考虑把农村的耕地、房产作为最后的生存保障。

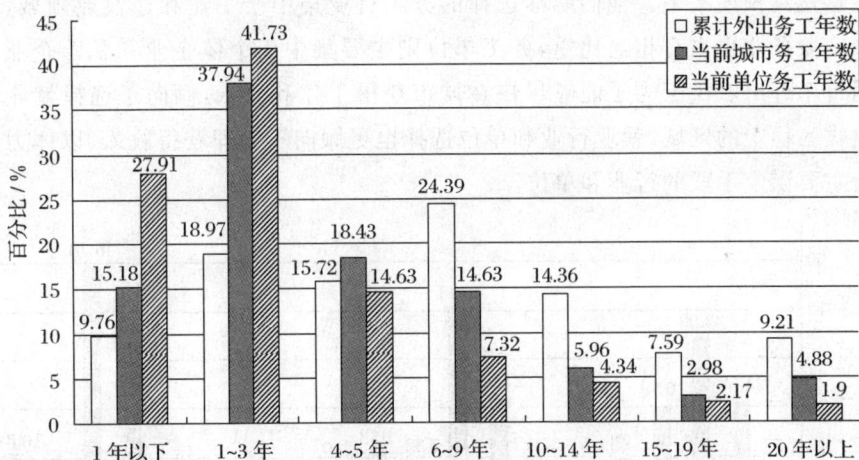

图 5.4 首个外出农民工外出务工年数

2. 累计外出务工时间以10年以内为主,且流动性较大,就业不稳定。由图5.4可知,初次离乡户累计外出务工时间主要集中在1~10年间,而在当前城市和当前单位务

---

① 金三林等.新生代农民工的主要特点和利益诉求[J].中国经济报告,2011(3).

工时间则主要集中在 3 年以下区间。这说明这些农户第一个外出的农民工的工作依然不稳定,在城市流动性较大。在这些农民工中,近 3 年有 49.32% 的变换过工作单位,近 1/4 的变换过 2 个以上的单位(图 5.5)。

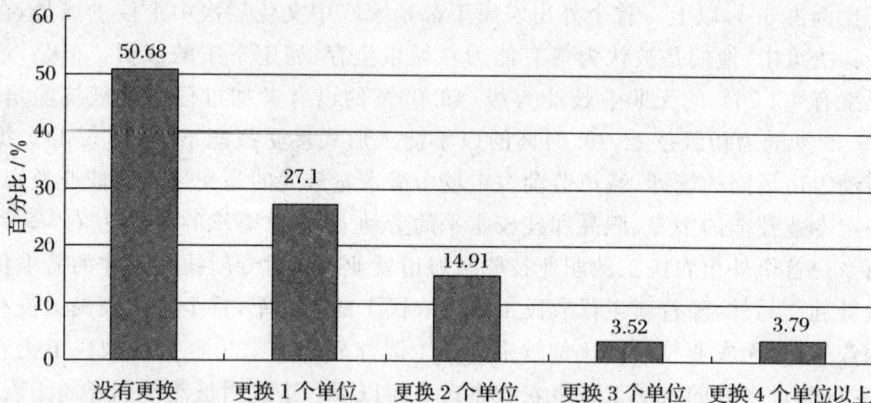

图 5.5 农户首个外出农民工近 3 年变换单位数量

3.务工地点、行业和务工单位较为集中(图 5.6)。从 2011 年山东省的调查看,首个外出农民工以地级市作为主要务工地点,省会(副省级)城市和县级市也是这些农民工主选的务工地点。他们认为这些城市离家不远,务工机会较多,且工资水平能够达到预期水平。他们能够选择的务工行业集中于工业和建筑业领域,餐饮和家庭服务业也占有相当比重,务工单位则主要集中于个体企业和私营企业。这说明首个外出农民工为了能够尽快在城市获得工作和收入,倾向于选择就业风险低但收入稳定的区域,就业行业和单位选择也更倾向于立即获得收入、以体力劳动作为主要谋生手段的行业和单位。

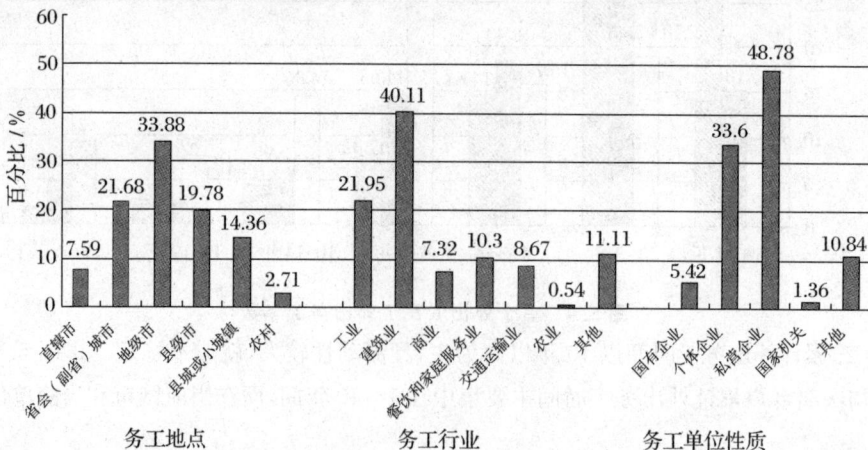

图 5.6 农户首个外出农民工务工地点、务工行业和务工单位分布

4.外出务工使家庭现金收入增加明显,但城市消费结构仍然比较落后。本节第二部分分析,家庭中首个外出农民工给家庭带来的收入增加不明显,但成本收益率提升较大。据调查,2011年首个外出农民工打工净结余11178.86元,其中储蓄或寄回家的现金9093.5元,自己仅留2千余元作为在城市进一步谋生和发展的风险储备。除此之外,他们每月生活支出仅为505.53元,食品支出最大,平均为203.67元,占消费支出的45.63%;居住支出平均为248.36元。两项支出均低于城市居民支出水平,也低于纯农村户农村生活水平。造成这种现象的原因,除了农民工自身收入水平低以外,还与农民工依然维持农村的生活习惯、未能完全适应城市生活有关。

5.独闯城市和利用社会亲情网络成为首个外出农民工的主要入城渠道。由图5.7可知,有47.51%的首次入城农民工是独自进城寻找工作机会的,有28.73%的是利用家庭中的社会亲情网络进入城市的。这说明,虽然这些初次离乡户已经决定派出成员进城务工,但是他们能够利用报纸、网络、街头广告等招聘信息,通过中介组织、企业农村招工、政府劳务组织等有计划、有目的进入城市的渠道较少。由于信息不完备,对城市就业缺乏合理预期,先在城市稳定下来才是他们迁移城市后的第一决策目标。

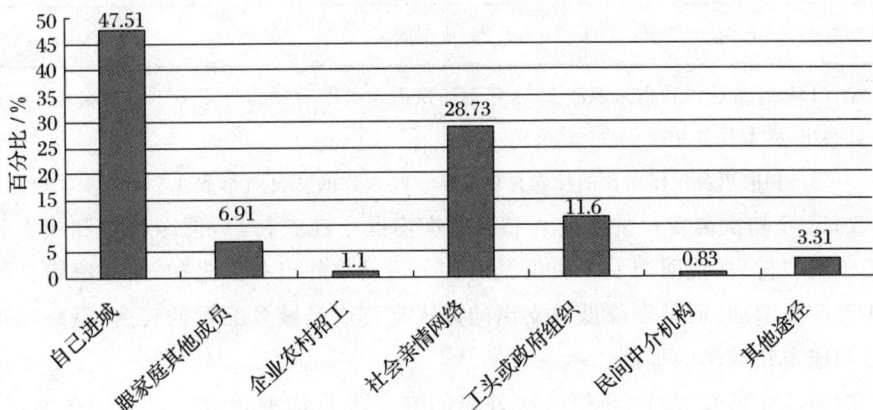

图5.7　农户首个外出农民工入城渠道分布

四、初次离乡农民工家庭成本—收入结构

本节选择2011年派出第一个劳动力外出务工的被访户(共计36户)进行分析(表5.3),将他们的成本—收入结构与表4.6、表4.7和表4.8中纯农村户和半迁移户的成本—收入结构对比分析。

表 5.3　　　　　　2011 年初次离乡被访户成本—收入结构　　　　　单位:元/户

指　　标	数　　值	指　　标	数　　值
城市务工收入	27000.96	农村生活成本	6865.23
城市就业率(%)	50.01	城市生活成本	6066.33
城市福利性收益	304.17	居住成本	2940.00
城市福利性收益获得率(%)	34.32	通讯成本	640.54
农村资产收入	67.16	医疗成本	1205.41
农村务工、务农收入	20937.50	教育成本	4334.46
农村福利性收益	270.71	其他成本	1860.00
农村福利性收益获得率(%)	62.97	流动成本	1025.68
其他收入	1068.24		
总收入	35850.94	总成本	24937.65
净收益	10913.29	成本收益率(%)	43.76

注:(1)该部分统计数据来源于 2011 年第一次派出首个劳动力外出务工的初次离乡户的数据计算得出,样本总量 36 户。

(2)与初次离乡户作对比的纯农村户成本—收入数据见表 4.6、表 4.7 和表 4.8。

2011 年初次离乡户的总收入和总成本均低于纯农村户,但净收益和成本收益率高于纯农村户,说明当农户决策派出首个劳动力外出务工之初,给家庭带来的收入并无明显增加,而是以降低总支出的方式支持成员城乡配置的转变,最终实现净收益和成本收益率的提高。

由表 5.3 可知,2011 年第一次外出的农民工月均务工收入 2250.08 元(年均27000.96 元),城市就业率仅为 50.01%,城市福利性收益获得率仅为34.32%,都低于半迁移户的平均水平;农村务工、务农收入、农村福利性收益水平及其获得率、其他收入则明显低于纯农村户水平,致使初次离乡户的收入水平不升反降,表明初次离乡户外出务工的劳动力城市务工收入和城市福利收益还不够稳定,也对家庭农村的生产、生活产生了影响。另外,初次离乡户较纯农村户,除城市生活成本、居住成本和其他成本提高外,其他成本均有不同程度的降低,其中农村生活成本降低41.08%,降低幅度最大,也说明初次离乡户为了扶持首个农民工城市居住生活,全家共同承担此次迁移投资,主动降低各类农村生活支出。该阶段正是家庭成员共同投资某一成员外出务工的契约安排阶段。

五、初次离乡农民工家庭城市环境与制度了解和应用状况

表 5.4　　　　被访初次离乡户城市环境与制度了解与应用程度汇总

指　　标	数值	指　　标	数值
确知各种保险含义比率	95.91%	法律维权作用评价均值*	5.57
企业为务工人员缴纳"三金"率	43.80%	劳务合同签订率	65.72%
愿意购买保险比率	54.09%	合同条款了解程度均值*	5.58
企业或政府负担50%,愿意购买保险比率	90.32%	合同条款修订率	14.63%
对"劳动法、工伤保险条例"等了解程度均值*	3.72	合同未修订时,合同条款公平性均值*	5.82
具有法律维权意识比率	80.23%	合同保护合法权益能力均值*	6.61
愿意用法律维权比率	72.02%	未签订合同时,就业权益保护信心均值*	4.84
城市总体环境评价均值*	5.55	城市政治环境评价均值*	5.17
城市经济环境评价均值*	5.77	城市文化环境评价均值*	5.18

注:调查的 * 类指标取值区间为[1,10],指标数值最优为10,最差为1。如合同条款了解程度指标,如果务工人员对合同条款非常了解取值10,完全不了解取值1。

　　首个农民工进入城市,使初次离乡户对城市环境和制度开始有了初步了解,其中一些制度在农民工中已经得到不同程度的应用。表 5.4 的调查数据显示,初次离乡户认为,城市环境处于中等偏上水平,其中城市的经济环境最好,也是家庭派出首个劳动力进城务工的原动力。他们对城市的各种保险制度较为熟悉,但企业为他们支付"三金"的只有 43.8%,自己愿意购买保险的也只有 54.09%,有 48% 的农民工因收入较低不能购买保险。但是如果企业或政府能够负担 50% 的保险支出,会有 90.32% 的农民工愿意购买保险。虽然初入城市的农民工有七成以上具有利用法律维权的意识和意愿,但对城市务工相关的劳动法、工伤保险条例等法律、法规了解较少,对法律维护自身合法权益的信心不足。除此之外,农民工与企业签订劳务合同的占 65.72%,其中修订过合同条款的占 14.63%。他们对劳务合同条款不甚了解,认为合同内容不够公平,因此与未签订劳动合同的农民工相比,劳动合同保护就业权益的信心提升不足。

六、初次离乡农民工家庭市民化意愿

　　参与本次调查的初次离乡户中,仅有 10.16% 的具有定居城市的意愿,有

77.3％的家庭认为户籍制度已经不是限制定居城市的主要障碍,而收入才是定居城市的最主要障碍(占82.15％)(图5.8),由于家庭中城市务工劳动力的收入水平在城市属于中下等水平,他们认为政府最需要为城市务工者提供的首先是提高最低工资水平,其次是改善城市的住房状况、工作生活环境和子女教育条件(图5.9)。决策定居农村的家庭,其决策主要根据是:农村生活安逸,压力小(占28.25％);消费水平低(占22.88％);农村人员熟悉,关系融洽(占21.47％)(图5.10)。决策定居城市的家庭,其决策主要根据是:城市教育条件好(占44.17％),生活条件好(占36.94％)(图5.11)。这说明初次离乡户因为务工收入较低,不能满足定居城市的收入要求,定居城市意愿不强,他们进城务工主要还是寻求较高的经济收益。

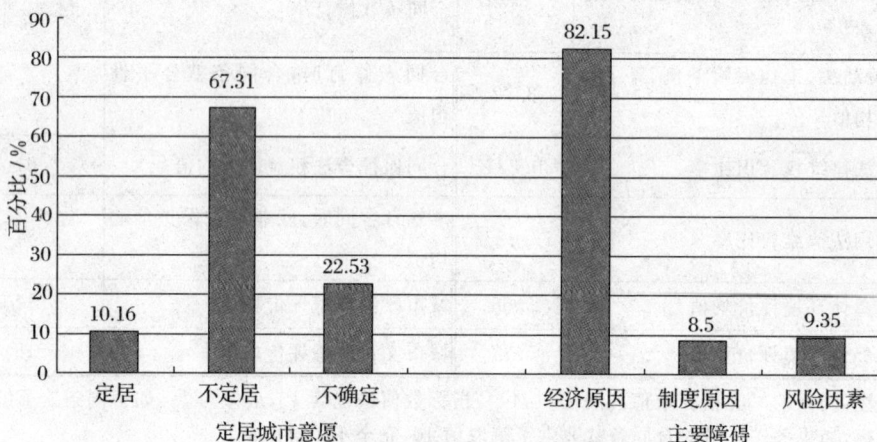

图5.8　初次离乡户定居城市意愿及主要障碍

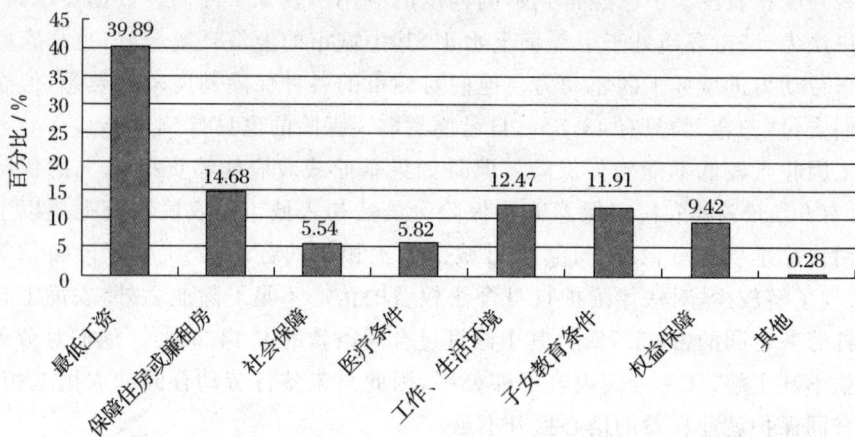

图5.9　初次离乡户希望政府为定居城市提供的保障

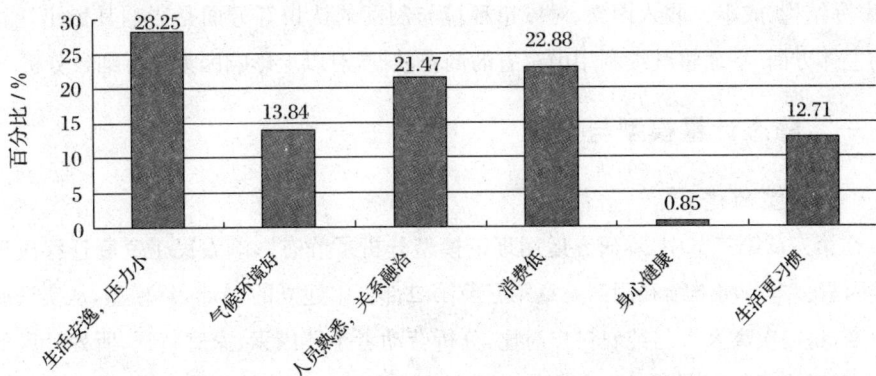

图 5.10　初次离乡户选择定居农村原因分布

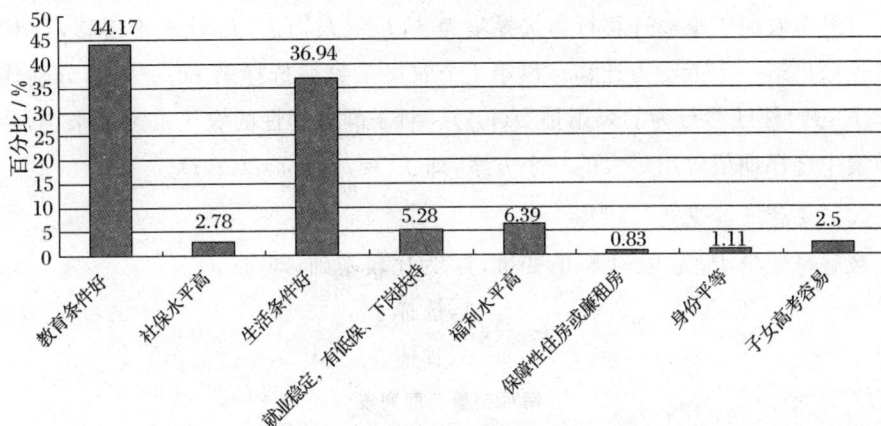

图 5.11　初次离乡户选择定居城市原因分布

可能是因为初次离乡户仅有一个农民工外出务工,对定居城市的层次缺乏全面的了解,对于为数不多的意愿定居城市的初次离乡户,定居的城市选择较为分散,主要选择县城或小城镇(占 28.88%)、省会或副省级城市(占23.33%)、地级市(占 18.33%),还有 9.17%的家庭认为在哪里打工就定居在哪里,1.94%的认为只要是城镇哪里都行。对于选择县城或小城镇的家庭,认为月结余要达到 4197.12元/户;选择地级市的家庭,认为月结余要达到 5750 元/户;选择省会或副省级城市的家庭,认为月结余要达到 7529.76 元/户。之所以初次离乡户仅有一成意愿定居城市,主要原因就是他们认为家庭月结余没有达到预期能够定居城市的水平。

第二节　农户初次离乡迁移决策的静态分析

基于上节对初次离乡户迁移状况的具体描述,首个外出农民工个体特征、家庭禀赋、家庭结构、成本—收入因素、对城市环境与制度的认识等方面是影响其做出迁移决策的主体方面,下面将继续利用山东省的调查数据,对以上影响因素进行细致分析。

一、静态计量模型与变量

(一)模型的建立

在第三章第三节中,本研究运用理论模型分析了静态影响农民工家庭迁移决策的四类因素。本节将继续利用第三章第三节第二部分中建立的 Logistic 模型,从实证研究的角度,将初次离乡户与纯农村户对比,分析劳动者个体因素、家庭特征、所处社区的因素、宏观环境与制度因素对作出家庭内首个劳动力迁移决策的影响。首先,需要对第三章第二节第二部分模型的选择集作如下调整。

设静态农民工家庭迁移行为选择集为 $J,J=\{J_0,J_1\}$,J_0 代表不迁移,J_1 代表决策先派出第一个劳动力迁移。设第 i 个农民工家庭选择第 $j(j=0,1,$ 分别代表选择 J_0,J_1)种迁移行为的效用是 $U(i,j)$。对于静态理性的农民工家庭来说,会在选择集中选择期望效用最大的一个方案,即 $J_i^*=\arg\max_{j=0,1}U(i,j)$。

(二)变量及其说明

被解释变量 P_{ij} 为 $0-1$ 赋值变量,J_0 为比较基础,即

$$P_{i1}=\begin{cases}1,选择\ J_1,\\0,其他。\end{cases}$$

表5.5 解释变量选取列表

所属类别	解释变量名称	变量表示	解释变量含义及备注
家庭人力资源	家庭成员结构	x_1	劳动力比重(%)
家庭成本—收入	家庭农村经营收入	x_2	人均农村主营总收入(元)
	家庭人均支出	x_3	人均月支出(元)
	教育支出	x_4	家庭年教育支出(元)
	医疗支出	x_5	家庭年医疗支出(元)
家庭农村资产	农村资产处置意愿	x_6	保留=1,有偿流转或出租=2,入城无偿或有偿放弃=3,置换城市不动产=4,其他=5
城乡社区环境	农村社区福利性收益	x_7	家庭年农村社区福利性收益(元)
城市环境与制度评价	城市环境总体评价	x_8	非常差=1,比较差=3,中等=5,比较好=8,非常好=10

本部分的计量分析采用2012年初山东省抽样调查数据,其中选取初次离乡户

370 户,纯农村户 392 户。共选取 37 个解释变量对被解释变量予以分析,其中家庭人力资源类 6 个,家庭成本—收入类 11 个,家庭农村资产类 7 个,农村社区环境类 4 个,城市环境与制度评价类 7 个,市民化与定居意愿类 2 个。对以上解释变量,首先,采用 SPSS19.0 对各变量标准化处理,消除量纲的影响。进行主成分分析;提取初始特征值大于 1 的作为主成分,得到主成分得分矩阵,将得分矩阵与标准化后的原始数据相乘得到主成分因子矩阵。然后,将主成分因子矩阵列向量作为 Logistic 回归的主成分解释变量。采用逐步回归的方法剔除不显著解释变量,确定表 5.5 中的 8 个主成分解释变量对农民工家庭的首个劳动力迁移决策进行分析。

二、计量结果及其讨论

这里以 J_0 作为比较基础,对农户的初次离乡迁移决策选择进行计量分析,估计结果见表 5.6。

表 5.6　　　　　　　初次离乡迁移决策的离散 Logistic 模型结果

解释变量	系数 B	显著性 Sig.	Exp (B)	解释变量	系数 B	显著性 Sig.	Exp (B)
x_1	0.149	0.000	1.161	x_6	0.317	0.000	1.373
x_2	−0.182	0.000	0.833	x_7	−0.233	0.000	0.792
x_3	−0.157	0.000	0.854	x_8	0.196	0.000	1.216
x_4	−0.357	0.000	0.700	−2 Log−Likelihood		837.021	
x_5	−0.185	0.030	0.831	Nagelkerke R^2		0.433	

表 5.6 显示,家庭成员结构、家庭农村经营收入、家庭人均支出、家庭大额支出中的教育支出和医疗支出、农村资产处置意愿、农村社区福利性收益、城市环境总体评价对农户首个劳动力进城务工决策影响显著,具体表现在:

1.家庭成员结构对首个劳动力迁移决策有正向影响,表明家庭劳动力比重较大,赡养老人和抚养子女的负担较轻,或者成长为家庭劳动力的子女数量较多的农户,更易做出首个劳动力外出务工决策。

2.家庭农村经营收入、家庭人均支出、教育支出和医疗支出等家庭收支因素对首个劳动力迁移决策均有负向影响。根据 Stark[1] 投资组合理论关于通过调整家庭成员在不同劳动力市场上的分布,以消除或减缓家庭收入降低的论断,当家庭农

---

[1]　Stark O. Migration in Less Development Countries: Risk, Remittances and Family [J]. Finance and Development,1991(4):431−452.

村经营收入降低时,农户会主动调整家庭成员配置,派出首个劳动力外出务工。但调查数据显示,首个劳动力迁移户虽然有一个成员外出务工,较纯农村户相比,家庭总收入水平并没有增加,反而下降,原因是他们在城市务工工资水平较低,且就业概率较低。这种现象引发首个劳动力迁移户为了扶持家庭成员外出,会主动降低家庭人均支出水平,这也正是 Stark[1] 契约安排理论中描述的迁移初期,通常是家庭成员向迁移者提供资助,帮助迁移者适应新的环境的"自愿契约";另据调查显示,首个劳动力迁移户中,子女已经成为青壮年劳动力的比例较高,家庭教育支出和医疗支出会相应有所减少。

3.农村资产处置意愿(主要表现为农村耕地和房产处置意愿)对首个劳动力迁移决策的影响最大,且是正向的。也就是说,如果农户的耕地能够采取有偿流转、入股分红,甚至给城镇户口,可无偿或有偿放弃;如果房产能够有偿转让,甚至置换城镇住房,定居到城市的意愿和能力会增强,进而使得农户产生首个农民工的概率大大增加。

4.农村社区福利性收益对首个劳动力迁移决策有负向影响。农户农村社区福利性收益的丧失,并没有降低外出务工决策的发生,相反却提高了首个劳动力迁移的发生概率,原因是农村社区福利性收益在农户家庭收支中比重较低,一旦农户外出务工成员失去农村社区福利,对其继续外出务工并无显著影响,相反可能会刺激他们利用外出务工收入填补这一部分损失。

5.城市环境总体评价,包括对政治、经济和文化各领域环境的评价对首个劳动力迁移决策的影响是正向的。通过对首个劳动力迁移户调查显示,城市总体环境较好,有利于家庭成员城镇生活、就业,会作出迁移决策。而这种城市环境总体评价对家庭的影响,也主要体现在家庭支出领域,特别是城市生活支出(主要是食品支出和居住支出)是否会因城市环境变动而大幅增加。

第三节　农户初次离乡迁移决策的动态分析

本节研究将分为两个部分:一部分分析从农民工家庭一个生命周期开始到派出首个劳动力外出务工的时间间隔(即初次离乡迁移事件史),以及与该段时间相关的影响因素;另一部分是从动态演进的角度分析农户往期成员特征和家庭特征因素对当期首个劳动力迁移行为的影响。

---

① Stark O. Migration in Less Development Countries: Risk, Remittances and Family [J]. Finance and Development,1991(4):431－452.

一、农户初次离乡迁移行为动态演变分析

（一）动态计量模型与变量

1.动态计量模型与因变量。本阶段的考察对象是农民工家庭从家庭成员结构稳定到派出首个农民工的时间间隔（简称初次迁移间隔）及其决定因素。时间段的起点是农户一个生命周期的开始（由第三章第四节定义为农民工家庭夫妻双方结婚生子，家庭成员结构不再发生变动开始）。由于调查收集数据的限制，本部分以农户户主夫妻结婚年份作为实际计量时间的起点，从夫妻结婚到家庭成员结构稳定的时间间隔不再单独计量（家庭成员结构稳定一般在婚后3年左右）。因此，初次迁移间隔是从农户户主夫妻婚后，到家庭首个劳动力外出务工之间的时间间隔。在农户首个劳动力迁移动态分析中，初次迁移时间间隔长短无疑是考察家庭迁移决策的重要指标。

关于农民工家庭成员迁移时间间隔分析，本研究采用事件史分析方法中的Cox比例风险模型，将一个农户初次迁移时间间隔作为因变量，农户户主婚后首个劳动力迁移年份作为家庭迁移的指示变量，考察首个农民工外出务工的动态迁移行为。在统计模型中，首个农民工迁移年份设为虚拟变量，表示在户主夫妻婚后每一年首个农民工迁移的发生状况。如果婚后某一年没有发生农民工迁移事件，那么该变量赋值为0；如果发生了农民工迁移，则赋值为1[①]。

本部分的计量分析继续采用2012年初山东省抽样调查数据，对登记首个农民工迁移人年记录的694户农民工家庭进行分析，其中半迁移户504户，举家迁移未定居户115户，举家迁移定居户75户。

2.自变量。

(1)年代变量：为了反应不同时期对农民工家庭初次迁移时间间隔的影响，统计模型引入反映时期特征的年代变量。由于首个劳动力迁移年份在1988年前的被调查户数据较少，该年代变量将1988年及以前的年份划为一组，并以2011年首个劳动力迁移的被调查户作为参照组，用以反映1988～2010年农民工家庭首个劳动力迁移的变化趋势。

(2)首个迁移劳动力的个人特征变量：模型中主要引入随考察年份变化而变化的时变变量，即迁移时劳动力的年龄和已迁移年限。

(3)家庭特征变量：经过统计模型反复筛选，引入的家庭特征因素包括家庭类型〔0为半迁移户（参照组），1为举家迁移未定居户，2为举家迁移定居户〕、迁移成员代际〔0为第一代家庭成员迁移（参照组），1为第二代家庭成员迁移〕、家庭成员

---

① 如果农民工在婚前已经外出务工，则在农户户主夫妻结婚年份赋值1。

总量、劳动力比重(劳动力数量/成员总量)、家庭成员平均年龄、人均耕地面积和人均年支出。

根据以上自变量定义,提出两个统计模型:模型一、仅分析年代变量,目的是分析初次迁移时间间隔随年份变动趋势;模型二、在所有自变量定义基础上分析。因此,模型一嵌套于模型二中(见表5.7)。

表 5.7 初次迁移时间间隔的 Cox 比例风险模型计量结果

	模型一			模型二		
	系数 B	显著性 Sig.	Exp (B)	系数 B	显著性 Sig.	Exp (B)
年份(以 2011 年为参照)						
1988 年及以前	1.896	0.000	6.662	5.492	0.000	242.762
1989	0.589	0.087	1.803	4.551	0.000	94.744
1990	2.180	0.000	8.849	4.888	0.000	132.698
1991	2.036	0.000	7.657	4.922	0.000	137.322
1992	1.756	0.000	5.788	4.437	0.000	84.552
1993	0.698	0.064	2.010	4.108	0.000	60.809
1994	1.184	0.001	3.268	3.885	0.000	48.644
1995	1.670	0.000	5.314	3.826	0.000	45.895
1996	0.876	0.004	2.402	2.581	0.000	13.214
1997	1.200	0.000	3.319	3.284	0.000	26.691
1998	1.065	0.000	2.901	2.962	0.000	19.336
1999	0.365	0.311	1.441	1.068	0.093	2.909
2000	0.706	0.003	2.026	2.263	0.000	9.613
2001	1.217	0.000	3.376	2.478	0.000	11.914
2002	0.683	0.012	1.980	1.746	0.000	5.731
2003	0.916	0.000	2.500	1.862	0.000	6.435
2004	0.606	0.023	1.834	1.377	0.001	3.963
2005	0.244	0.324	1.277	1.079	0.003	2.943
2006	0.284	0.285	1.328	1.217	0.000	3.378
2007	0.025	0.920	1.025	0.013	0.966	1.013
2008	0.083	0.733	1.086	0.682	0.015	1.977
2009	−0.147	0.539	0.863	0.561	0.033	1.752

（续表）

	模型一			模型二		
	系数 B	显著性 Sig.	Exp（B）	系数 B	显著性 Sig.	Exp（B）
2010	−0.048	0.848	0.953	0.276	0.293	1.318
首个迁移劳动力的个人特征						
迁移时年龄				−0.599	0.000	0.549
已迁移年限				−0.119	0.007	0.888
家庭特征						
家庭类型				−0.121	0.067	0.886
迁移成员代际				−2.276	0.000	0.103
成员总量				−0.331	0.000	0.718
劳动力比重				−0.150	0.001	0.861
成员平均年龄				−0.671	0.000	0.511
人均耕地面积				−0.138	0.001	0.871
人均年支出				−0.106	0.016	0.899
−2 倍对数似然值	7565.054			7011.597		
卡方	727.717			756.915		
自由度	23			33		
显著性	0.000			0.000		

（二）计量结果及其讨论

1. 农户初次迁移时间间隔的变动趋势。表 5.7 的模型二中年代变量的回归系数显示,从 1988 年到 2010 年,农民工家庭初次迁移时间间隔风险率逐步降低,表明从上世纪 80 年代末发展到今天,农民工家庭从户主结婚到首个劳动力外出务工的时间间隔逐步延长。模型一的回归系数显示,1988～2010 年农户初次迁移时间间隔的变动趋势分为三个阶段。1988～1991 年为第一阶段,该阶段初次迁移时间间隔风险率最高,迁移时间间隔最短。这个阶段正是中国农民工逐步从本地乡镇企业转向城市二、三产业就业的转折时期,大量农民工在婚前或婚后立即进入城市务工。调查显示,有 19.16％的被访户在婚前或结婚当年派出首个劳动力进城务工,另有 10.37％的被访户在婚后 4 年内派出首个劳动力外出务工。1992～2003 年为第二阶段,该阶段初次迁移时间间隔总体延长,略有波动。该阶段是中国出现"民工潮"的时期,1991 年以前已经外出的农民工务工收入持续、稳定增长,使得原纯农村户也加入到城市务工的大军中,导致初次迁移时间间隔延长;相反,在该阶段新诞生的农户也迅速加入到城市务工队伍中导致初次迁移时间间隔缩短。两类农户共同作用的最终结果是初次迁移间隔总体延长,略有波动。2004~2010年为第三阶段,初次迁移时间间隔风险率最低,迁移时间间隔进一步延长。该阶段正处于中国农民工"总量过剩、结构短缺"的"民工荒"时期,农民工家庭第一代农民工逐步从城市劳动力市场退出,使得该阶段首个迁移劳动力往往是以第二代家庭成员为主,但他们中间还有相当比例的新生代农民工没有从第一代农民工家庭中独立,因此从第一代户主结婚计算的迁移时间间隔相应增加。

2.首个农民工个人特征对初次迁移时间间隔的影响。表5.7显示,迁移时农民工年龄每增加1岁,初次迁移时间间隔风险率下降45.1%,说明迁移时年龄越大,从家庭成立到初次迁移时间间隔越长。

以2011年为截止时间,首个农民工已迁移年限较长的农民工家庭,初次迁移时间间隔相应也较长。这与理论的解释完全相反。理论上已迁移年限较长,则从家庭成立到初次迁移时间间隔相应会缩短。调查显示,之所以与理论解释相反,主要与农民工家庭代际迁移有关。像上世纪八九十年代完成初次迁移的第一代农民工家庭成员,虽然已迁移年限较长,但初次迁移时间间隔平均为9.18年,而2004年之后完成初次迁移的多为家庭中的第二代成员或第二代农民工家庭,他们已迁移年限较短,初次迁移时间间隔也较短,平均仅为1.08年。因此,已迁移年限和迁移时间间隔同向变化,反映出农民工家庭从上世纪第一代向本世纪第二代演变的过程。

3.家庭特征因素对初次迁移间隔的影响。

(1)家庭类型并没有显示出对初次迁移间隔产生显著影响,表明举家迁移户较半迁移户在首个农民工迁移方面并没有显示出更短的初次迁移时间间隔,也说明举家迁移甚至定居城市的农民工家庭在迁移初期并无任何迁移优势。

(2)迁移成员代际对初次迁移时间间隔影响显著。调查显示,家庭第一代成员作为首个农民工迁移演变为第二代成员作为首个农民工迁移,使得初次迁移时间间隔相应增加,均值从9.18年增加到23.08年。但是,由于初次迁移间隔中包含第二代家庭成员成长为劳动力的时间,因此实际是第二代成员初次迁移时间间隔要短于第一代成员初次迁移。这一点也可以用两代成员初次迁移时的年龄得到证实,第一代家庭成员初次迁移时的年龄均值为32.54岁,第二代家庭成员初次迁移时的年龄均值为20.89岁。

(3)劳动力比重较大的农民工家庭,初次迁移间隔较长。这也与理论的解释不一致。理论上,劳动力比重较大的农民工家庭,更容易派出劳动力外出务工,初次迁移间隔应较短。但实际调查显示,劳动力比重较大的农民工家庭一般是子女已经成长为第二代劳动力的时期,此时无论是第一代成员还是第二代成员首次外出务工,从第一代户主结婚算起的迁移时间间隔势必会有所增加。而在此之前是家庭成员总量较大,但未成年子女负担较重的时期。表5.7显示,家庭成员总量较大的农民工家庭初次迁移间隔较长,成员总量较大的原因主要是赡养老人和未成年子女的数量较大,家庭负担较重,家庭劳动力必须以照顾和为继家庭生活为第一要务,影响到初次迁移的时间,相应初次迁移时间间隔增加。

(4)人均年龄较大的农民工家庭,初次迁移间隔较长。这与1988～2010年农民工家庭初次迁移时间间隔的变动趋势和迁移时年龄越大初次迁移时间间隔越长的论断是相一致的,在此不再赘述。

(5)人均耕地面积较大的农民工家庭,初期迁移间隔较长。这说明原籍家庭人均耕地面积越小,派出首个劳动力外出务工的时间间隔越短;反之,则时间间隔越长。耕地面积的大小反映了家庭农村经营收入的多少和土地保障家庭基本生活能力的大小,或者说是家庭在农村所受到的"收入约束"以及社会保障不健全条件下的"社保供给约束"。

(6)人均年支出较大的农民工家庭,初次迁移间隔较长。这也与理论的解释不一致。理论上,人均年支出较大的农民工家庭,要通过劳动力外出务工补偿家庭支出的增长,初次迁移间隔应较短。实际调查显示,农民工家庭在成立之初,既没有赡养老人负担,也没有抚养子女负担,人均年支出较小;但当发展到既要赡养老人又要抚养子女的家庭生命周期中期,养老、医疗、教育等大额支出逐步增加,人均年支出也随之增加,外出务工才真正成为家庭补偿支出增加的被动反映,此时初次迁移时间间隔随之拉长。

二、农户初次离乡迁移决策动态影响因素分析

(一)模型修正与数据来源

为了从动态演进的角度分析农民工家庭往期成员特征、家庭特征对当期作出初次迁移决策的影响,本节采用第三章第五节第二部分引入的动态面板数据模型。

首先对第三章第五节第二部分模型关于农民工家庭迁移行为选择集作局部调整如下:

设农民工家庭本期(设为0期)迁移行为选择在 J 选择集中的 j 状态的概率为

$$\Pr(y_{i,0}=j\mid x_i)=p_{i,0,j}(x_i)$$

式中:i 代表农民工家庭;$j=0,1$,分别代表选择 J_0、J_1,J_0 为纯农村户;J_1 为初次离乡户;x_i 代表 M_i、H_i,即代表该农民工家庭主要成员(一般是户主)的个体特征、家庭整体特征等可观测特征的集合,并假定其他不能观测的家庭异质性特征忽略不计。

本部分的计量分析采用的数据来源于2006～2011年山东省农户跟踪调查数

据,涉及每年的农户样本数为 203 个。这些农户在 2006～2011 年具有的共同迁移行为是先后都有家庭派出首个劳动力外出务工。

(二)变量及其说明

被解释变量为农民工家庭初次迁移行为选择,形成了选择集{纯农村户,初次离乡户},表示为{0,1}。

解释变量包括滞后期迁移行为选择类型(分别记为:J_0 选择 0,J_1 选择 1)、滞后期家庭收入增长率(x_1)和家庭特征变量。家庭特征变量又包括人均耕地面积(x_2)、农用固定资产原值(x_3)、人均受教育年限(x_4)、家庭医疗支出(x_5,代表家庭成员健康状况)、户主年龄分段离散变量。年龄分段离散变量是按照区间分段统计方法统计的,分为五个年龄段,即 30 岁以下、31～40 岁、41～50 岁、51～60 岁、61 岁以上,采取以 30 岁以下年龄段为参照类的年龄离散变量(各离散变量分别记为 x_6、x_7、x_8、x_9)

(三)计量结果及其讨论

根据第三章第五节第二部分设定的动态面板离散选择模型和前述对模型的修正,选取以上因变量和标准化处理后的自变量进行估计,计量结果见表 5.8。

表 5.8　　　　　初次离乡迁移决策的动态面板数据离散选择模型结果

解释变量	系数估计	解释变量	系数估计
滞后选择 J_0	-2.475^{***}	x_5	0.163
滞后选择 J_1	-1.136^{***}	x_6	-0.579
x_1	-0.943^{***}	x_7	-0.416^{*}
x_2	-0.616^{*}	x_8	-0.817^{**}
x_3	-0.289^{**}	x_9	-1.643^{***}
x_4	1.064^{***}		
$-2\,Log-Likelihood$　8027.133		Nagelkerke R^2　0.463	

注:参照类为当期选择 J_0,*、* * 、* * * 分别表示在 10%、5%和 1%显著性水平。

表 5.8 的计量结果表明:

1.农户家庭上期无论是否存在初次离乡选择均对现期初次离乡决策产生负向影响。这说明:一方面,对于以往是纯农村户而言,只要家庭农村生产、生活稳定,收入稳定,不会推动首个劳动力到对就业环境一知半解、风险较大的城市务工;另一方面,即使前期已经派出首个劳动力外出务工,由于该劳动力还没有获得城市稳定的工作和稳定的收入,只要家庭环境和农村环境对家庭农村经营有利,是不能推动首个劳动力继续外出务工的,在后期很有可能会回流农村。

2.农户家庭上期收入增长率对现期选择初次离乡决策产生负面影响。从家庭收入的动态演变趋势看,在其他环境不变的条件下,上期农户农业的经营状况相对改善,农户农业收入状况良好,会阻碍农户派出首个劳动力外出务工。

3.农户家庭特征方面,农用固定资产原值对现期初次离乡决策产生负面影响。这说明拥有较多农业经营性资产的农户,更倾向于从事农业生产劳动,派出首个劳动力外出务工仅仅是家庭农业生产收益外的补充,真正长期从事城市非农就业的倾向不强。

4.人均受教育年限对现期初次离乡决策产生正面影响,户主在50岁以上的农户更倾向于从事农业生产,对初次离乡决策产生负面影响。这表明家庭人力资本存量较高的农户,更有利于提高城市就业率,更有利于获得稳定的外出务工收入,但当年龄超过城市务工的黄金年龄时,城市就业率随之下降,城市务工风险随之上升,最终回流农村成为高龄农民工的最终归宿。

综合起来,表5.8的结果明确表明,前期为纯农村户和存在首个农民工的农户对当期派出或继续派出首个农民工从事非农生产都产生负面影响。家庭经营更多地还是依赖农业生产,农用生产性资产储备较多,风险较低,预期收益稳定;而城市非农就业领域存在众多不确定性,就业风险较高,预期收益不稳定,年龄较大的农户尤为如此。因此,农户预期收入增长与迁移行为选择形成互动,在城市预期收入增长不稳定条件下,迁移行为选择更多倾向于不迁移;在已经选择初次离乡迁移行为条件下,实际务工收入不稳定,迁移行为最终选择更倾向于回流农村。

第四节 本章小结

从初次离乡户迁移状况各方面分析,户均规模较纯农村户小,且非劳动力比重较小,家庭负担轻,有利于做出首个劳动力外出决策。但从两类家庭的对比看,初次离乡户收入虽没有显著增加,但总成本却显著降低,导致净收益增加,成本—收益率提高。虽然初次离乡户有将农村宅基地、住房和耕地进行市场化运作的意愿,但这些农村资产依然是该家庭预防城市务工风险的最终生存保障。从首个外出务工的成员分析,初中以上文化程度占多数,但专业技能水平较低,接受专业技术培训较少;他们在城市务工就业率较低,工作流动性大,稳定性差,对务工地点、行业和务工单位等没有过多的选择和考虑,最初决策目标仅仅是能最快在城市务工、最快赚取收入;首个农民工在城市务工显著提高了家庭现金收益水平,但在城市的消费水平依然维持在农村水平上;他们入城务工的途径主要还是自发和盲目地独自入城或利用社会亲情网络入城,城市就业市场信息渠道不太通畅。从初次离乡户对城市环境和制度的认识分析,他们认为城市环境处于中等水平,对社会保险和劳务合同等制度安排有一定认识和应用,但不太熟悉务工法律,对城市环境和制度保障其权益的信心不足。这使得初次离乡户仅有一成具有定居城市的意愿,收入水平不高成为制约定居城市的主要障碍。

通过农户初次离乡迁移决策的静态影响因素分析发现,家庭成员结构、家庭成本—收入因素、农村耕地和房产的处置意愿、农村福利性收益,以及包括政治、经济、文化环境在内的城市整体环境,都对农户做出初次离乡决策是有显著影响。其中,家庭成员结构对决策有正向影响,即家庭劳动力比重增大、扶养老人和子女负担减轻、已工作子女数量增加都有助于农户作出首个成员外出务工决策;家庭农村经营收入、家庭人均支出、教育支出和医疗支出对决策都有负向的影响;农户农村耕地和房产处置意愿对决策影响最大,且是正向的,但农户的耕地面积、宅基地和住房面积等资产性因素并没有对决策产生显著影响;农村社区福利性收益对决策有负向影响;城市整体环境,包括政治、经济和文化各领域对决策的影响是正向的。

利用山东省694户农民工家庭人年数据,考察从家庭成立到首个外出劳动力迁移的时间间隔,得到以下几点结论:山东省农民工家庭初次迁移时间间隔逐步拉长,并表现出明显的三阶段特征,而三个阶段的特征是与中国农民工流动的时期阶段和代际迁移密切相关的;首个农民工迁移时的年龄和已迁移年限的增加,都使得初次迁移时间间隔延长;家庭内成员代际、家庭成员总量、劳动力比重、家庭成员平均年龄、人均耕地面积和人均年支出的增加都使得初次迁移间隔延长。这些迁移者个人因素和家庭因素对初次迁移间隔的影响,除了反映出家庭成员结构和收支时间变动对初次迁移间隔的影响外,也集中反映出第一、二代农民工家庭和农民工家庭第一、二代成员的代际转化对初次迁移间隔的影响。

对2006~2011年山东省203个农户跟踪调查数据进行动态分析,得出结论:前期为纯农村户和存在首个农民工的农户对当期派出或继续派出首个农民工从事非农生产都产生负面影响。农户预期收入增长与迁移行为选择形成互动,在城市预期收入增长不稳定条件下,迁移行为选择更多倾向于不迁移;在已经选择初次离乡迁移行为条件下,若实际务工收入不稳定,迁移行为最终选择则倾向于回流农村。

第六章
城乡流动阶段农民工家庭迁移决策与迁移行为

农户产生首个农民工,也就成为真正意义上的农民工家庭。本章对农民工家庭在城乡间往返流动的迁移行为进行分析,主要研究农民工家庭如何能够增加包括劳动力和非劳动力在内的外出人员数量,分析其影响因素;从静态和动态分析影响农民工家庭实现举家迁移决策的影响因素。

第一节 农民工家庭城乡流动状况描述

从农户第一个农民工外出务工,农民工家庭成员就开始在城乡之间往返流动。这一阶段是农民工家庭城乡流动阶段,是农民工家庭成员既不愿意完全回流农村又不能定居城市的阶段。本节继续以山东省城乡户调查数据为基础,选取 565 户半迁移户和 130 户举家迁移未定居户对农民工家庭城乡流动行为进行分析,从家庭成员结构、家庭收支结构、农村生产(生活)变动、农民工城市务工(生活)状况、家庭成员城乡社区环境以及对城市环境与制度了解和应用状况等角度分析城乡流动阶段农民工家庭的迁移行为。

一、城乡流动农民工家庭成员结构

表 6.1　　　　　　　　被访农民工家庭成员结构统计　　　　　　　单位:人/户

家庭类型	成员数量	城市劳动力	农村劳动力	农村非劳动力	城市非劳动力	子女数量*	老人数量
半迁移户	3.65	1.39	1.12	0.65	0.48	0.96	0.17
举家迁移未定居户	3.20	2.01	0.00	0.00	1.19	1.14	0.05

注:* 包括未达到劳动年龄的子女和达到劳动年龄但不参加劳动的子女数量。

表 6.1 显示,举家迁移未定居户户均规模较半迁移户小,表现为举家迁移未定居户户均劳动力数量较半迁移户少 0.5 人/户,而非劳动力比重则略高,其中抚养

133

子女数量多 0.18 人/户。从家庭结构分析:一方面,虽然举家迁移未定居户劳动力数量较少,却带动了 1.19 个非劳动力随迁入城生活,随迁率为59.2%;而半迁移户用 1.39 个劳动力带动了 0.48 个非劳动力随迁入城,随迁率为34.53%,可见举家迁移未定居户城市务工、生活能力更强;另一方面,半迁移户赡养老人数量较多,且老人多不习惯城市生活,有可能迫使半迁移户必需留下一部分劳动力在农村,限制半迁移户随迁率的提高。

二、城乡流动农民工家庭农村资产状况

表 6.2 和图 6.1 显示,举家迁移未定居户较半迁移户,宅基地面积、住房面积、耕地面积和农用固定资产总值均有不同程度的减少。这些农村资产减少显示出举家迁移未定居户逐步放弃农村生产经营的趋势。从农村耕地的经营状况更能说明这一点。2011 年80.88%的半迁移户耕地自己耕种,但79.22%的举家迁移未定居户选择由亲友代种、转租或其他灵活的流转方式,不再从事农业经营,但其转租租金略低①。从图 6.2 可知,如果农户能够选择迁移城市,选择希望保留农村的宅基地和住房的家庭仍然维持在 70%左右;同样,虽然有部分家庭选择耕地有偿流转方式处置,但希望保留这些耕地的家庭依然维持在 75%以上。这再次反映出农村耕地、宅基地和房产作为规避农民工家庭迁移风险的最后保障载体作用。

表 6.2 被访农民工家庭农村资产状况(截至 2011 年末)

指　　标	半迁移户	举家迁移未定居户	指　　标	半迁移户	举家迁移未定居户
宅基地面积(亩)	0.71	0.69	耕地面积(亩)	3.89	2.10
住房面积(m²)	113.72	106.02	转租耕地年租金(元)	343.87	313.88
宅基地、住房总值(万元)	7.41	7.24	农用固定资产总值(元)	10486.73	8257.69
意愿住房年租金(元)	1420.88	1534.62			

① 举家迁移未定居户耕地租金低可以理解为租赁双方在信息对称条件下讨价还价的结果。承租方确切知道发租方举家迁移,不会自己种耕地,因此讨价还价的结果会比发租方意愿租赁价格要低。而半迁移户不会产生此现象。

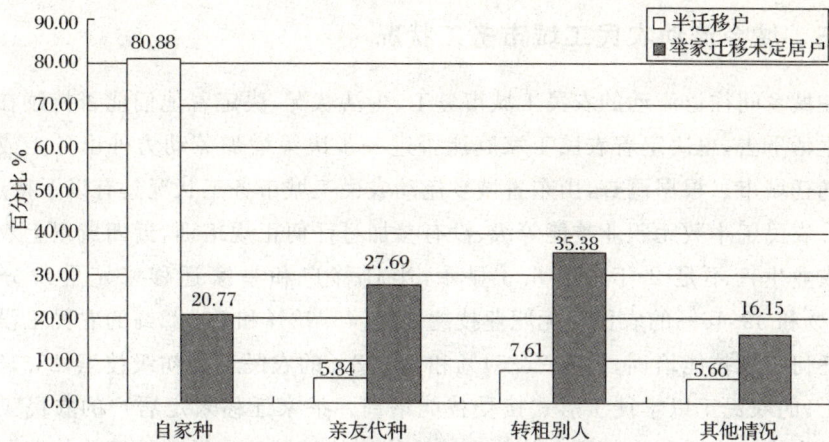

图 6.1　农民工家庭耕地经营类型

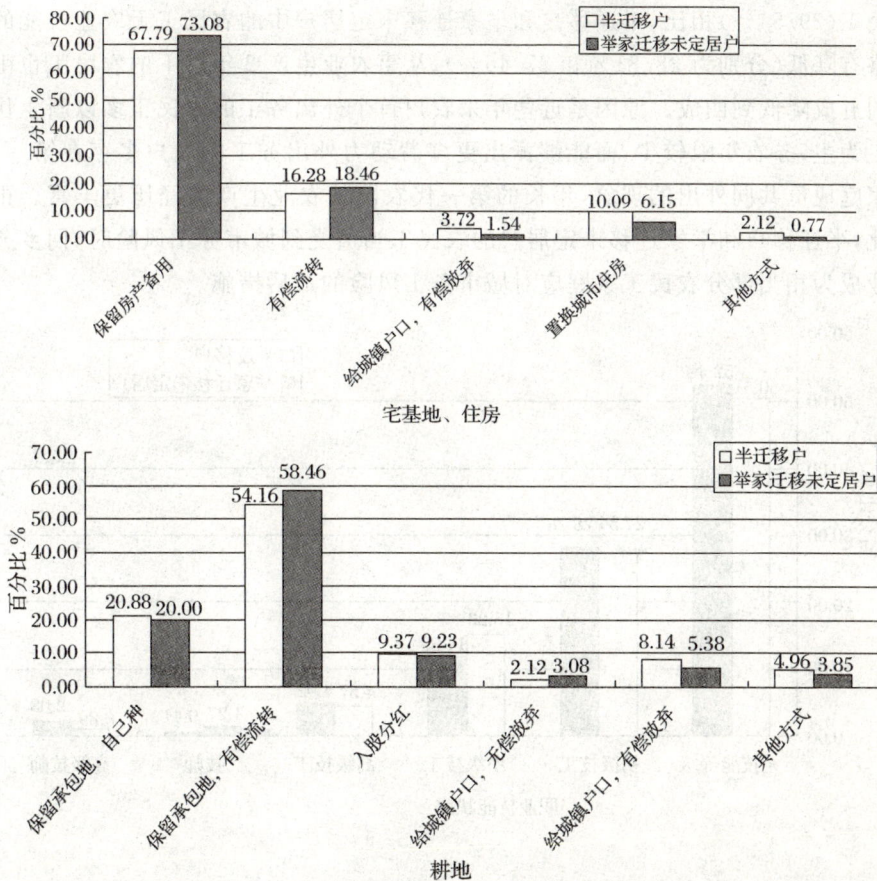

宅基地、住房

耕地

图 6.2　农民工家庭宅基地、住房和耕地处置意愿

三、城乡流动农民工城市务工状况

在城乡间往返流动的农民工城市务工、生活状况,决定着他们能否持续在城市工作生活下去,也决定着农民工家庭能否进一步决策增加劳动力外出务工或非劳动力随迁城市。根据调查,山东省城乡流动农民工城市务工状况具有以下特点:

1.农民工半数无职业技能等级、没有参加过任何正规培训,近四成以上农民工从事农业生产不足 2 年。图 6.3 显示,半迁移户和举家迁移未定居户分别有 50.51% 和 52.46% 的农民工无职业技能等级,48.98% 和 50.82% 的农民工没有参加过任何正规技能培训,另有 27.54% 和 28.28% 的农民工为初级技工,25.13% 和 21.72% 的农民工以学徒工形式接受技能培训。举家迁移未定居户的农民工并没有显示出优于半迁移户的职业技能和接受培训的经历。农民工的职业技能与城市就业市场对专门技能人才的需求仍然相去甚远。另外,较初次离乡户的首个外出农民工(29.54%)相比,半迁移户和举家迁移未定居户中的农民工无农业技能的比例略有降低(分别为 28.81% 和 27.46%),从事农业生产 2 年以下的农民工也由原来的五成降低到四成。原因是近些年来农户首个外出务工的农民工多以新生代农民工为主,务农年限较少,而能够派出更多劳动力外出务工的农户多存在第一、二代家庭成员共同外出的现象,年长的第一代农民工农业生产的经历更丰富。正因如此,半迁移户和举家迁移未定居户的农民工当遭受到城市务工风险时,回乡务农就业成为相当部分农民工家庭应对城市务工风险的最后措施。

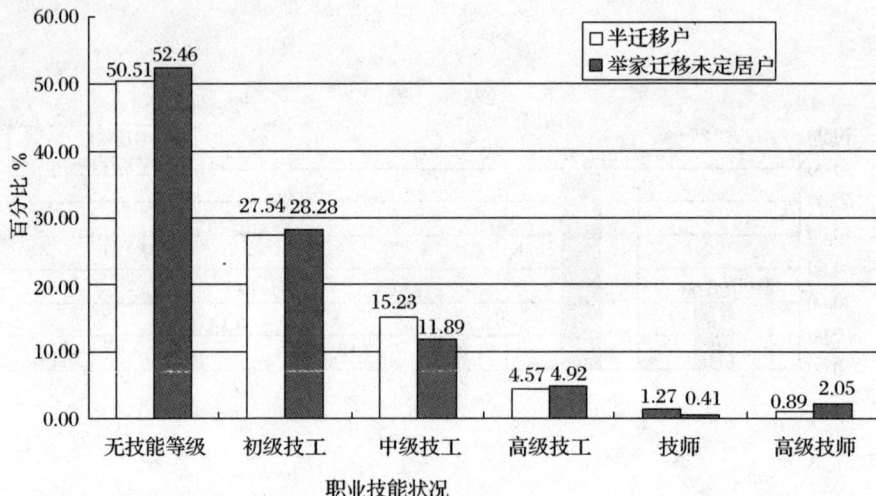

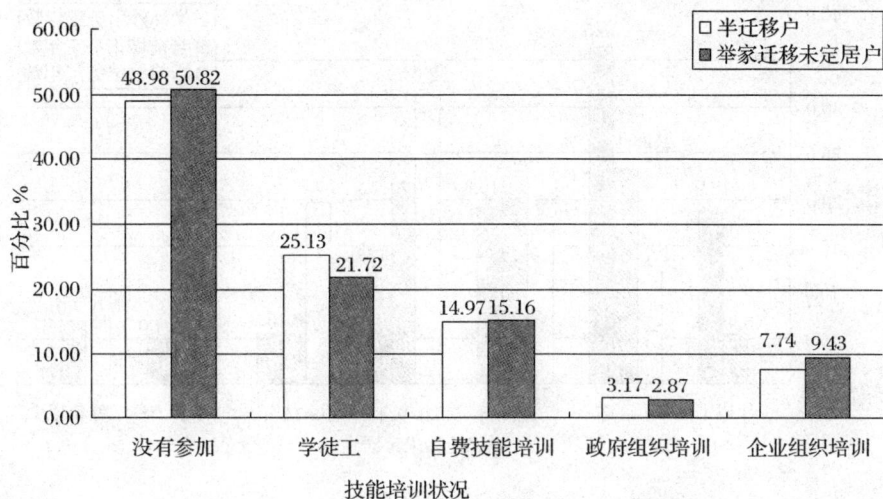

图 6.3　城乡流动农民工职业技能和技能培训状况

2. 累计外出务工时间仍以 10 年以内为主,举家迁移未定居户表现出就业逐步稳定的趋势。由图 6.4 可知,半迁移户累计外出务工时间主要集中在 1~10 年间,在当前城市和当前单位务工时间则主要集中在 3 年以下区间;举家迁移未定居户累计外出务工时间则主要集中在 4~14 年区间,在当前城市和当前单位务工时间超过 4 年以上的比例明显增加。近 3 年半迁移户的农民工有 56.2%的没有变换过工作,举家迁移未定居户的农民工则有 63.1%的没有变换过工作(图 6.5)。这说明半迁移户的农民工城市就业较农户首个外出农民工城市务工时间增加,但依然不稳定,流动性较大;举家迁移未定居户则表现出在城市务工时间更长、就业更稳定的特点。

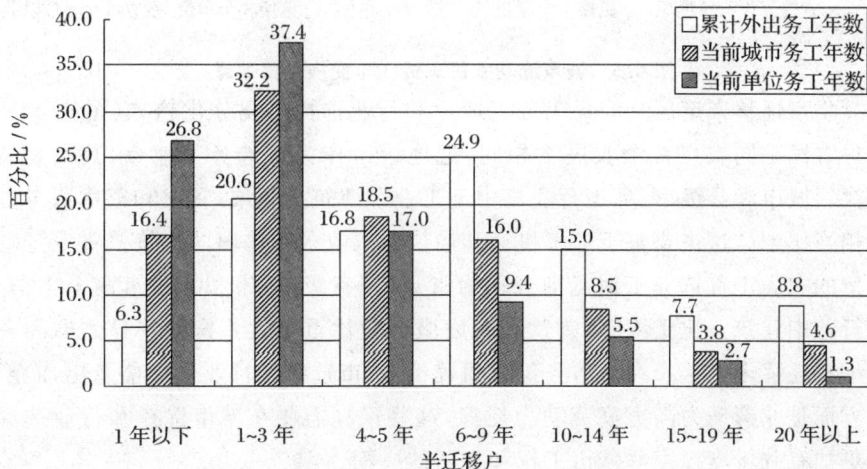

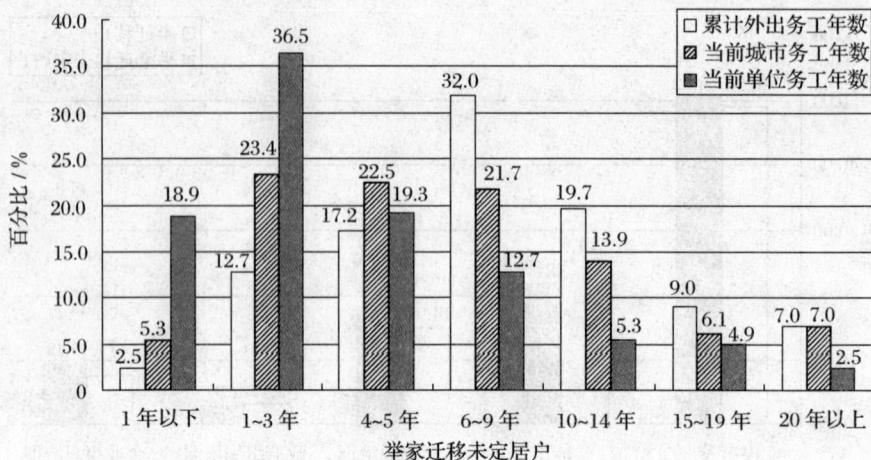

图 6.4　城乡流动农民工外出务工年数

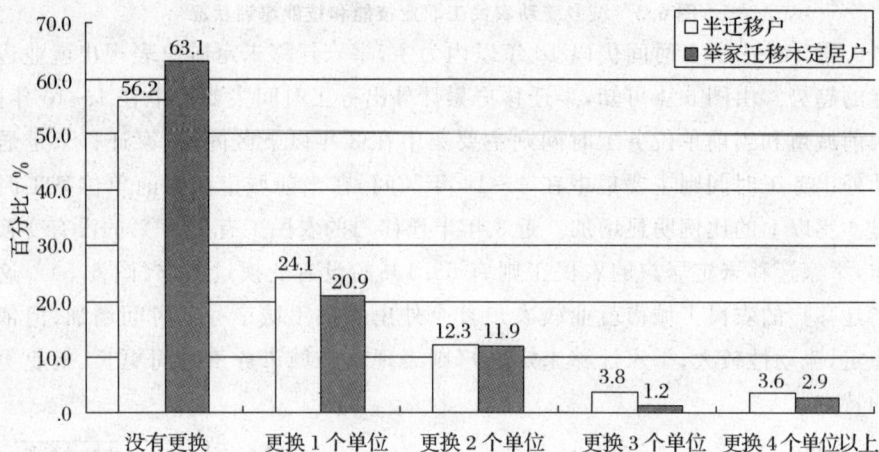

图 6.5　城乡流动农民工近 3 年变换单位数量

3.举家迁移未定居户农民工务工地点和行业选择出现分化趋势(图 6.6)。半迁移户农民工同农户首个农民工相同,把地级市作为首选务工地点,其次是省会(副省级)城市和县级市;务工行业集中于工业和建筑业领域,餐饮和家庭服务业也占有相当比重。这主要基于务工机遇和最快赚取收入所作出的决策。举家迁移未定居户的农民工首选务工地点则分化为省会(副省级)城市和县级市两个主群体,务工行业中建筑业比重缩小,餐饮和家庭服务业比重增大。这种差异的原因一方面是举家迁移未定居户在城市务工时间较长,城市选择和行业选择信息更加充分;另一方面是非劳动力随家庭劳动力迁移,这些家庭需要在城市选择和行业选择中作出更加有利于支撑家庭城市工作和生活的决策。

半迁移户

举家迁移未定居户

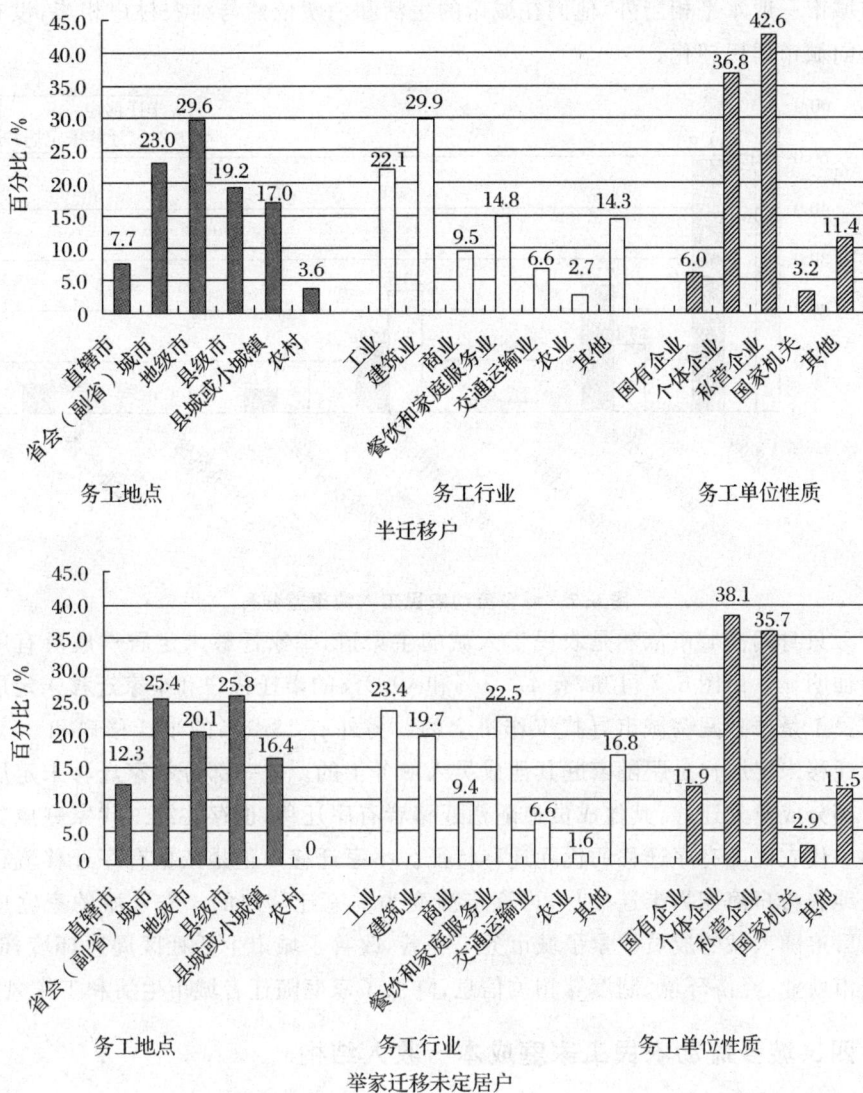

图 6.6　城乡流动的农民工务工地点、务工行业和务工单位分布

4. 两类农民工家庭较初次离乡务工城市结余变动不明显,城市消费结构仍然维持农村水平。据调查,2011 年半迁移户和举家迁移未定居户净结余分别是10842.64 元和11420.08 元,储蓄或寄回家的现金分别是 8088.2 元和5788.44 元。半迁移户与初次离乡差距不大,举家迁移未定居户的现金储蓄较少,主要原因是举家迁移未定居户城市生活消费支出开始增加。除此之外,这两类农民工家庭城市生活月支出仅为378.68 元/人和466.19 元/人,其中食品支出分别占57.66%和56.74%,居住支出分别为316.13 元和594.53 元。举家迁移未定居户城市居住支出与城市一般水平相当外,他们在城市的生活和消费依然与纯农村户相当,没有实质上向城市居民转化。

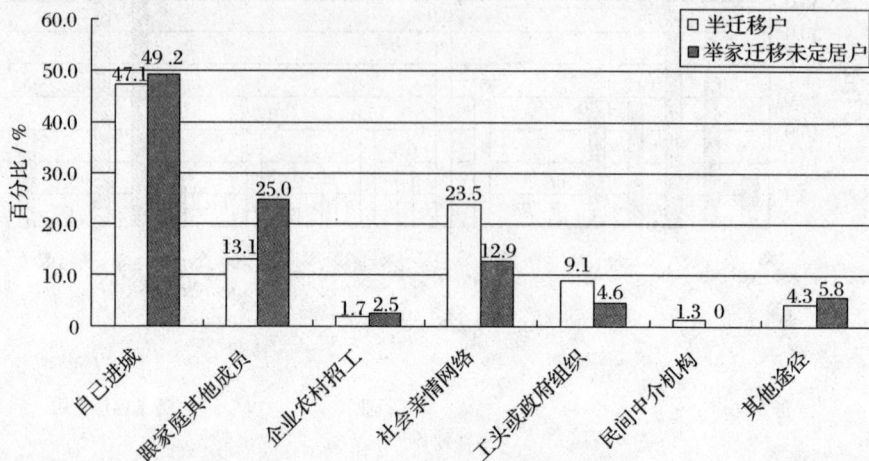

图 6.7 城乡流动农民工入城渠道分布

5.只身闯荡城市依然是农民工入城的主渠道,举家迁移未定居户成员有序迁移特征明显。由图 6.7 可知,有 47.1% 和 49.2% 的半迁移户和举家迁移未定居户的农民工是单独闯荡城市寻找工作机会的。另外有 13.1% 的半迁移户和 25% 的举家迁移未定居户是跟随家庭其他成员入城务工的。这一部分举家迁移未定居户属于部分成员先迁移,其他成员追随初迁移者有序迁移,也存在第二代家庭成员追随第一代农民工有序迁移的代际迁移特征。举家迁移户正是依据有序迁移流程逐步从纯农村户演变为半迁移户,再逐步演变为举家迁移户的。先入城的家庭成员为之后追随入城的成员积累了城市务工经验,改善了城市生活社区周边环境,储备了城市就业、经济环境、制度等相关信息,降低了家庭随迁者城市生活和工作风险。

四、城乡流动农民工家庭成本—收入结构

半迁移户和举家迁移未定居户的成本—收入结构在第四章第二节第四部分和第四章第四节均已分析(见表 4.6、表 4.7 和表 4.8),在此仅作简要描述。

2011 年半迁移户和举家迁移未定居户的总体收入均高于纯农村户。举家迁移未定居户无论是城市务工工资水平还是就业率都较半迁移户高,说明他们在城市的工作更加稳定。但两类家庭城市福利性收益获得率均较低,说明他们还没有被城市完全接纳和承认。另外,举家迁移未定居户由于城市务工时间的增加,农业生产和农村务工收入大幅降低,农村福利性收益获得率也略有降低。与此同时,举家迁移未定居户的农村生产、生活支出大幅降低,而城市生活支出则大幅增加。半迁移户城乡生活支出依然维持,甚至略低于纯农村户的水平上。需要说明的是,举

家迁移未定居户的教育支出较半迁移户和纯农村户均低,说明存在着举家迁移城市的农民工子女既没有享受到城市的教育资源,也不愿意回农村接受教育,导致中途辍学的状况。

五、城乡流动农民工家庭城市环境与制度了解和应用状况

表 6.4 显示,半迁移户与初次离乡户对城市环境与制度了解和应用差异不大,但举家迁移未定居户则有不同程度的提高,对城市的政治、经济、文化各领域更加熟悉和适应。他们更希望企业为他们支付"三金",自己愿意购买保险比例也提高到 61.8%,90.9%举家迁移未定居户愿意在企业或政府支付一定比例保险费用时,购买保险;有 3/4 举家迁移未定居户的农民工与企业签订劳务合同,但不注意对劳务合同条款内容的了解和修订,认为即使不签订劳动合同,也能合理地保障自己的就业权益。有七成以上的农民工具有利用法律维权的意识和意愿,但对城市务工相关的劳动法、工伤保险条例等法律、法规还是不甚了解。

表 6.4　　　　　　　　被访户城市环境和制度了解与应用程度汇总

指　　标	户型 1	户型 2	指　　标	户型 1	户型 2
确知各种保险含义比率	96.7%	98.3%	法律维权作用评价均值*	5.47	5.81
企业为务工人员缴纳"三金"率	48.2%	65.6%	劳务合同签订率	67.0%	75.6%
愿意购买保险比率	55.3%	61.8%	合同条款了解程度均值*	2.86	2.58
企业或政府负担 50%,愿意购买保险比率	90.3%	90.9%	合同条款修订率	17.3%	16.9%
对劳动法、工伤保险条例等了解程度均值*	3.72	4.39	合同未修订时,合同条款公平性均值*	5.92	6.06
具有法律维权意识比率	78.6%	79.2%	合同保护合法权益能力均值*	6.03	6.45
愿意用法律维权比率	71.4%	76.2%	未签订合同时,就业权益保护信心均值*	5.01	5.76
城市总体环境评价均值*	5.53	6.14	城市政治环境评价均值*	5.19	5.83
城市经济环境评价均值*	5.78	6.02	城市文化环境评价均值*	5.19	5.96

注:(1)户型 1 为半迁移户,户型 2 为举家迁移未定居户。

(2)调查的 * 类指标取值区间为[1,10],指标数值最优为 10,最差为 1。如合同条款了解程

度指标,如果务工人员对合同条款非常了解取值10,完全不了解取值1。

六、城乡流动农民工家庭的市民化意愿

参与本次调查的举家迁移未定居户定居城市的意愿较半迁移户提升了21.8%,达到了32.3%,收入原因仍然被认为是最主要的定居城市障碍(图6.8)。他们认为政府最需要为城市务工者提供的还是最低工资水平,举家迁移未定居户希望政府提供保障性住房或廉租房的比例也达到了24.4%,体现出他们对定居城市、获得稳定居住条件的渴望(图5.9)。半迁移户认为农村生活安逸、压力小(占27.1%),农村人员熟悉、关系融洽(占22.5%),消费水平低(占22.3%),因此决策定居农村;举家迁移未定居户则认为农村生活安逸、压力小(占32.0%),气候环境好(占20.8%),消费水平低(占20.0%),而决策定居农村(图6.10)。两类农民工家庭都认为城市教育条件和生活条件好是决策定居城市的主要原因(图6.11)。

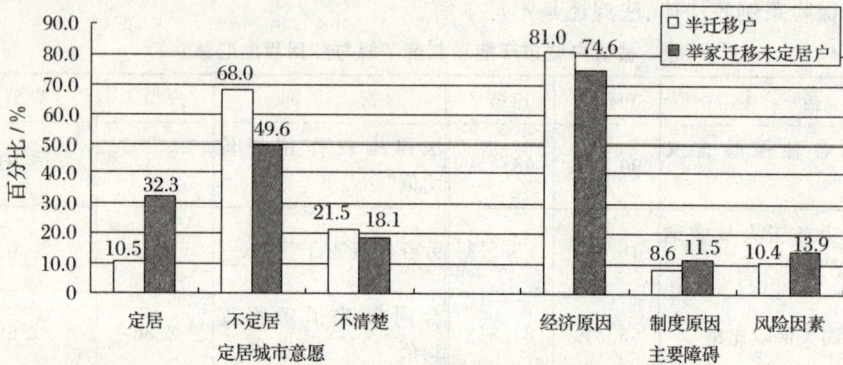

图6.8 被访户定居城市意愿及主要障碍

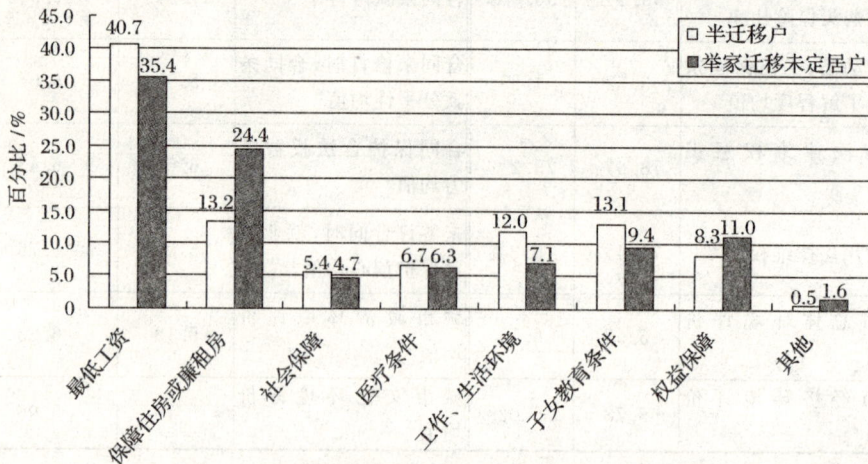

图6.9 被访户希望政府为其定居城市提供的保障

　　对于决策定居城市的半迁移户,定居城市主要选择县级市、县城或小城镇(占28.6%),省会或副省级城市(占21.6%),地级市(占17.6%)。他们认为定居县级市、县城或小城镇,月结余要达到4286.63元/户;定居地级市的家庭,月结余要达到5755.21元/户;定居省会或副省级城市的家庭,认为月结余要达到7483.19元/户。这与半迁移户农民工选择的务工地点顺序并不相同,对定居需要的收入结余估计偏高。半迁移户农民工主要选择地级市务工,但真正考虑定居城市时出现分化,一部分务工能力强、收入较高的农民工家庭选择定居高于地级市的城市定居,另一部分能力差、收入低的选择定居低于地级市的城市定居,只有中间层次家庭才会选择地级市。

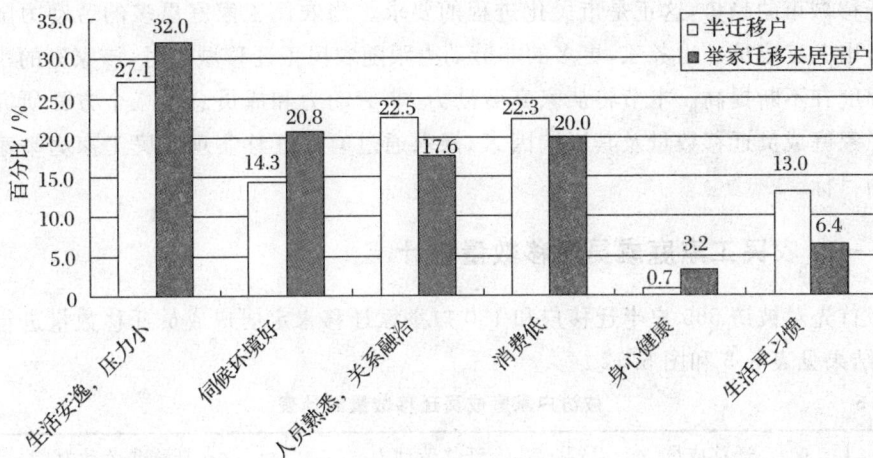

图 6.10　被访户选择定居农村原因分布

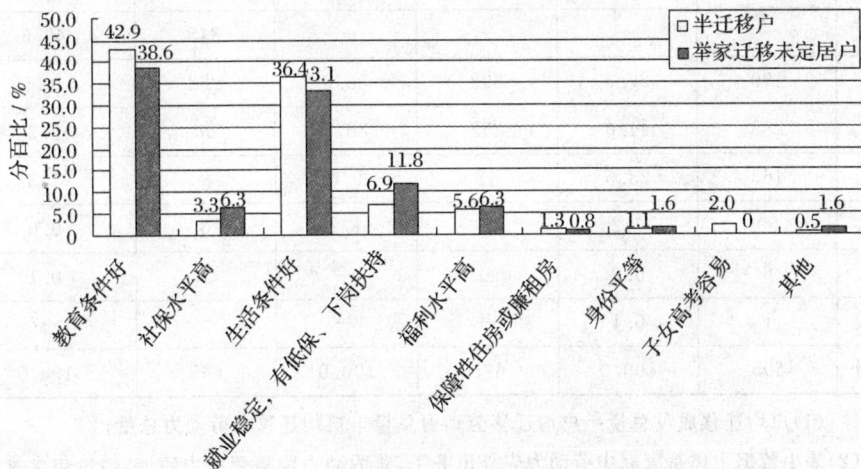

图 6.11　被访户选择定居城市原因分布

与之相比,举家迁移未定居户主要选择省会或副省级城市(占 28.7%),县级市、县城或小城镇(占 23.3%),直辖市(占 17.1%),地级市(占 17.1%)。这与该类农户农民工务工地顺序、比例基本相同,说明举家迁移未定居户在所在城市务工更加稳定,对定居务工城市有充足的收入保障和定居预期,他们对定居务工城市所需的收入结余也更加符合实际。

第二节　农民工家庭成员迁移数量分析

由上节的分析显示,处于城乡流动阶段的农民工家庭,已经表现出家庭成员有序迁移城市的趋势,这正是市民化进程的要求。当农民工家庭更多的劳动力随首个外出务工成员外出务工,更多的非劳动力跟随农民工迁移城市时,该家庭的市民化程度在不断提高。本节将从家庭劳动力、非劳动力和成员总量三个方面研究农民工家庭成员迁移数量及其影响因素,探求通过有序迁移实现农民工家庭举家迁移的目标。

一、农民工家庭成员迁移数量统计

首先对被访 565 户半迁移户和 130 户举家迁移未定居户成员迁移数量进行统计,结果见表 6.5 和图 6.12。

表 6.5　　　　　　　　　　　被访户家庭成员迁移数量统计表

	迁移成员		迁移劳动力		迁移非劳动力	
	户数	频率(%)	户数	频率(%)	户数	频率(%)
0 人	—	—	—	—	345	49.6
1 人	190	27.3	393	56.5	282	40.6
2 人	285	41.0	252	36.3	58	8.3
3 人	163	23.5	42	6.0	9	1.3
4 人	50	7.2	8	1.2	0	0.0
5 人	6	0.9	—	—	1	0.1
6 人	1	0.1	—	—	—	—
合计	695	100.0	695	100.0	695	100.0

注:(1)户均迁移成员总量＝户均迁移劳动力总量＋户均迁移非劳动力总量;

(2)表中数据主体是家庭中劳动力先外出务工,非劳动力跟随劳动力随迁,但也包含家庭中非劳动力子女先于劳动力外出求学的现象。

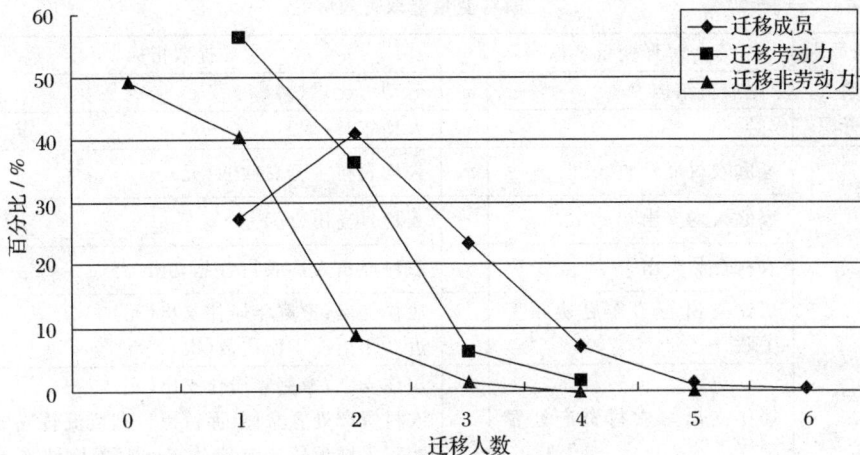

图 6.12　被访户家庭成员迁移数量统计

被访户中,家庭成员迁移城市人数分别计 1 人、2 人、3 人、4 人、5 人和 6 人,分别有 190 户、285 户、163 户、50 户、6 户和 1 户。其中,家庭迁移劳动力人数分别计 1 人、2 人、3 人和 4 人,分别有 393 户、252 户、42 户和 8 户;家庭迁移非劳动力人数分别计 0 人、1 人、2 人、3 人、4 人和 5 人,分别有 345 户、282 户、58 户、9 户、0 户和 1 户。

二、计量模型与变量

（一）模型的建立

由图 6.12 显示,农民工家庭迁移成员总量、迁移劳动力人数和迁移非劳动力人数及频率分布均服从泊松分布。将家庭迁移成员总量、迁移劳动力人数或迁移非劳动力人数的变化设为因变量,均为计数数据,对该因变量采用泊松分布进行拟合。

（二）变量及其说明

本部分的计量分析基于 2012 年 1 月山东省调查数据,共选取 88 个解释变量对被解释变量予以分析,其中家庭人力资源类 7 个,家庭成本—收入类 18 个,家庭农村资产类 7 个,农民工城市务工状况类 16 个,城乡社区环境类 7 个,城市环境与制度评价类 26 个,市民化与定居意愿类 7 个,采用 SPSS19.0 对解释变量进行标准化处理,经过主成分分析,选取 30 个主成分解释变量对农民工家庭迁移成员数量进行分析（见表 6.6）。

表 6.6　　　　　　　　　　　　　　解释变量选取列表

所属类别	解释变量名称		主要提取指标
家庭人力资源	家庭成员结构	x_1	劳动力比重(%)
	年龄	x_2	人均年龄(岁)
家庭成本—收益	家庭农村经营收入	x_3	人均农村主营总收入(元)
	家庭人均支出	x_4	人均月支出(元)
	农村食品支出	x_5	农村成员人均农村食品支出(元)
	居住支出与工作更换频率关联	x_6	居住支出:家庭年居住支出(元) 近3年更换工作次数(次)
	居住支出与农村资产处置关联	x_7	居住支出:家庭年居住支出(元) 农村资产处置意愿:保留=1,有偿流转或出租=2,入城无偿或有偿放弃=3,置换城市不动产=4,其他=5
	教育支出	x_8	家庭年教育支出(元)
	农村其他收入	x_9	家庭年农村其他收入(元)
家庭农村资产	农村资产处置意愿	x_{10}	(见 x_7 解释)
	耕地处置意愿	x_{11}	耕地处置意愿:保留=1,有偿流转或出租=2,入城无偿或有偿放弃=3,置换城市不动产=4,其他=5
	宅基地面积	x_{12}	人均宅基地面积(亩)
农民工城市务工状况	务工收入	x_{13}	城市务工月工资(元)
	务工净收入	x_{14}	2011年务工净结余(元)
	外出务工时间	x_{15}	累计外出务工年数(年)
	从事农业生产年数	x_{16}	务工前从事农业生产年数(年)
	返乡距离	x_{17}	家庭劳均务工地与老家间的距离(千米)
	技能培训与务工地点关联	x_{18}	技能培训:没有=1,学徒工=2,自费培训=3,政府培训=4,企业培训=5 务工地点:直辖市=1,省会或副省级=2,地级市=3,县级市、县城或小城镇=4,农村=5,其他=6
	入城途径与入城距离关联	x_{19}	入城途径:独立=1,跟家庭成员=2,社会亲情网络=3,企业农村招工=4,工头或政府组织=5,民间中介机构=6,其他=7 老家距最近城镇距离(千米)
	入城途径与入城风险关联	x_{20}	入城风险:无影响=1;有影响,不太强=3;有影响,中等=5;有影响,略强=8;有影响,非常强=10
	入城途径与工作单位变换关联	x_{21}	工作单位变换:近3年变换工作单位数量

（续表）

所属类别	解释变量名称		主要提取指标
城乡社区环境	农村社区福利性收益	x_{22}	家庭年农村社区福利性收益(元)
	城市社区福利性收益	x_{23}	家庭年城市社区福利性收益(元)
	入城距离	x_{24}	老家距最近城镇距离(千米)
城市环境与制度评价	城市环境总体评价	x_{25}	非常差=1,比较差=3,中等=5,比较好=8,非常好=10
	城市社保认知	x_{26}	不了解=1,了解一点=3,一般了解=5,大部分了解=8,完全了解=10
	参与城市社保意愿	x_{27}	无意愿=1;有意愿,不太重要=3;有意愿,重要性一般=5;有意愿,重要性稍强=8;有意愿,非常重要=10;
	制度性风险影响	x_{28}	无影响=1;有影响,不太强=3;有影响,中等=5;有影响,略强=8;有影响,非常强=10
市民化与定居意愿	市民化意愿	x_{29}	定居城市=1,说不定=2,定居农村=3
	市民化制度障碍与风险	x_{30}	无影响=1;有影响,不太强=3;有影响,中等=5;有影响,略强=8;有影响,非常强=10

　　将30个解释变量进行非负处理,连同3个因变量分别纳入STATA7.0自动线形建模分析,根据解释变量的重要程度,分别为3个因变量选取10个重要解释变量进行泊松回归分析(见表6.7)。本研究采用稳健的泊松回归,同时输出发生率比率(IRR)。IRR是指解释变量变动一个单位,引起的被解释变量在原基础上提高了IRR-1倍。

表6.7　　　　　　　　　　　　泊松回归选取解释变量列表

因变量	解释变量及重要程度										$\sum$重要程度
迁移成员总数	x_3	x_4	x_{18}	x_{13}	x_{19}	x_{22}	x_6	x_{24}	x_2	x_{16}	0.88
	0.53	0.08	0.05	0.04	0.04	0.03	0.03	0.03	0.03	0.02	
迁移劳动力人数	x_3	x_{11}	x_4	x_{23}	x_{14}	x_8	x_{16}	x_1	x_{22}	x_{18}	0.87
	0.38	0.11	0.07	0.06	0.05	0.05	0.04	0.04	0.04	0.03	
迁移非劳动力人数	x_{18}	x_3	x_{16}	x_{13}	x_{29}	x_{24}	x_4	x_2	x_{15}	x_{23}	0.78
	0.19	0.19	0.13	0.06	0.04	0.04	0.04	0.03	0.03	0.03	

三、计量结果及其讨论

(一)迁移成员总量的计量结果分析

由表6.8可知,对农民工家庭迁移成员总量进行泊松回归,模型通过了显著性检验,但模型拟合不好,Pseudo R^2 只有0.0399。需要进行拟合优度检验,将泊松回归预测结果与观测值进行比较,进行拟合优度检测,得到 Goodness－of－fit chi^2 ＝199.1777,Prob＞chi^2(684)＝1.0000,表明预测结果与观测值没有显著不同,模型通过检验。

对表6.8中的模拟结果进行分析。在5%的显著性水平下,对农民工家庭迁移成员总量构成影响的因素有家庭农村经营收入(x_3)、家庭人均支出(x_4)、技能培训(x_{18})、务工收入(x_{13})、入城途径与入城距离关联指标(x_{19});在10%的显著性水平下,影响因素有入城距离(x_{24})和年龄(x_2)。

表6.8 农民工家庭成员迁移数量的泊松回归结果

迁移成员总量				迁移劳动力人数				迁移非劳动力人数			
变量名	IRR	Std. Err.	P＞|z|	变量名	IRR	Std. Err.	P＞|z|	变量名	IRR	Std. Err.	P＞|z|
x_3	0.965	0.005	0.000	x_3	0.976	0.006	0.000	x_{18}	0.850	0.022	0.000
x_4	1.012	0.004	0.003	x_{11}	0.957	0.019	0.027	x_3	0.939	0.009	0.000
x_{18}	0.966	0.014	0.017	x_4	1.008	0.005	0.082	x_{16}	0.885	0.022	0.000
x_{13}	0.977	0.011	0.034	x_{23}	0.973	0.014	0.072	x_{13}	0.921	0.019	0.000
x_{19}	0.955	0.022	0.041	x_{14}	0.984	0.012	0.192	x_{29}	1.146	0.045	0.143
x_{22}	0.987	0.010	0.188	x_8	0.970	0.020	0.147	x_{24}	0.904	0.038	0.016
x_6	1.029	0.020	0.140	x_{16}	1.022	0.017	0.184	x_4	1.019	0.008	0.010
x_{24}	0.961	0.022	0.085	x_1	1.021	0.015	0.150	x_2	1.096	0.033	0.002
x_2	1.031	0.017	0.059	x_{22}	0.985	0.012	0.205	x_{15}	1.044	0.017	0.008
x_{16}	0.979	0.013	0.117	x_{18}	1.020	0.017	0.253	x_{23}	1.066	0.025	0.137
LR chi^2(10) ＝83.04 Prob＞chi^2＝0.0000 Pseudo R^2＝0.0399				LR chi^2(10)＝39.52 Prob＞chi^2＝0.0000 Pseudo R^2＝0.0222				LR chi^2(10)＝163.44 Prob＞chi^2＝0.0000 Pseudo R^2＝0.1171			

1.年龄(x_2)增长有利于家庭迁移成员数量的增长。由表6.8里IRR数据可知,农民工家庭人均年龄增长对迁移成员数量有正向作用,年龄每增长1个单位,使得成员迁移数量增长0.031(1.031－1)倍。这说明随着家庭成员年龄的增长,原迁移城市的成员有逐步稳定于城市的倾向,能够促进成员陆续迁移城市。

2.家庭农村经营收入(x_3)对迁移成员数量有负向影响,家庭人均支出(x_4)对迁移成员数量有正向影响。IRR数据显示,农村经营收入每增加1单位,迁移成员数量减少0.035倍;相反,家庭人均支出每增加1单位,迁移成员数量增加0.012倍。可以看出,当农民工家庭农村收入增加,在家庭总收入中的比重不断增大时,原迁移城市的成员会逐步回流农村;当家庭支出增加时,原收入已经不能支付增加的家庭消费,迫使继续派出成员进城,寻找新的收入增长点。而这种流动与回流是建立在农民工具有农业生产能力和技能基础上的,随着无农业生产技能的第二代农民工成为农民工的主体,即使家庭农村收入不断增长也很难再回到农村去,他们的选择有二:一是继续在城市寻找高收入的工作,二是返乡务工。这种迁移行为既可以活跃城市用工市场,也可以促进农村二、三产业的发展。

3.务工收入(x_{13})对迁移成员数量有负影响。IRR数据显示,农民工务工月收入每增加1单位,迁移成员数量减少0.023倍。这与理论上的理解正好相反。调查中得知,目前被访农民工城市务工月收入均值2570.48元,且增长缓慢,他们认为这些还不足以解决因迁移成员数量增加给家庭带来的城市日常生活费用、房租或住房购置费用等一系列支出的增加,这一点从举家迁移未定居户(迁移成员3.2人/户)与半迁移户(迁移2.87人/户)家庭月支出的差距可以得到证实(平均相差619.26元/月),也就是说,举家迁移未定居户较半迁移户多迁移成员0.33人/户,增加的支出却高达619.26元/月。当半迁移户家庭成员陆续迁移入城,家庭总支出势必会向举家迁移户靠近。因此,如果农民工工资增加幅度不大,对家庭成员迁移数量没有促进作用;如果农民工工资增幅较大,在目前农民工"总量过剩、结构短缺"的城市就业背景下,很可能导致农民工务工就业率下降,进而导致家庭成员迁移数量减少。

4.农民工技能培训与务工地点关联(x_{18})对迁移成员数量产生副作用。理论上,农民工技能和培训状况较好,自身技术等级较高时,一般会选择距老家较远的地级市、省会(副省)城市和直辖市。但调查数据显示,技术等级较高,选择县级市、县城或小城镇务工的农民工不在少数,产生了农民工技能与务工城市层次的不匹配,会影响家庭迁移成员的数量。原因是,他们认为已迁移的农民工专业技能在层次较低的城镇没有得到有效的施展,获得的收入没有达到预期水平,家庭中的其他劳动力和非劳动力失去了迁移城市的动力。

5.农民工入城途径与入城距离关联(x_{19})对迁移成员数量产生副作用。根据调查数据分析,农民工入城途径主要选择自己进城、利用社会亲情网络、随家庭成员入城这几种,并且利用这些渠道进入的城市距离老家较近,一般以地级市、县级市、县城或小城镇为主。由于迁移的城镇较近,有利于家庭其他成员继续利用亲情网络和成员随迁增加迁移成员数量;而利用工头、政府组织或民间中介机构入城的则较少,并且一般进入的城市距离老家较远,家庭其他成员很难再利用到这些渠道入城,反映出目前促进农民工入城的正式组织和渠道相对贫乏、远距离就业市场的信息沟通不畅等问题。

6. 入城距离(x_{24})对迁移成员数量产生反向作用。迁移到距老家较近的城镇,迁移成本较低,能尽快融入城镇环境,有利于迁移成员数量增加;反之,迁移距离较远,迁移成本增加,地域环境、乡土文化有差异,都不利于迁移成员数量增加。

（二）迁移劳动力人数的计量结果分析

由表 6.8 可知,对迁移劳动力人数进行的泊松回归,同样通过了显著性检验,但模型拟合优度较低,Pseudo R^2 只有 0.0222。需要进行拟合优度检验,将泊松回归预测结果与观测值进行比较,进行拟合优度检测,得到 Goodness－of－fit chi^2 ＝ 144.0676,Prob＞chi^2(684)＝1.0000,表明预测结果与观测值没有显著不同,模型通过检验。

对表 6.8 中的模拟结果进行分析。在 5% 的显著性水平下,对家庭迁移劳动力人数构成影响的因素有家庭农村经营收入(x_3)、耕地处置意愿(x_{11});在 10% 的显著性水平下,影响因素有家庭人均支出(x_4)和城市社区福利性收益(x_{23})。

1. 家庭农村经营收入(x_3)对迁移劳动力数量有负向影响,家庭人均支出(x_4)对迁移劳动力数量有正向影响。IRR 数据显示,家庭农村经营收入每增加 1 单位,迁移成员数量减少 0.024 倍;家庭人均支出每增加 1 单位,迁移劳动力人数增加 0.008 倍。家庭农村经营收入和家庭人均支出对迁移劳动力数量影响,与对迁移成员总量影响作用方向一致。由此可见,两指标变动对家庭成员迁移数量的影响,主要表现为对迁移劳动力数量上的影响。

2. 耕地处置意愿(x_{11})对迁移劳动力人数有反作用。农民工家庭选择保留耕地,有利于家庭劳动力迁移;选择耕地流转或出售,反而不利于劳动力迁移。这进一步说明了耕地成为农民工应对外出务工风险的最终保障载体作用。

3. 城市社区福利性收益(x_{23})对迁移劳动力人数有反作用。当农民工在城市生活社区不能享受社区公共物品供给收益,不能享受城市的养老、医疗、低保、生育等各类保险及其他补贴,或者虽然享受但收益低于为此付出的成本而导致净收益减少时,迁移城市的农民工数量会减少。也就是,城市社区不能为外来人口提供足够的社区福利条件,会促使一部分农民工回流农村,重新寻求农村社区的保障措施。

（三）迁移非劳动力人数的计量结果分析

表 6.8 显示,对迁移非劳动力人数进行的泊松回归,通过了显著性检验。经过拟合优度检测,Goodness－of－fit chi^2 ＝ 485.7029,Prob＞chi^2(684)＝1.0000,模型通过检验。

对表 6.8 中的模拟结果进行分析。在 5% 的显著性水平下,除 x_{23}、x_{29} 外 8 个解释变量均对家庭迁移非劳动力人数产生影响。由此可知,当家庭非劳动力进行迁移决策时,其考虑的因素较为复杂。下面分类对 8 个解释变量进行分析。

1. 年龄(x_2)、家庭农村经营收入(x_3)、家庭人均支出(x_4)、入城距离(x_{24})对迁移非劳动力人数的影响,与对家庭迁移成员总量的影响方向相同,影响程度稍有差异,在此不再赘述。

2. 家庭已有农民工的城市务工状况对非劳动力成员迁移产生影响。正如第三章第四节的理论分析结论,家庭非劳动力迁移的先决条件是劳动力迁移城市后的生存状态。表 6.8 显示,家庭已有农民工的务工收入(x_{13})、技能培训状况和务工地点选择的关联(x_{18})、外出务工时间(x_{15})和务工前从事农业生产的年数(x_{16})是非劳动力迁移决策需要考虑的先决因素。农民工务工收入对非劳动力迁移人数的影响与对家庭迁移成员数量的影响相同。IRR 显示,其他三因素(x_{15}、x_{16}、x_{18})每增加 1 单位分别使迁移非劳动力人数增加 0.044 倍、-0.115 倍和 -0.15 倍。农民工的技能培训状况和地点选择的关联对非劳动力迁移人数的影响如对迁移成员总量的影响所述。在此可知,其主要是影响到家庭非劳动力的迁移。一旦家庭里的农民工技能水平与选择的务工城市不匹配,则迁移非劳动力的人数会大幅降低。在两个时间解释变量(x_{15}、x_{16})中,如果家庭劳动力先前从事农业生产的年数较多,家庭中的非劳动力会认为家庭劳动力成员城市务工仅仅是为了改善家庭经济状况而作出的短期决策,他们迟早会回流农村继续务农,非劳动力随迁数量就会随之下降;相反,如果家庭劳动力城市务工时间增长,则给非劳动力成员一个城市就业、收入稳定的信号,随迁非劳动力数量会随之提高。两变量相比较,x_{16} 的作用程度更大,说明即使农民工城市就业、收入稳定,也没有给非劳动力强大的迁移信心,还是会有相当比例的非劳动力成员继续留在农村生活。

第三节　农民工家庭举家迁移决策的静态分析

基于本章第一节对城乡流动阶段农民工家庭迁移行为的具体描述和第二节影响家庭成员迁移数量的因素分析,一部分城乡流动的农民工家庭,通过有序迁移或代际迁移,不断增加迁移人口,提高家庭的市民化程度,最终有部分家庭成功转变成为举家迁移未定居户。下面将继续利用山东省的调查数据,对影响农民工家庭从半迁移户转变为举家迁移未定居户的因素进行细致分析。

一、静态计量模型与变量

(一)模型的建立

本节将继续利用第三章第三节第二部分中建立的 Logistic 模型,实证研究半迁移户向举家迁移未定居户转化过程,从农民工个体因素、家庭特征及所处的社区和宏观环境与制度特征对作出举家迁移决策的影响因素进行分析。对第三章第三节第二部分模型的选择集作如下调整：

表6.9   解释变量选取列表

所属类别	解释变量名称	变量表示	解释变量含义及备注
家庭人力资源	家庭成员结构	x_1	劳动力比重(%)
	年龄	x_2	人均年龄(岁)
家庭成本—收益	家庭农村经营收入	x_3	人均农村主营总收入(元)
	农村其他收入	x_4	家庭年农村其他收入(元)
	家庭人均支出	x_5	人均月支出(元)
	农村食品支出	x_6	农村成员人均月食品支出(元)
	居住支出	x_7	家庭年居住支出(元)
家庭资产	农村资产处置意愿	x_8	保留＝1,有偿流转或出租＝2,入城无偿或有偿放弃＝3,置换城市不动产＝4,其他＝5
务工人员状况	务工净收入	x_9	2011年务工净结余(元)
	从事农业生产年数	x_{10}	家庭农民工人均从事农业生产年数(年)
	技能培训	x_{11}	没有＝1,学徒工＝2,自费培训＝3,政府培训＝4,企业培训＝5
	入城途径	x_{12}	独立＝1,跟家庭成员＝2,社会亲情网络＝3,企业农村招工＝4,工头或政府组织＝5,民间中介机构＝6,其他＝7
城乡社区环境	农村社区福利性收益	x_{13}	家庭年农村社区福利性收益(元)
	城市社区福利性收益	x_{14}	家庭年城市社区福利性收益(元)
	入城距离	x_{15}	家庭距城镇最近距离(千米)
城市环境与制度评价	城市环境总体评价	x_{16}	非常差＝1,比较差＝3,中等＝5,比较好＝8,非常好＝10
市民化与定居意愿	市民化意愿	x_{17}	定居城市＝1,说不定＝2,定居农村＝3

设静态农民工家庭迁移行为选择集为 J，$J=\{J_0,J_1\}$，其中 J_0 代表半迁移户，

即家庭成员部分迁移状态，J_1 代表依然处于城乡流动状态的举家迁移未定居户；第 i 个农民工家庭选择第 j（$j=0,1$，分别代表选择 J_0，J_1）种迁移行为效用是 $U(i,j)$。对于静态理性的农民工家庭来说，会在选择集中选择期望效用最大的一个方案，即 $J_i^* = \arg\max_{j=0,1} U(i,j)$。

（二）变量及其说明

被解释变量 P_{ij} 为 0—1 赋值变量，J_0 为比较基础，即

$$P_{i1} = \begin{cases} 1, 选择 J_1, \\ 0, 其他 \end{cases}$$

本部分的计量分析变量依然选用山东省农民工家庭调查规划的 88 个变量，经过标准化处理和主成分分析后，采用逐步回归的方法剔除不显著解释变量，确定表 6.9 中的 17 个显著性解释变量纳入最终的回归模型中。

二、计量结果及其讨论

这里以半迁移户 J_0 作为比较基础，对举家迁移未定居户 J_1 的举家迁移决策进行计量分析，估计结果见表 6.10。

表 6.10 　　　　　　　举家迁移决策的离散 Logistic 模型结果

解释变量	系数 B	显著性 Sig.	Exp (B)	解释变量	系数 B	显著性 Sig.	Exp (B)
x_1	0.324	0.000	1.382	x_{11}	−0.179	0.007	0.836
x_2	−0.290	0.000	0.748	x_{12}	−0.272	0.015	0.762
x_3	−0.103	0.000	0.902	x_{13}	−0.239	0.000	0.787
x_4	−0.288	0.011	0.750	x_{14}	0.202	0.001	1.224
x_5	0.079	0.000	1.082	x_{15}	−0.193	0.080	0.824
x_6	0.323	0.000	1.381	x_{16}	−0.128	0.000	0.880
x_7	−0.186	0.032	0.830	x_{17}	0.195	0.052	1.216
x_8	−0.276	0.000	0.759				
x_9	−0.260	0.000	0.771	−2Log Likelihood	455.192		
x_{10}	−0.212	0.001	0.809	Nagelkerke R^2	0.430		

表 6.10 显示，与初次离乡阶段相比，家庭成员结构（x_1）对举家迁移决策的正

向作用和农村社区福利性收益(x_{13})的负向作用依然显著,且影响程度加强①;家庭农村经营收入(x_3)的负向作用和城市环境总体评价(x_{16})的正向作用依然显著,但影响程度减弱。

家庭人均支出(x_5)对初次离乡决策的负向作用转变为对举家迁移决策的正向作用。其原因是在初次离乡阶段,农民工家庭在迁移投资共担、迁移收益共享的契约安排下,会主动降低家庭人均支出水平,扶持首个家庭劳动力外出务工,但是到举家迁移阶段,举家迁移农民工家庭的人均支出水平开始上升,并向城市居民家庭的人均支出水平靠拢。与初次离乡阶段相比,教育支出和医疗支出等家庭大额支出对举家迁移决策的影响不再显著,说明受益于城乡一体的义务教育体系,从成员部分迁移到举家迁移,农民工家庭教育费用并无显著变化,而家庭工伤、大病等医疗风险仍然维持在较低水平上。

农村资产处置意愿(x_8)对初次离乡决策的正向作用转变对举家迁移决策的负向作用。原因是初次离乡阶段家庭农村资产起到财富积累的作用,但是到举家迁移阶段,农民工家庭更愿意保留农村耕地和房产,作为应对城市工作和生活风险的后备保障。

年龄(x_2)、居住支出(x_7)和农村其他收入(x_4)对举家迁移决策开始产生负向作用,农村食品支出(x_6)、城市社区福利性收益(x_{14})和市民化意愿(x_{17})对该阶段决策产生正向作用。一方面,随着第一代农民工年龄增大,呈现逐步被城市就业市场淘汰的趋势,但这也给第二代农民工完成举家迁移积累了财富、务工经验与渠道;另一方面,一旦农民工城市工作长期稳定,能够获得城市社区保障,居住支出下降,而农村基本生活成本上升,又无其他收入来源,会产生强烈的市民化意愿,进而有利于实现举家迁移。

农民工家庭务工人员状况成为该阶段决策的重要因素。农民工务工结余(x_9)、从事农业生产年数(x_{10})和技能培训状况(x_{11})对该阶段决策产生显著的负影响。一方面,举家迁移的农民工家庭随迁非劳动力人口增加,会降低务工收入结余;另一方面,没有务农经验的新生代农民工,一旦城市工作稳定,便倾向于举家迁移,但是如果其技能培训状况不能满足从事工作的要求,则很难实现举家迁移的愿望。

除此之外,入城途径(x_{12})和入城距离(x_{15})对举家迁移决策有负向作用,表明跟随家庭成员随迁或利用亲情网络迁移入城仍然是家庭成员有序迁移完成举家迁

---

① 举家迁移决策阶段,家庭成员结构的 Exp(B) 为 1.382,而首个劳动力迁移决策阶段,家庭成员结构的 Exp(B) 为 1.161,两个决策阶段的差额为 0.221,表明家庭成员结构对举家迁移决策的正向作用要强于对首个劳动力迁移决策的作用。举家迁移决策阶段,农村社区福利性收益的 Exp(B) 为 0.787,而首个劳动力迁移决策阶段,农村社区福利性收益的 Exp(B) 为 0.792,两个决策阶段的差额为 −0.005,表明农村社区福利性收益对举家迁移决策的负向作用要强于对首个劳动力迁移决策的作用。其他同一因素在两阶段间比较的数据分析方法与此雷同。

移的主要渠道,距离老家较近区域上的成员流动更有利于实现举家迁移。

第四节　农民工家庭举家迁移决策的动态分析

一、农民工家庭举家迁移行为动态演变分析

(一)动态计量模型与变量

1.动态计量模型与因变量。本阶段的考察对象是农民工家庭从首个农民工首次外出务工到完成举家迁移的时间间隔及其决定因素。时间段的起点是农民工家庭首个农民工首次外出务工所在年份,终点是举家迁移城市的年份。该阶段的迁移行为可以描述为从首个农民工首次外出务工到第二个成员外出的时间间隔,第二个成员外出到第三个成员外出的时间间隔,依此类推,成员有序迁移直到完成举家迁移。因此,本阶段的考察对象又可以分为两部分进行分析:一是考察农民工家庭从首个农民工首次迁移开始,每增加一个成员外出的时间间隔,二是考察从首个农民工首次迁移到完成举家迁移的时间间隔。

本部分的计量分析继续采用 2012 年初山东省的调查数据,对登记第二个成员迁移人年记录的 278 户农民工家庭分析第二个成员迁移时间间隔(设为迁移时间间隔一),对登记第三个成员迁移人年记录的 193 户农民工家庭分析第三个成员迁移时间间隔(设为迁移时间间隔二),对登记完成举家迁移人年纪录的 111 户农民工家庭分析举家迁移时间间隔[①]。

本阶段的迁移时间间隔分析继续采用事件史分析方法中的 Cox 比例风险模型,将迁移时间间隔一、迁移时间间隔二和举家迁移时间间隔作为因变量,第二、三个成员迁移或举家迁移所在年作为家庭迁移的指示变量,考察成员有序迁移直到举家迁移的动态迁移行为。在统计模型中,迁移年份设为虚拟变量,表示第二、三个成员迁移或举家迁移的发生状况。如果某一年没有发生成员迁移事件则该变量赋值为 0,如果发生了家庭成员迁移则赋值为 1[②]。

2.自变量。

(1)年代变量:为了反映不同时期对农民工家庭第二、三个成员迁移或举家迁移时间间隔的影响,统计模型引入反映时期特征的年代变量。将 1989 年及以前的年份划为一组,1990~1994 年、1995~1999 年、2000~2004 年、2005~2009 年各为

---

① 受被访户数量限制,农民工家庭第四个以上的成员迁移被访户数据较少,不再进行研究。
② 如果农民工家庭几个成员同时迁移,发生迁移的年份赋值 1。

一组①,以2010年后发生迁移的被调查户作为参照组,用以反映各年分段农民工家庭成员有序迁移或举家迁移的变化趋势。

(2)被分析迁移成员个体特征变量:模型中主要引入随考察年份变化而变化的时变变量,即迁移时成员年龄和已迁移年限。

(3)家庭特征变量:经过统计模型反复筛选,引入的家庭特征因素包括家庭代际〔0为第一代农民工家庭(参照组),1为第二代农民工家庭〕、家庭成员总量、劳动力比重(劳动力数量/成员总量)、家庭人均年龄、家庭劳均年龄、人均年支出、入城距离(老家距城镇最近距离)、宅基地面积、劳均务工工资、务工净收入②。

根据以上自变量定义,分别对迁移时间间隔一、迁移时间间隔二和举家迁移时间间隔进行统计模型分析,分析结果见表6.11。

表6.11　　　　　　　迁移时间间隔的Cox比例风险模型计量结果

迁移时间间隔一		迁移时间间隔二		举家迁移时间间隔	
自变量	系数B	自变量	系数B	自变量	系数B
年份(以2010年后为参照):					
1989年及以前	−0.295				
1990～1994	−0.316			1994年及以前	3.390***
1995～1999	−0.243	1999年及以前	−2.661	1995～1999	2.526***
2000～2004	0.066	2000～2004	−0.415	2000～2004	1.437***
2005～2009	−0.114	2005～2009	−0.390	2005～2009	0.612**
迁移成员的个体特征:					
迁移时年龄	0.010				
已迁移年限	0.058	已迁移年限	0.981**		
家庭特征:					
家庭代际	0.635***	家庭人均年龄	−0.434***	家庭成员总量	−0.578***
家庭成员总量	−0.257***	人均年支出	−0.384**	劳动力比重	−0.469**
劳动力比重	−0.901*	劳均务工工资	0.306*	家庭人均年龄	−0.530**

① 该种分组用于分析农民工家庭第二个成员迁移的时间间隔(迁移时间间隔一),受被访户数量限制,迁移时间间隔二的分析以1999年及以前为一组,举家迁移时间间隔的分析以1994年及以前为一组,其他组别依次类推。

② 分析中根据不同因变量选取的显著性个体特征变量和家庭特征变量不同,因此对迁移时间间隔一、迁移时间间隔二和举家迁移时间间隔三个不同的因变量选取的迁移成员个体特征变量和家庭特征变量不同。

迁移时间间隔一		迁移时间间隔二		举家迁移时间间隔	
自变量	系数 B	自变量	系数 B	自变量	系数 B
家庭劳均年龄	−0.024***	入城距离	−0.296**	人均年支出	−0.285***
−2 倍对数似然值	3042.326		403.137		1228.173
卡方	54.012		28.885		168.286
自由度	11		8		8
显著性	0.000		0.001		0.000

注：*、**、***分别表示在 10%、5%和 1%显著性水平下显著。

(二)计量结果及其讨论

1.农民工家庭第二、三个成员有序迁移时间间隔变动分析。表 6.11 显示,年代变量对农民工家庭第二、三个成员迁移时间间隔影响已经不显著,表明农民工家庭首个农民工首次迁移之后,后续家庭成员有序迁移的时间间隔受到不同年份中国农民工宏观迁移趋势的影响不明显。调查数据显示,农民工家庭第二、三个迁移成员的家庭身份各不相同,第二个成员迁移以妻随夫(或夫随妻)迁移为主,还存在子随父(母)迁移和父(母)随子女迁移等现象,第三个成员迁移以子随父(母)迁移为主,还存在父(母)随子女迁移和妻随夫(或夫随妻)迁移等现象。但是各种身份随迁现象都占不到绝对比重,导致农民工家庭第二、三个成员迁移比较复杂,很难再用中国农民工宏观迁移趋势把握。

从表 6.11 分析,对农民工家庭第二、三个成员迁移时间间隔影响显著的因素主要是农民工家庭特征因素,但是影响第二个成员迁移和影响第三个成员迁移时间间隔的显著性因素又各不相同。

家庭代际、家庭成员总量和家庭劳均年龄对农民工家庭第二个成员迁移时间间隔产生影响,表现为:第二代农民工家庭比第一代家庭,迁移时间间隔短;家庭成员总量越大,迁移时间间隔越长;家庭劳均年龄越小,迁移时间间隔越短。调查显示,第一代农民工家庭第二个成员平均迁移时间间隔为 3.668 年,家庭劳均年龄为30.046 岁,而第二代农民工家庭第二个成员迁移平均时间间隔为 2.172 年,家庭劳均年龄为 24.931 岁,充分说明新生代农民工家庭,劳均年龄较小,在家庭生命周期初期,有利于尽快完成第二个家庭成员迁移。家庭成员总量较大的农民工家庭,第二个成员迁移时间间隔较长,究其原因与分析初次迁移时间间隔相同,说明家庭正处于生命周期中期,家庭负担较重,影响到第二个成员迁移,相应迁移时间间隔增加。

家庭人均年龄越大、人均年支出越大和入城距离越长导致农民工家庭第三个成员迁移时间间隔延长。调查显示,人均年龄较大的第一代农民工家庭第三个成员(平均年龄 22.194 岁)迁移时间间隔为 5.290 年,人均年龄较小的新生代农民工家庭第三个成员(平均年龄 30.000 岁)迁移时间间隔为 3.333 年,可见第一代农民工家庭迁移的第三个成员更多是带动子女迁移,而新生代农民工家庭迁移的第三个成员更多是带动父母迁移。人均年支出较大的农民工家庭,一般是步入家庭生命周期中期,而迁移的第三个成员往往正是老人或未成年子女,因而迁移时间间隔较长。同样,入城距离较长的迁移势必引起迁移困难和迁移支出增加,使得第三个家庭成员迁移时间间隔较长。

2.农民工家庭举家迁移时间间隔变动分析。表 6.11 中举家迁移时间间隔回归系数显示,从 1994 年到 2010 年,农民工家庭举家迁移时间间隔风险率逐步降低,表明农民工家庭从首个劳动力外出务工到完成举家迁移时间间隔逐步延长。

家庭成员总量增加、劳动力比重增大、家庭人均年龄增大、人均年支出增加都使得举家迁移时间间隔变长。其中,家庭成员总量增加和人均年支出增加都说明农民工家庭步入家庭生命周期中期,赡养老人和未成年子女的数量较多,人均年支出较大,举家迁移较为困难。劳动力比重较大和家庭人均年龄较大的农民工家庭一般是子女已经成长为第二代劳动力的家庭生命周期后期,如果从家庭父辈较早迁移算起,到第二代子女成长为劳动力,再到完成举家迁移,迁移时间间隔势必会有所增加。

二、农民工家庭举家迁移决策动态影响因素分析

(一)模型修正与数据来源

为了从动态演进的角度分析农民工家庭往期成员特征、家庭特征对当期作出举家迁移决策的影响,本节采用第三章第五节第二部分引入的动态面板数据模型。

首先对第三章第五节第二部分模型关于农民工家庭迁移行为选择集局部调整如下:

设农民工家庭本期(设为 0 期)迁移行为选择在 J 选择集中 j 状态的概率为

$$\Pr(y_{i,0}=j \mid x_i)=p_{i,0,j}(x_i)$$

式中,i 代表农民工家庭,$j=0,1,2$,分别代表选择 J_0,J_1,J_2,J_0 为纯农村户,J_1 为半迁移户;J_2 为举家迁移户。x_i 代表 M_i、H_i,即代表该农民工家庭主要成员(一般是户主)的个体特征、家庭整体特征等可观测特征的集合,并假定其他不能观测的家庭异质性特征忽略不计。

本部分的计量分析采用的数据来源于 2006~2011 年山东省的农户跟踪调查数据,涉及每年的农户样本数为 97 个。这些农户在 2006~2011 年具有共同的迁

移行为是先后都派出两个以上劳动力外出务工,并最终实现了举家迁移①。

（二）变量及其说明

被解释变量为农民工家庭迁移行为选择,形成了选择集{纯农村户,半迁移户,举家迁移户},表示为{0,1,2}。

解释变量包括滞后期迁移行为选择类型(分别记为:J_0 选择 0,J_1 选择 1,J_2 选择 2)、滞后期家庭收入增长率(x_1)和家庭特征变量。家庭特征变量又包括人均耕地面积(x_2)、农用固定资产原值(x_3)、人均受教育年限(x_4)、家庭医疗支出(x_5,代表家庭成员健康状况)、户主年龄分段离散变量。户主年龄分段离散变量指标是按照区间分段统计方法统计的,分为五个年龄段,即 30 岁以下、31~40 岁、41~50 岁、51~60 岁、61 岁以上,采取以 30 岁以下年龄段为参照类的年龄离散变量(各离散变量分别记为 x_6、x_7、x_8、x_9)。

（三）计量结果及其讨论

根据第三章第五节第二部分设定的动态面板离散选择模型和上述对模型的修正,选取以上因变量和标准化处理后的自变量进行估计,计量结果见表 6.12。

表 6.12　　　　迁移决策的动态面板数据多元离散选择模型结果

解释变量	选择 J_1 系数估计	选择 J_2 系数估计
滞后选择 J_0	1.257***	−1.068*
滞后选择 J_1	1.444***	1.471***
滞后选择 J_2	−0.154*	1.811***
x_1	0.514***	0.422***
x_2	−0.106*	−0.019
x_3	−0.289**	−1.835**
x_4	0.482***	0.011***
x_5	0.163	−0.711
x_6	0.571***	0.216***
x_7	0.971*	−0.434**
x_8	−0.699	−0.418
x_9	0.524	−0.337
−2 Log−Likelihood　909.655	Nagelkerke R^2	0.494

注:参照类为当期选择 J_0,*、**、***分别表示在 10%、5% 和 1% 显著性水平。

① 这些举家迁移户主要是未定居城镇的农户,是完全从事非农业生产的农户。

表 6.12 的计量结果表明：

农民工家庭上期为纯农村户或存在两个以上成员为农民工的半迁移户均对现期部分成员迁移决策产生正向影响，上期为半迁移户或已经实现举家迁移的农民工家庭对现期举家迁移决策均产生正向影响。这表明：一方面，第五章第三节第二部分析得到的结论受到城市就业风险和预期收益风险的影响，首个农民工迁移并没有对农民工家庭继续迁移城市形成良好的推动作用，那么由表 6.12 可以得出结论，当农民工家庭有两个以上的农民工外出务工时，对家庭继续保持这种半迁移状态甚至演变为举家迁移城市的倾向更加显著；另一方面，只要渡过首个农民工城市就业和收入不稳定的过渡期，农民工家庭成员表现出有序迁移的趋势，即当首个农民工就业、收入稳定时，会有更多的家庭劳动力从事非农生产，非劳动力成员也会陆续随迁城市。

农民工家庭上期收入增长率对现期迁移决策产生正面影响。从家庭收入的动态演变趋势看，在其他环境不变的条件下，上期农民工家庭收入情况改善会促使下期家庭劳动力配置到非农就业领域，家庭有序迁移城市的倾向更加明显。

由以上农民工家庭预期收入增长与迁移行为选择互动关系分析，在非农生产预期收入增长稳定条件下，迁移行为选择更多倾向于迁移；在已经选择部分成员迁移或全部成员迁移条件下，只要非农就业、收入稳定，迁移行为最终选择更倾向于举家迁移城市。同时，对农民工家庭迁移阶段依次排列，能够表现出家庭成员特别是劳动力成员有序迁移城市的趋势。因此，可以进一步运用有序离散选择模型，结合第五章第三节第二部分的分析，对农民工家庭从不迁移演变为一个成员作为农民工迁移，再到两个以上成员迁移，再到举家迁移进行有序分析。有序离散选择模型计量结果见表 6.13。

表 6.13　　　　　　迁移决策的动态面板数据有序离散选择模型结果

解释变量	系数估计	解释变量	系数估计
滞后选择不迁移	-1.339^{**}	x_4	0.019^{***}
滞后选择 1 个农民工迁移	1.054^{**}	x_5	-0.527
滞后选择 2 个以上农民工迁移	1.129^{***}	x_6	0.196^{***}
滞后选择举家迁移	3.567^{***}	x_7	0.134^{*}
x_1	0.329^{***}	x_8	-0.322
x_2	-0.013	x_9	-0.277
x_3	-1.278^{**}		
$-2\,Log-Likelihood$　　1030.906		Nagelkerke R^2　　0.421	

注：参照类为当期选择不迁移，$*$、$**$、$***$ 分别表示在 10%、5% 和 1% 显著性水平。

表 6.13 结果表明：

前期为纯农村户,对当期派出首个农民工外出务工产生负面效应,但只要前期农民工家庭有劳动力外出务工,特别是有 2 个以上的劳动力外出务工,对农民工家庭成员有序迁移、完成举家迁移将产生正面效应。总体上讲,纯农村户更倾向于继续留在农村务农,但若家庭真正成为农民工家庭,且外出务工成员越多,外出务工时间越长,则未来更倾向于举家迁移城市。因此,从动态演进角度分析,农民工家庭成员配置的最终结果有向城乡两端沉淀的趋势:一方面,以农业生产为主的农户,以及仅有少数成员城市务工且城市就业、收入不稳定的农户,最终归宿是继续从事农业生产,沉淀在农村;另一方面,城市就业稳定、收入稳定的农民工家庭最终归宿是逐步拓宽城市就业渠道,增加迁移成员数量,沉淀在城市。因此,农民工家庭恰恰是沉淀在城市和农村之间的非稳态迁移状态。

预期家庭收入增长率提高对农民工家庭实现有序迁移、完成举家迁移影响显著。也就是说,历年来家庭收入增长率提高促进家庭劳动力减少务农生产,转而增加外出务工工作时间,促进家庭中原务农劳动力逐渐转向务工。其原因是自农民工家庭有首个农民工外出务工,前一年收入增长状况将显著影响当年家庭在非农生产领域投入多少时间和多少人力。随着首个农民工城市务工逐步稳定,如果前一年收入迅速增长,对来年收入继续增长形势产生乐观判断,将会促使农民工家庭继续增加非农生产领域的人力和时间。在非农生产就业率不断提高和经验动态积累中,农民工家庭会逐步形成继续增加家庭成员迁移直至举家迁移的合理决策。

农户家庭特征方面,农用固定资产原值对农民工家庭完成举家迁移决策产生负面影响,而人均受教育年限和户主在 30 岁以下、30～40 岁的年轻农民工家庭更倾向于从事非农生产,逐步举家迁移城市。

第五节　本章小结

本章将半迁移户和举家迁移未定居户纳入城乡流动阶段农民工家庭迁移行为分析。从山东省的调查数据看,举家迁移未定居户户均规模较半迁移户小,而非劳动力比重则略高,抚养子女数量略多而赡养老人数量略少。半迁移户和举家迁移未定居户的总收入均高于纯农村户。举家迁移未定居户在城乡流动中,逐步从半迁移户中分化出来,其工资水平和就业概率较高,城市生活支出有所增加。从两类农户的农民工成员分析:半数无职业技能等级、没有参加过任何正规培训,近四成以上农民工从事农业生产不足 2 年;两类农户累计外出务工时间仍以 10 年以内为主,但举家迁移未定居户表现出就业逐步稳定、务工地点和行业选择出现差异化趋势。两类农户较初次离乡户城市务工结余变动不明显,城市消费结构仍然维持在农村水平,没有实质上向城市居民转化;只身闯荡城市依然是农民工入城的主渠道,但举家迁移未定居户成员有序迁移特征明显。两类农户对城市环境和制度了解与应用差异不大,但举家迁移未定居户有不同程度的提高,对城市的政治、经济、文化各领域的环境更加熟悉和适应,定居城市的意愿更强烈。他们会根据对城市的了解,选择合理等级的城市务工,同时,希望政府在最低工资、保障性住房或廉租房领域提供帮助,解决家庭收入对定居城市的制约。

通过对农民工家庭迁移成员总量、迁移劳动力人数和迁移非劳动力人数分别设为因变量的泊松模型分析,结论是家庭成员有序迁移过程中,一些因素是家庭成员 3 个因变量数据变化共同的影响因素,一些因素对增减家庭迁移成员总量的影响主要体现在增减迁移劳动力或非劳动力数量上,一些因素对 3 个因变量之一单独产生影响。具体来讲:家庭人均支出增加对家庭迁移成员、迁移劳动力和迁移非劳动力数量有正向影响,而家庭农村经营收入增加对以上 3 个因变量增大有负向影响;年龄(负向作用)、农民工技能培训与务工地点关联(负向作用)、入城距离(负向作用)、制度性风险影响(正向作用)对迁移成员数量的影响主要体现在对迁移非劳动力数量上;入城途径与入城距离关联对迁移成员总量产生负向作用,耕地处置意愿、城市社区福利性收益对迁移劳动力人数产生负向作用,农民工外出务工时间(正向作用)和从事农业生产年数(负向作用)是非劳动力迁移决策需要考虑的家庭因素。

建立 Cox 比例风险模型,利用山东省 278 户农民工家庭人年数据,考察家庭首个农民工首次迁移到第二个成员迁移的时间间隔;利用山东省 193 户农民工家庭人年数据,考察家庭第二个成员到第三个成员迁移的时间间隔;利用山东省 111 户农民工家庭人年数据,考察从首个农民工首次迁移到举家迁移的时间间隔。主要研究结论有:(1)从 1994~2010 年,农民工家庭从首个劳动力外出务工到完成举家迁移时间间隔逐步拉长,而这种年代特征对农民工家庭第二、三个成员迁移时间间隔影响已经不显著,表明农民工家庭从首个农民工首次迁移到第二个成员迁移时间间隔、第二个成员迁移到第三个成员迁移时间间隔受到不同年份中国农民工宏观迁移趋势的影响不明显;(2)家庭特征因素是农民工家庭第二、三个成员有序迁移时间间隔和举家迁移时间间隔的主要影响因素,第一代农民工家庭比第二代农民工家庭的第二个成员迁移时间间隔长,家庭成员总量增大、家庭劳均年龄增大均使得农民工家庭第二个成员迁移时间间隔延长,家庭人均年龄增大、人均年支出增大和入城距离增长将导致农民工家庭第三个成员迁移时间间隔延长,家庭成员总量增加、劳动力比重增大、家庭人均年龄增大、人均年支出增加都使得举家迁移时间间隔延长。

基于 2006~2011 年山东省 97 个农户跟踪调查数据,利用动态面板数据多元离散选择模型和有序离散选择模型,考察从不迁移到 2 个以上成员半迁移再到举家迁移的动态影响因素,得到的主要研究结论有:(1)前期农民工家庭有 2 个以上的劳动力外出务工,对农民工家庭成员有序迁移、完成举家迁移将产生正面效应。(2)预期家庭收入增长率提高对农民工家庭实现有序迁移、完成举家迁移影响显著。自农民工家庭有农民工外出务工,上期收入增长率提高将显著影响本期家庭在非农生产领域投入多少时间和多少人力,原因是上期收入增长率提高往往来源于非农就业领域。(3)户主在 40 岁以下的年轻农民工家庭更倾向于迁移城市,人均受教育年限对农民工家庭成员有序迁移、实现举家迁移产生积极影响,而增加农用固定资产投入则产生消极影响。

通过第四章第四节第二部分的成本—收入分析结论,从举家迁移未定居户向举家迁移定居户转化是农民工家庭顺利完成市民化进程的最大障碍。本章通过对农民工家庭往返流动和定居城市的农业户迁移行为进行描述分析,静态分析农民工家庭如何能够结束城乡流动的局面,实现定居城市的市民化过程。

第一节　农民工家庭定居城市状况描述

本节继续以山东省家庭调查数据为基础,选取130户举家迁移未定居户(简称未定居户)和107户举家迁移定居户(简称定居户)的农民工家庭进行定居城市行为分析,从家庭成员结构、家庭收支结构、农村生产(生活)变动、农民工城市生产(生活)状况、城市社区环境状况以及对城市环境和制度了解和应用状况等角度分析定居城市阶段农民工家庭的迁移行为。

一、举家迁移农民工家庭成员结构

表 7.1　　　　　被访农民工家庭的家庭成员结构统计　　　　　单位:人/户

家庭类型	成员数量	城市劳动力	农村劳动力	农村非劳动力	城市非劳动力	子女数量*	老人数量
未定居户	3.20	2.01	0.00	0.00	1.19	1.14	0.05
定居户	3.44	2.20	0.00	0.00	1.24	1.20	0.05

注:*包括未达到劳动年龄的子女和达到劳动年龄但不实际参加劳动的子女数量。

表 7.1 显示,定居户户均规模较未定居户大。定居户规模大主要表现在户均劳动力数量较未定居户增加了 0.19 人/户,非劳动力数量增加了0.05人/户,且主要是抚养子女数量增加。从家庭结构分析,定居户劳动力数量增加,有利于家庭获得更高收益,有利于逐步解决家庭为定居城市而增加的居住支出;抚养子女数量增加,说明家庭收益水平能够负担家庭定居城市但未转化成城市住户而增加的额外

教育支出。

二、举家迁移农民工家庭农村资产状况

表7.2和图7.1显示,定居户较未定居户的宅基地面积、住房面积、耕地面积和农用固定资产总值均有不同程度的减少,特别是农用固定资产总值大幅度减少。定居城市的农业户基本已经放弃了农业生产经营,调查中仅有1.87%的定居户还自己耕种土地,其他户选择由亲友代种、转租或其他灵活的流转方式,转租租金略高。从图7.2可知,定居户希望保留农村的宅基地、住房和耕地的仍然维持在70%左右,较半迁移户和未定居户并没有明显降低,他们对农村资产的价值和用其抵御重大风险的能力有很强的认知。调查显示,即使定居城市没有任何风险,还有定居户试图把农村的房产和耕地作为自家后花园,有时间返回农村生活或养老。

表7.2　　　　　　　被访农民工家庭农村资产状况汇总(2011年末)

指　标	未定居户	定居户	指　标	未定居户	定居户
宅基地面积(亩)	0.69	0.51	耕地面积(亩)	2.10	1.24
住房面积(m²)	106.02	102.57	转租耕地年租金(元)	313.88	342.00
宅基地、住房总值(万元)	7.24	10.38	农用固定资产总值(元)	8257.69	915.89
意愿住房年租金(元)	1534.62	1990.65			

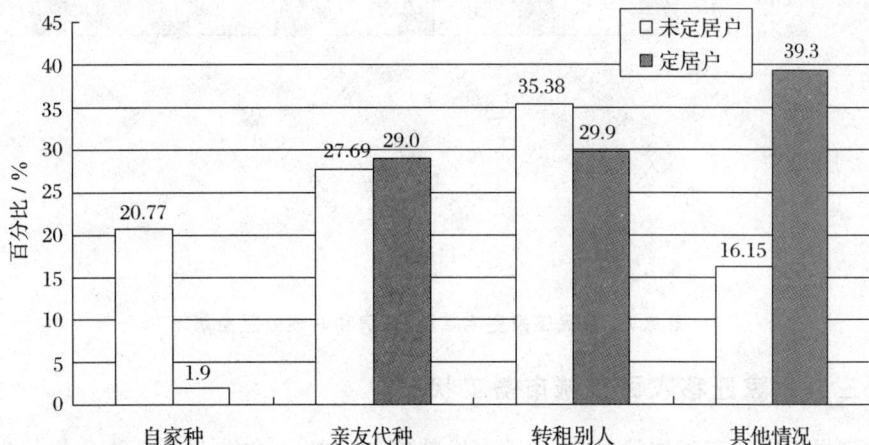

图7.1　农民工家庭耕地经营类型

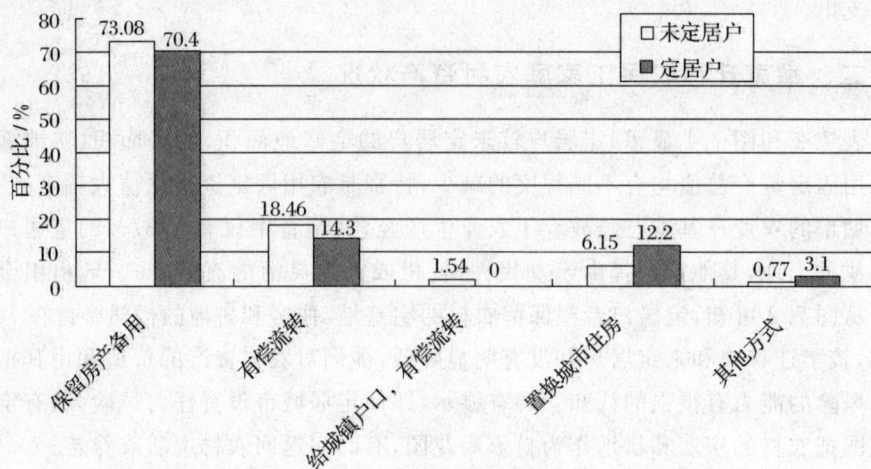

宅基地、住房

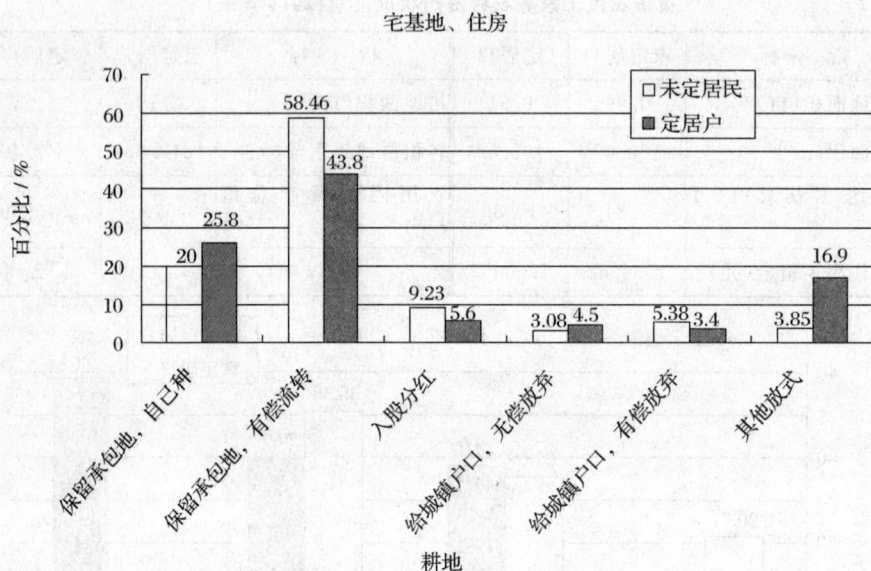

耕地

图 7.2　农民工家庭宅基地、住房和耕地处置意愿

三、举家迁移农民工城市务工状况

定居户农民工工作状况,决定着家庭整体收入能力,也决定着能否负担较未定居户大幅增加而接近城市住户的家庭支出水平。根据调查,山东省定居城市的农民工务工状况具有以下特点:

1.无技能等级的定居户农民工仍然占多数,但中、高级技工的比例明显增加,自费或接受政府、企业培训的人数增多。图 7.3 显示,定居户还有 52.8% 的农民工无职业技能等级,48.4% 的农民工没有参加过任何正规技能培训。但可以看出,取得中、高级技术资格的农民工分别较未定居户增加了 7.4% 和 2.6%,自费参加培训、参加政府组织培训和参加企业组织培训的比例分别提高了 1.6%、0.8% 和 2.4%。这些农民工的职业技能水平与城市就业市场对专门技能人才的需求正逐步趋于一致。

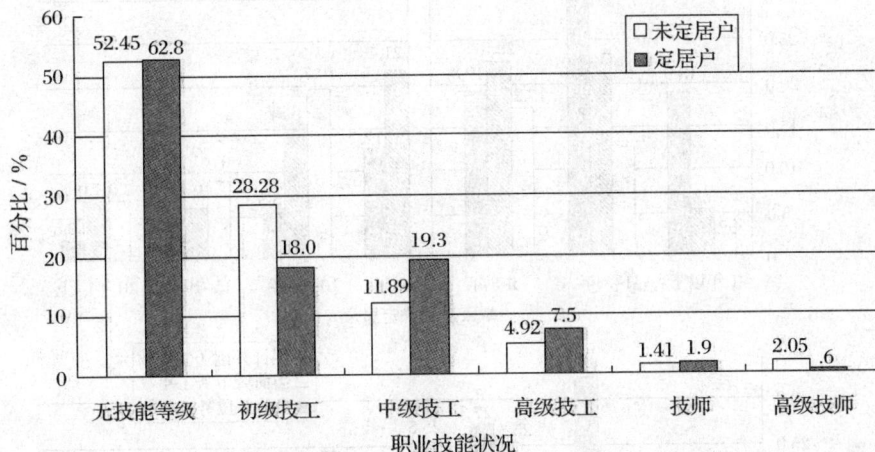

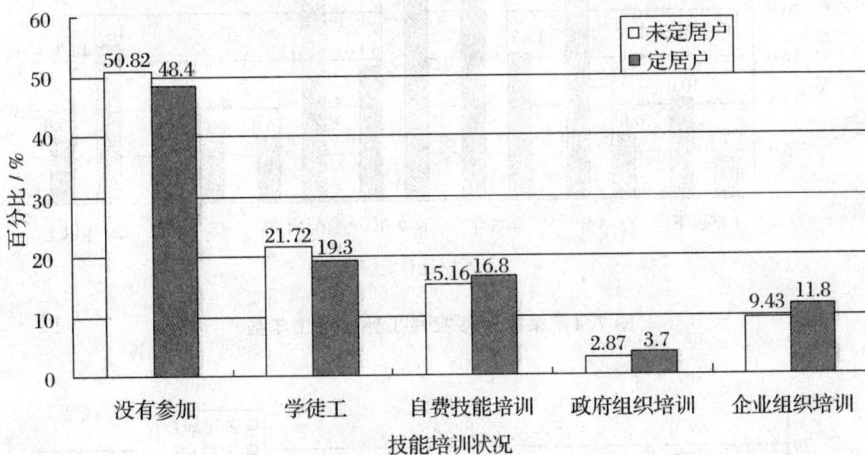

图 7.3　举家迁移的农民工职业技能和技能培训状况

2. 定居户累计务工时间、在同一城市务工时间明显增长,表现出就业稳定的状态。由图 7.4 可知,定居户和未定居户累计外出务工时间主要集中在 6~9 年段,但是,累计务工超过 10 年以上特别是 20 年以上的定居户比例显著增加;同样,定居户在同一城市务工时间主要集中在 4~5 年段,超过 15 年的比例也显著增加;在当前单位务工时间超过 4 年以上的比例也有不同程度的增加。图 7.5 显示,近 3 年定居户的农民工有 68.9% 的没有变换过工作。这些都说明定居户的农民工可以长时间地稳定在同一城市务工、生活,就业处于相对稳定状态,有利于他们对转变成真正市民形成稳定预期。

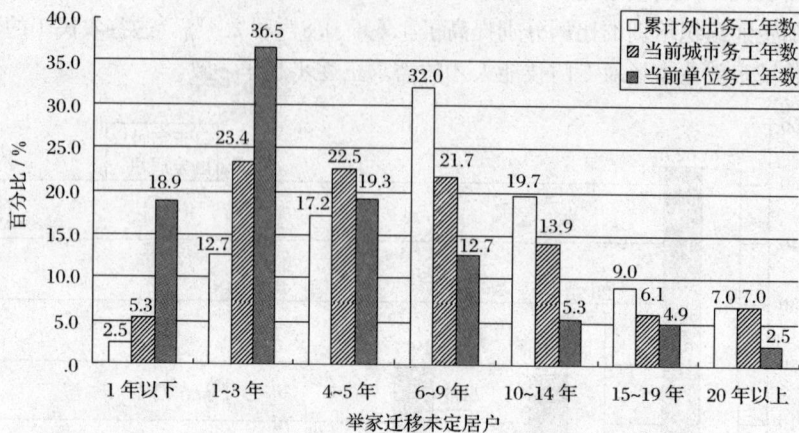

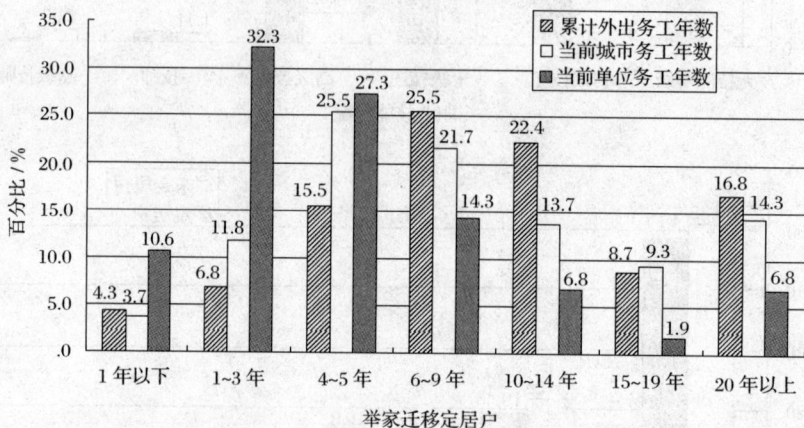

图 7.4　举家迁移农民工外出务工年数

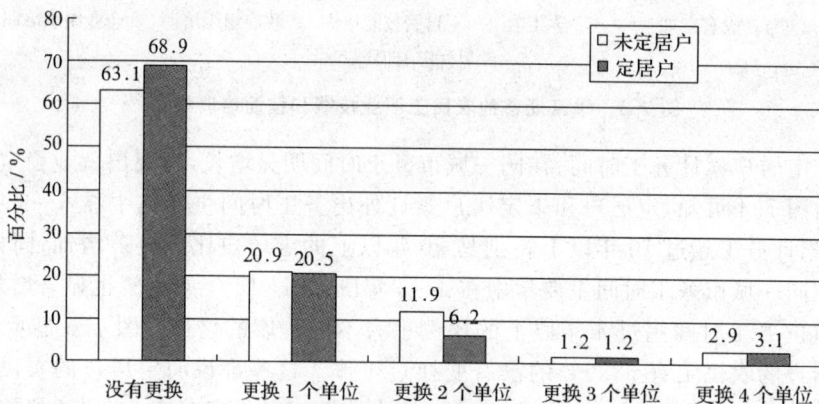

图 7.5　举家迁移农民工近 3 年变换单位数量

3.定居户农民工务工地点表现出以地级市为中心的正态分布状态,务工行业更加分散(图 7.6)。未定居户的农民工在务工地点选择上还处于分散搜索状态,但定居户则表现出更为理性的特点,他们认为地级市这样的中等城市是能够定居下来的最理想选择。定居户选择的务工行业较未定居户更加分散,从事商业、服务业、运输业的比例都有所增加,主要是个体经营和私营,这也是基于能够定居城市所作出的合理行业选择。这种变化说明定居户农民工在经历了初次离乡阶段、城乡流动阶段后,对决定定居的城市层次和务工行业信息了解更加充分,确切知道在这一层次城市定居工作有利于家庭获得的总收入负担定居城市的各类支出。

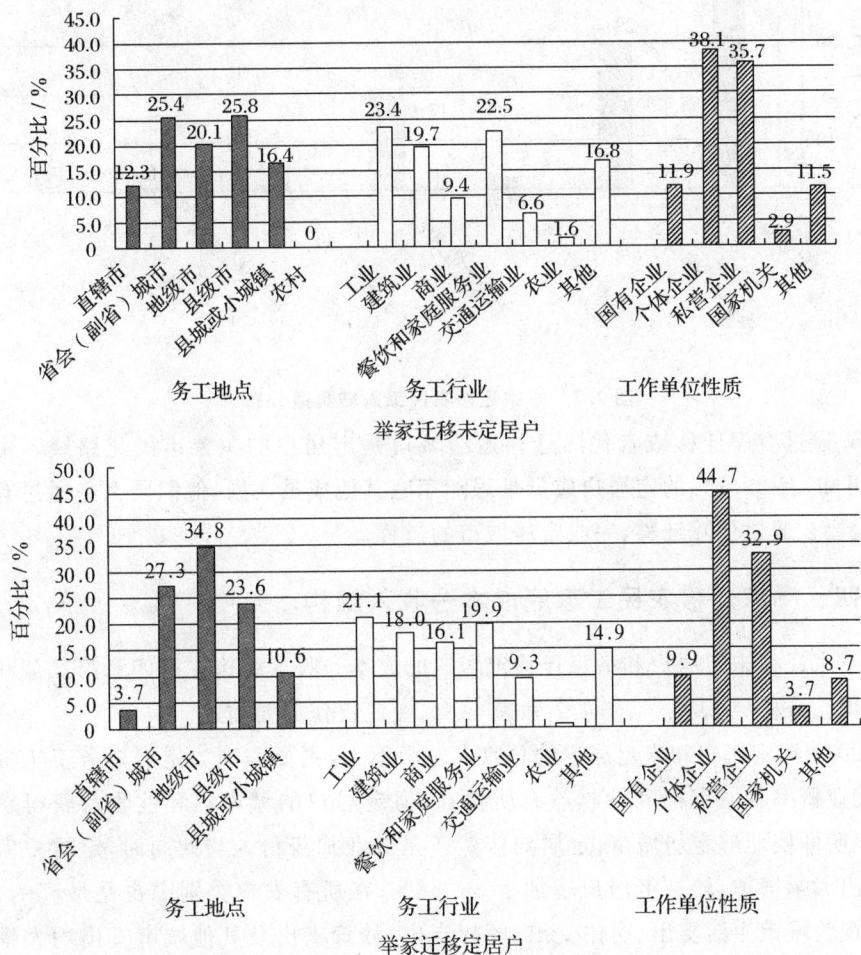

图 7.6 举家迁移的农民工务工地点、务工行业和务工单位分布

4.定居户与未定居户务工年结余差距不大,但家庭消费水平变化明显。据调查,2011 年定居户户均净结余 11614.91 元,储蓄 5295.03 元,与未定居户差距不

大,但两类农户城市生活消费变化显著。定居户月均日常生活支出697.37元/人,其中食品支出占44.86%,居住支出为656.56元/户。与未定居户相比,生活、居住支出有所增加,食品支出比例降低。定居户的城市消费水平已经与未定居产生显著差异,也超过了城市住户的消费水平。定居户从支出结构上已经脱离了原农村家庭支出结构,更接近一个城市家庭。

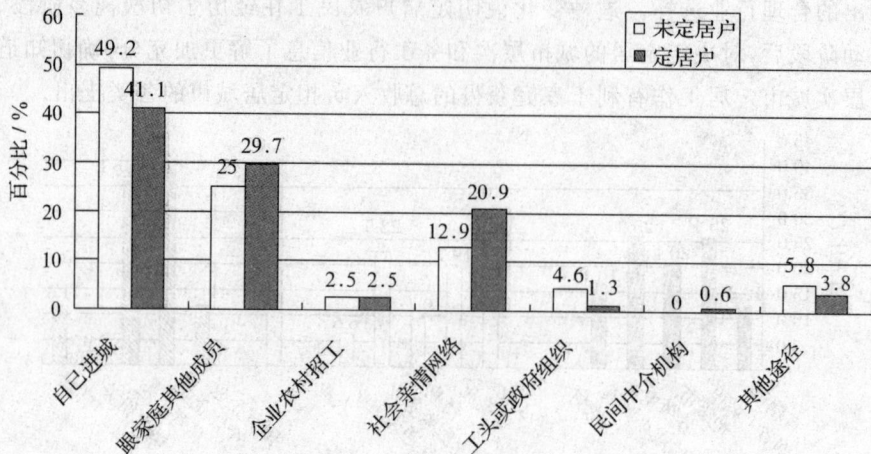

图7.7 举家迁移农民工入城渠道分布

5.通过有序迁移或者代际迁移定居城市是定居户的主要市民化路线。由图7.7可知,有29.7%的定居户成员是跟随家庭其他成员入城,他们要么是通过有序迁移,要么通过代际迁移,完成定居城市的过程。

四、举家迁移农民工家庭成本—收入结构

举家迁移未定居户和举家迁移定居户的成本—收入结构在第四章第二节和第四节均已分析(见表4.6、表4.7和表4.8),在此仅作简要描述。

2011年定居户和未定居户的总收入差距不大,主要表现为定居户务工工资水平、就业概率和城市福利性收益有所提高,但定居户的城市福利性收益获得率降低,说明即使能够定居城市,定居户依然还是农业户身份。与此同时,定居户家庭总支出大幅增加,较未定居户增加了36.88%,在所有农户类别中也是最高的,主要表现为城市生活支出、居住支出、医疗支出、教育支出及其他城市支出均大幅增加。定居户的城市各类支出已经接近甚至超过了城市住户的支出水平。

五、举家迁移农民工家庭城市环境与制度了解与应用状况

表7.4显示,定居户对城市环境和制度了解与应用满意程度与未定居户相比

有所降低,主要表现为对城市政治环境和经济环境的满意度降低。对部分被访户的交谈得知,虽然他们已经定居城市,但是在住房、医疗、社保、子女教育等领域还是没有享受到同等市民待遇,或者需要付出更多的成本和努力才能享受。因此,在城市务工中,他们更希望运用法律手段或健全劳务合同来保护自身的合法权益。调查显示,定居户农民工运用商业保险比例有所降低;与企业签订劳务合同,熟知并完善合同内容,运用合同保护自身合法权益的比例有所提高;了解城市务工相关的劳动法、工伤保险条例等法律、法规,具有法律维权意识和法律维权意愿的农民工比例也有所提高。

表 7.4　　　　　被访户城市环境和制度了解与应用程度汇总

指　　标	户型 1	户型 2	指　　标	户型 1	户型 2
确知各种保险含义比率	98.3%	98.0%	法律维权作用评价均值*	5.81	5.70
企业为务工人员缴纳"三金"率	65.6%	63.2%	劳务合同签订率	75.6%	71.0%
愿意购买保险比率	61.8%	59.6%	合同条款了解程度均值*	6.41	6.62
企业或政府负担50%,愿意购买保险比率	90.9%	89.4%	合同条款修订率	16.9%	17.8%
对劳动法、工伤保险条例等了解程度均值*	4.39	4.75	合同未修订时,合同条款公平性均值*	6.06	6.67
具有法律维权意识比率	79.2%	86.9%	合同保护合法权益能力均值*	6.45	6.90
愿意用法律维权比率	76.2%	76.6%	未签订合同时,就业权益保护信心均值*	5.76	5.16
城市总体环境评价均值*	6.14	5.78	城市政治环境评价均值*	5.83	5.41
城市经济环境评价均值*	6.02	5.78	城市文化环境评价均值*	5.96	6.01

注:(1)户型 1 为举家迁移未定居户,户型 2 为举家迁移定居户。

(2)调查的 * 类指标取值区间为[1,10],指标数值最优为 10,最差为 1。如合同条款了解程度指标,如果务工人员对合同条款非常了解取值 10,完全不了解取值 1。

六、举家迁移农民工家庭的市民化意愿

与未定居户相比,定居户意愿定居城市的比例反而下降了 7.1%,可见定居户定居城市后,遇到的定居障碍使他们又产生了从城市退出而非融入城市的意愿(图7.8)。由图 7.8 可知,经济障碍依然是定居城市的最主要障碍,但对于定居户而言,制度障碍成为定居主要障碍的比例显著增加。因此,与未定居户最希望政府解决收入和住房问题不同,定居户最希望政府解决除收入外,与市民相当的城市工作

和生活环境、医疗救助和社会保障等问题(图7.9)。

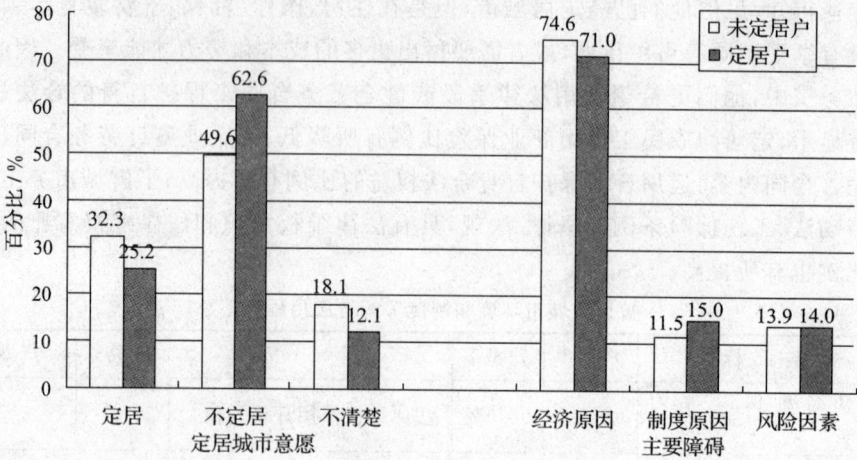

图 7.8   被访户定居城市意愿及主要障碍

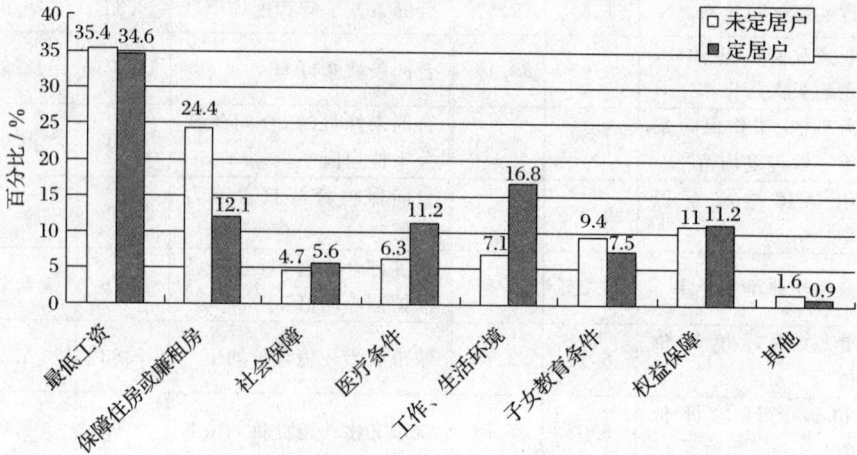

图 7.9   被访户希望政府为定居城市提供的保障

　　未定居户意愿定居的城市主要选择县级市、县城或小城镇、省会或副省级城市和地级市,而定居城市户意愿选择的城市则主要是省会或副省级城市和地级市(分别占31.8%)。原因是,定居户认为城市主要吸引他们的是子女教育条件(占49.0%)和生活条件(28.8%),相比较而言,省会(副省)级城市和地级市更具备优越的生活环境和教育资源。

第二节　农民工家庭定居城市决策的影响因素分析

由上节的分析可知,定居城市的农民工家庭总支出大幅增加,甚至超过了城市居民的水平,加上经济环境和制度环境原因,他们已经表现出退出城市的意愿。因此,定居城市决策是农民工家庭最重要和最困难的决策。下面将继续利用山东省的调查数据,对影响农民工家庭定居城市的因素进行细致分析。

一、计量模型与变量

（一）模型的建立

本节将继续利用第三章第三节第二部分中建立的 Logistic 模型,从实证研究的角度出发,对举家迁移未定居户和举家迁移定居户进行对比,分析农民工个体因素、家庭特征及所处的社区和宏观环境与制度因素对作出定居城市决策的影响。对第三章第二节第二部分模型的选择集作如下调整:

设静态农民工家庭迁移行为选择集为 J，$J = \{J_0, J_1\}$，其中 J_0 代表举家迁移未定居户，J_1 代表举家迁移定居户。设第 i 个农民工家庭选择第 $j (j = 0, 1$，分别代表选择 J_0, J_1）种迁移行为的效用是 $U(i, j)$。对于理性的农民工家庭来说,会在选择集中选择期望效用最大的一个方案,即 $J_i^* = \arg \max_{j=0,1} U(i, j)$。

（二）变量及其说明

被解释变量 P_{ij} 为 $0 - 1$ 赋值变量，J_0 为比较基础，即

$$P_{i1} = \begin{cases} 1, & \text{选择 } J_1, \\ 0, & \text{其他} \end{cases}$$

本部分的计量分析采用山东省抽样调查数据,选取 130 户举家迁移未定居户和 107 户举家迁移定居户的抽样调查数据,共选取 70 个解释变量对被解释变量予以分析,其中家庭人力资源类 5 个、家庭成本—收益类 10 个、家庭农村资产类 6 个、农民工城市务工状况类 15 个、城市社区环境类 3 个、城市环境与制度评价类 26 个、市民化与定居意愿类 5 个,采用 SPSS19.0 对解释变量进行标准化处理,经过主成分分析,采用逐步回归的方法剔除不显著解释变量,确定表 7.5 中的 15 个显著性解释变量纳入最终的回归模型中。

表 7.5   **解释变量选取列表**

所属类别	解释变量名称	变量表示	解释变量含义及备注
家庭人力资源	年龄	x_1	人均年龄(岁)
家庭成本—收益	家庭人均支出	x_2	人均月支出(元)
	居住支出	x_3	家庭年居住支出(元)
家庭资产	农村房产价值	x_4	人均农村房产价值(元)
	农村资产处置意愿	x_5	保留=1,有偿流转或出租=2,入城无偿或有偿放弃=3,置换城市不动产=4,其他=5
务工人员状况	外出务工时间	x_6	累计外出务工年数、当前城市务工年数、当前单位务工年数(年)
	工作单位性质	x_7	机关=1,国有、集体企业=2,私营企业=3,个体企业=4,其他5
	务工行业	x_8	工业=1,建筑业=2,商业=3,餐饮与家庭服务业=4,交通运输业=5,农业=6,其他7
	工作变动频率	x_9	没有更换=1,更换1个单位=2,更换2个单位=3,更换3个单位=4,更换4个以上单位=5
	从事农业生产年数	x_{10}	家庭农民工人均从事农业生产年数(年)
	返乡距离	x_{11}	家庭劳均务工地与老家间距离(千米)
城市环境与制度评价	医疗保险参加意愿及重要性	x_{12}	无意愿=1;有意愿,不太重要=3;有意愿,重要性一般=5;有意愿,重要性稍强=8;有意愿,非常重要=10
	保险和合同维权能力评价	x_{13}	能力非常差=1,能力略差=3,能力一般=5,能力较强=8,能力非常强=10
	法律维权能力评价	x_{14}	能力非常差=1,能力略差=3,能力一般=5,能力较强=8,能力非常强=10
	制度性风险影响	x_{15}	无影响=1;有影响,不太强=3;有影响,中等=5;有影响,略强=8;有影响,非常强=10

二、计量结果及其讨论

这里以举家迁移未定居户 J_0 作为比较基础,对举家迁移定居户的定居决策进行计量分析,估计结果见表 7.6。

表 7.6 显示,与城乡流动阶段相比,年龄对定居城市决策的负向作用、农村资产处置意愿的负向作用、居住支出的负向作用、务工人员从事农业生产年数的负向作用和家庭人均支出的正向作用依然显著,并且影响程度进一步增强。与城乡流动阶段相比,家庭成员结构、家庭农村经营收入、农村食品支出、农村其他收入、农民工务工结余、技能培训、城乡社区福利性收益、城市环境总体评价等因素对定居城市决策的影响不再显著,说明农民工家庭从举家迁移到定居城市,家庭农村的收支状况已经无关紧要,而举家迁移城市后,工作趋于稳定,对城市环境的了解和认知程度也无显著变化。但是,他们渴望农村资产(耕地和房产)能够进行市场交易,农村资产价值成为农民工家庭定居城市的重要资金来源。

表 7.6　　　　　　　　　定居城市决策的离散 Logistic 模型结果

解释变量	系数 B	显著性 Sig.	Exp (B)	解释变量	系数 B	显著性 Sig.	Exp (B)
x_1	−0.290	0.000	0.748	x_{10}	−0.486	0.008	0.615
x_2	0.150	0.000	1.162	x_{11}	−0.545	0.001	0.580
x_3	−0.296	0.002	0.744	x_{12}	−0.222	0.020	0.801
x_4	0.253	0.066	1.288	x_{13}	0.307	0.009	1.359
x_5	−0.318	0.001	0.728	x_{14}	0.340	0.039	1.404
x_6	0.194	0.000	1.214	x_{15}	−0.390	0.004	0.677
x_7	0.200	0.066	1.221	−2Log−Likelihood			206.678
x_8	0.325	0.050	1.384	Nagelkerke R^2			0.530
x_9	0.223	0.090	1.250				

除此之外,农民工的外出务工时间(x_6)增加和工作单位的性质(x_7)对定居城市决策有显著的正向作用。调查显示,随着外出务工时间增加,主要在个体经营单位和私营单位工作的农民工,其家庭更易于定居城市。

返乡距离(x_{11})和从事农业生产的年数(x_{10})对定居城市决策有显著的负向作用。定居城市距离老家越近,越有利于定居城市;务工前从事农业生产的年数越少,越有利于定居城市。这说明,农民工对农村老家还有难以割舍的感情,希望定居在较近的城市;如果农村老家附近的城市能够满足定居的收入和生活要求,农民工家庭是不会选择背井离乡定居他处的。而农业生产经验较少的新生代农民工,一旦城市收入、生活稳定,是有利于定居城市的。

农民工家庭城市医疗保险参加意愿及重要性(x_{12})对定居城市决策有负影响,即城市医疗保险参加意愿越强烈,认为医疗保险很重要的农民工家庭不利于作出定居决策。调查数据显示,半迁移户、举家迁移未定居户和定居户都把参加医疗保险作为最重要的参加险种,但定居户的医疗保险重要性评价已经大大降低,城市住户则已经把养老保险视作最重要险种。由此可见,如果农民工家庭依然把加入医疗保险作为最重要的险种,说明农民工依然从事城市高危行业的工作,他们还在经受生命和健康的威胁,一旦出现意外,定居城市的基础也就不复存在,这样的家庭很难作出定居城市的决策。

农民工家庭对社保、务工合同和用工法律等维权能力的评价(x_{13}、x_{14})对定居城市有正向作用。农民工家庭认为社保体系、务工合同、用法律法规有效维护家庭成员合法权益能力增强时,说明农民工家庭已经逐步融入城市环境中,懂得运用制度获益,其定居城市概率会显著增加。

制度性风险(x_{15})对定居城市决策有显著负向作用。在定居城市进程中,除经济因素外,城市制度、城市单位和市民对农民工家庭的排斥,会产生定居城市的重要障碍。农民工家庭只有冲破这种障碍产生的心理负担和风险,才能被城市接受。

第三节 本章小结

本章首先通过举家迁移定居户与未定居户之间的比较,分析定居户定居城市的生活和务工状态。通过分析发现:(1)定居户户均劳动力和抚养子女数量均增加。(2)定居户和未定居户的总收入差距不大,但定居户家庭总支出大幅增加,各类支出已经接近甚至超过了城市住户的支出水平。(3)定居户较未定居户宅基地面积、住房面积、耕地面积和农用固定资产总值均有不同程度的减少,特别是农用固定资产总值大幅度减少,但是希望保留农村的宅基地、住房和耕地的人仍然维持在 70% 左右。(4)定居户的农民工中、高级技工的比例明显增加,自费或接受政府、企业培训的人数也逐步增多;他们的累计务工时间、在同一城市务工时间明显增长,表现出就业稳定的状态,有利于他们形成长期定居城市的稳定预期,在务工地选择上还处于分散搜索状态,但定居户则表现出更为理性的特点,他们认为地级市这样的中等城市是能够定居下来的较理想选择。(5)定居户的城市消费水平已经超过了城市住户的消费水平,从支出结构上已经脱离了原农村家庭的状态,更接近一个城市家庭。(6)通过有序迁移或者代际迁移定居城市是定居户的主要市民化路线。(7)定居户对城市环境和制度了解与应用满意程度与未定居户相比有所降低,主要表现为对城市政治环境和经济环境的满意度降低,他们更希望动用法律手段或完备的劳务合同来保护自身的合法权益。(8)与未定居户相比,定居户意愿定居城市的比例不升反降,定居障碍使他们产生了退出城市的意愿;定居城市户意愿选择的城市则主要是省会或副省级城市和地级市。

通过静态的二元 logistic 回归分析得知,农民工城市务工状况和农民工家庭对城市环境与制度的了解与评价是影响其定居城市决策的重要方面。其中,农民工家庭成员年龄对定居城市有负影响;家庭人均支出水平增加对定居决策有促进作用,居住支出增加对定居城市有抑制作用;农户农村耕地和房产处置意愿对定居决策有负向影响,说明即使能够定居城市,还是希望保留农村的耕地和房产;农民工外出务工时间增加和工作单位性质对定居城市决策有显著的正向作用,务工地与老家距离和务工前从事农业生产的年数对定居城市决策有显著的负向作用;城市医疗保险参加意愿越强烈,认为医疗保险很重要的农民工家庭不利于作出定居决策;当农民工家庭认为社保体系、务工合同、法律法规维护家庭成员的合法权益能力增强时,定居城市概率会显著增加;城市制度、城市单位和城市原居民对农民工家庭的排斥是农民工家庭定居城市的重要障碍。

第八章
融入城市阶段农民工家庭迁移决策与迁移行为

通过第四章第四节第二部分和第七章第二节的分析,举家迁移定居城市的农民工家庭与城市住户在家庭成本—收入领域、城市环境与制度的了解和运用等方面还存在一定的区别,定居城市的农民工家庭并未完全融入城市。本章通过对农民工家庭定居城市户与城市住户的比较分析,研究农民工家庭如何能够实现融入城市,成为真正的城市住户,从而结束市民化过程。

第一节 农民工家庭融入城市状况描述

本节继续以山东省家庭调查数据为基础,选取 107 户举家迁移定居城市的农民工家庭(简称定居户)进行融入城市行为分析,从家庭成员结构、家庭收支结构、城市社区环境状况以及对城市环境与制度了解和应用状况等角度分析农民工家庭融入城市的行为。研究中将选取 140 户城市住户作为比较。

一、定居城市农民工家庭成员结构

表 8.1   被访家庭的家庭成员结构统计   单位:人/户

家庭类型	成员数量	城市劳动力	农村劳动力	农村非劳动力	城市非劳动力	子女数量*	老人数量
定居户	3.44	2.20	0.00	0.00	1.24	1.20	0.05
城市住户	3.30	2.10	0.00	0.00	1.20	1.10	0.11

注:* 包括未达到劳动年龄的子女和达到劳动年龄但不实际参加劳动的子女数量。

表 8.1 显示,城市住户的户均规模比举家迁移定居户的规模要小。成员结构中,除了户均赡养老人的数量增加外,其他人口规模均有不同程度的缩小。调查发现,定居户的规模较大,主要表现为成年和未成年子女数量的增加,其根源是定居户处于城市居民群体的边缘,他们不受城市计划生育政策的影响,在农村逐步放开二胎指标的影响下,户均子女数量有所增加。

二、定居城市农民工家庭成本—收入结构

举家迁移定居户和城市住户的成本—收入结构在第四章第二节和第四节均已分析(见表 4.6、表 4.7 和表 4.8),在此仅作简要描述。

2011 年举家迁移定居户和城市住户的总收入和总支出差距不大,举家迁移定居户收支水平已经接近甚至超过了城市住户的收支水平。差距主要表现为城市住户的工资水平和就业率、城市福利性收益及获得率略高,使得城市住户的总收益比定居户户均高 1500 余元,但定居户的日常生活支出、居住支出、教育支出这些城市生活主要支出都高于城市住户,导致定居户的总支出比城市住户户均高近 4000元。这说明,在定居户没有获得城市住户身份前,他们需要为融入城市生活付出更多的支出和努力,主要包括子女接受城市教育产生的跨区择校支出、成为市民所必需的购房支出等。

三、定居城市农民工家庭城市环境与制度了解与应用状况

表 8.2 显示,定居户对城市环境和制度了解与应用与城市住户相比还存在明显差距,主要表现为对城市政治、经济、文化环境的满意度,对城市社保、法律、劳务合同的运用均存在明显差距。这说明定居户融入城市环境还存在一定的困难。他们不能参与企业、社区的政治和群体生活,不能享受城市分配体系给予市民的高收入、高就业、高福利,不能享受城市丰富多彩的社区文化,生活单调乏味。他们还没有被城市企业、单位所接受,城市企、事业单位更愿意招聘城市职员,签订劳务合同,并承担相应福利支出。从定居户本身看,他们参与城市社保和法律维权的意识和意愿还没有达到市民水平。总而言之,定居户依然是游离于城市边缘的农户,城市环境和制度排斥他们,他们也没有接受和融入城市环境和制度体系。

表 8.2　　　　被访户城市环境和制度了解与应用程度汇总

指　　标	户型 1	户型 2	指　　标	户型 1	户型 2
确知各种保险含义比率	98.0%	97.1%	法律维权作用评价均值*	5.70	6.70
企业为务工人员缴纳"三金"率	63.2%	85.0%	劳务合同签订率	71.0%	92.1%
愿意购买保险比率	59.6%	66.4%	合同条款了解程度均值*	6.62	7.11
企业或政府负担50%,愿意购买保险比率	89.4%	93.6%	合同条款修订率	17.8%	17.1%
对劳动法、工伤保险条例等了解程度均值*	4.75	5.22	合同未修订时,合同条款公平性均值*	6.67	6.55

（续表）

指　　　标	户型 1	户型 2	指　　　标	户型 1	户型 2
具有法律维权意识比率	86.9%	88.6%	合同保护合法权益能力均值*	6.90	6.85
愿意用法律维权比率	76.6%	77.1%	未签订合同时，就业权益保护信心均值*	5.16	4.96
城市总体环境评价均值*	5.78	5.72	城市政治环境评价均值*	5.41	6.04
城市经济环境评价均值*	5.78	6.21	城市文化环境评价均值*	6.01	6.21

注：(1)户型 1 为举家迁移定居户，户型 2 为城市住户。

(2)调查的 * 类指标取值区间为[1,10]，指标数值最优为 10，最差为 1。如合同条款了解程度指标，如果务工人员对合同条款非常了解取值 10，完全不了解取值 1。

第二节　农民工家庭融入城市决策的影响因素分析

由上节的分析可知，定居城市的农民工家庭与城市住户之间的区别主要表现在对城市环境与制度的了解与运用上，在家庭收支上稍有不同。因此，融入城市决策主要从定居户与城市住户之间的环境与制度了解与运用差距进行分析。下面将继续利用山东省的调查数据，对影响农民工家庭融入城市的因素进行分析。

一、计量模型与变量

（一）模型的建立

本节将继续利用第三章第三节第二部分建立的 Logistic 模型，从实证研究的角度出发，对举家迁移定居户和城市住户进行对比，分析务工人员个体因素、家庭特征及所处的社区和宏观环境、制度因素对作出举家迁移决策的影响。对第三章第三节第二部分模型的选择集作如下调整：

设静态农民工家庭迁移行为选择集为 $J，J = \{J_0, J_1\}$，其中 J_0 代表举家迁移定居户，J_1 代表城市住户；设第 i 个农民工家庭选择第 $j（j = 0,1，$分别代表选择 $J_0，J_1)$ 种迁移行为的效用是 $U(i,j)$。对于理性的农民工家庭来说，会在选择集中选择期望效用最大的一个方案，即 $J_i^* = \arg\max\limits_{j=0,1} U(i,j)$。

（二）变量及其说明

被解释变量 P_{ij} 为 0—1 赋值变量，J_0 为比较基础，即

$$P_{i1} = \begin{cases} 1，选择 J_1， \\ 0，其他 \end{cases}$$

本部分的计量分析采用山东省抽样调查数据，选取 107 户举家迁移定居户和 140 户城市住户的调查数据。共选取 53 个解释变量对被解释变量予以分析，其中家庭人力资源类 5 个、家庭成本—收入类 10 个、成员城市工作状况类 10 个、城市社区环境类 3 个、城市环境与制度评价类 25 个，采用 SPSS19.0 对解释变量进行标准化处理，经过主成分分析，采用逐步回归的方法剔除不显著解释变量，确定表 8.3 的 7 个显著性解释变量纳入最终的回归模型中。

表 8.3　　　　　　　　　　　　　解释变量选取列表

所属类别	解释变量名称	变量表示	解释变量含义及备注
家庭人力资源	家庭成员结构	x_1	劳动力比重（%）
家庭成本—收入	家庭人均支出	x_2	人均月支出（元）
	医疗支出	x_3	家庭年医疗支出（元）
务工人员状况	务工地点	x_4	直辖市＝1，省会或副省级＝2，地级市＝3，县级市、县城或小城镇＝4，农村＝5，其他＝6
城市环境与制度评价	城市环境总体评价	x_5	非常差＝1，比较差＝3，中等＝5，比较好＝8，非常好＝10
	养老保险参加意愿及重要性	x_6	无意愿＝1；有意愿，不太重要＝3；有意愿，重要性一般＝5；有意愿，重要性稍强＝8；有意愿，非常重要＝10
	法律维权意识	x_7	无意识＝1；有意识，不太强＝3；有意识，中等＝5；有意识，略强＝8；有意识，非常强＝10

二、计量结果及其讨论

这里以举家迁移定居户 J_0 作为比较基础，对举家迁移定居户的融入城市决策进行计量分析，估计结果见表 8.4。

表 8.4　　　　　　　　　　融入城市决策的离散 Logistic 模型结果

解释变量	系数 B	显著性 Sig.	Exp（B）	解释变量	系数 B	显著性 Sig.	Exp（B）
x_1	0.193	0.017	1.213	x_6	0.700	0.000	2.014
x_2	0.103	0.001	1.108	x_7	0.379	0.002	1.461
x_3	−0.264	0.036	0.768				
x_4	0.308	0.001	1.360	−2Log−Likelihood			235.604
x_5	0.137	0.005	1.147	Nagelkerke R²			0.455

表 8.4 显示,与定居城市阶段相比,在影响融入城市决策的众多因素中,除了家庭人均支出对融入城市继续产生正向作用外,其他显著因素都发生了变化。这说明与定居城市决策的过程相比,农民工家庭作出融入城市决策需要重新考虑和权衡,也说明农民工家庭成员融入城市阶段是市民化四阶段中难度最大的阶段。具体来看:(1)继初次离乡、城乡流动阶段后,家庭成员结构继续对融入城市产生显著正向作用,影响力依然较强,说明定居户劳动力比重增大有利于家庭收入增长,也说明随着家庭子女的年龄增长,定居户有能力在一个家庭生命周期中完成市民化进程,即使没有完成,随着家庭子女的成长,在第二代家庭生命周期也可以完成市民化进程;(2)继初次离乡阶段后,医疗支出又对融入城市产生负向影响,影响程度增强,因此当定居城市家庭出现重大疾病风险时,家庭成员市民化的进程会受到严重影响;(3)务工人员务工地点选择地级市及以下层次的中小城市(镇)有利于融入城市,原因是这类城市生活负担较轻,社区周围人群大多从农村迁移而来,易于融合,不会受到城市制度和习惯的排斥;(4)继初次离乡、城乡流动阶段后,城市环境总体评价又对融入城市决策影响显著,尤其以养老保险参加意愿及重要性、法律维权意识为甚。

第三节　本章小结

本章首先对农民工家庭定居城市户与城市住户进行比较分析,了解转化为市民户前后,家庭在成员结构、收支结构和城市环境与制度适应等方面的状况。研究表明:定居户处于城市居民群体的边缘,他们不受城市计划生育政策的影响,在农村实际上放开二胎生育的影响下,该类家庭的户均子女数量有所增加;定居户和城市住户的总收入和总支出差距不大,举家迁移定居户收支水平已经接近甚至超过了城市住户的收支水平;定居户对城市环境与制度的了解与应用与城市住户相比还存在明显的差距,主要表现为对城市政治、经济、文化环境的满意度和对城市社保、法律、劳务合同的运用存在明显差距。

通过静态的二元 logistic 回归分析得知,举家迁移定居户对城市环境和制度的了解与评价是影响其融入城市决策的关键因素。其中,对城市环境的总体评价、养老保险参加意愿及其重要性、利用法律维权的意识和意愿对其融入城市有显著的正向影响,特别是养老保险参加意愿及其重要性、利用法律维权的意识和意愿对农民工家庭融入城市影响最大。此外,定居户的劳动力比重、年龄结构和受教育年限、农民工家庭人均支出水平、农民工务工地点选择对其融入城市有正向影响;定居户医疗支出水平对其融入城市产生阻碍。

第九章
研究结论与展望

　　本研究从综合归纳国内外劳动力迁移和中国农民工市民化已有文献研究出发，以新劳动迁移经济理论和劳动力迁移成本—收益理论为研究基础，围绕农民工家庭迁移决策引致迁移行为这一重要体系，按照市民化进程分析中国农民工家庭迁移行为的演变规律和行为特征。在此基础上，将农民工家庭的迁移分解为五种迁移状态、四个迁移阶段，采用静态分析和动态分析两条路径，运用山东省的实地调查资料和跟踪调查资料，重点研究了各状态下农民工家庭实施下一步迁移行为的影响因素，寻求农民工家庭顺利完成向城市住户转化的演进路径和推动力量，进而提出促进农民工家庭逐步迁移、定居、融入城市的政策措施。

第一节　主要研究结论

一、理论研究主要结论

　　本研究理论研究主要集中在第三章。从理论层面构建了结合农民工个体特征、家庭特征、社区特征、城乡环境与制度特征在内，基于家庭成本—收入视角的家庭效用最大化模型。由该模型，理论上解释了目前农民工家庭迁移的各种理性行为表现；通过分析模型中设定的各类解释变量的变动方向，为以后章节实证分析这些解释变量变动方向提供了研究假设，并在此基础上建立了静态和动态影响因素分析模型用于以后章节的实证分析中。主要研究结论有：

　　1. 静态分析，实践中农村家庭从不迁移到举家迁移的 9 种迁移行为是在家庭收支约束、家庭城乡劳动力数量约束、家庭城乡非劳动力数量约束的影子价格和家庭团聚因素共同作用下的真实表现。

　　实践中，农村家庭有全部成员不迁移，非劳动力子女因求学先于劳动力迁移、劳动力先迁移、非劳动不迁移，之后迁移劳动力数量增加，随迁非劳动力数量增加，直到举家迁移，共计 9 种现象。对基于成本—收入视角的家庭效用最大化静态模型最优求解,能够描述这9种现象均是家庭收支约束、家庭城乡劳动力数量约束、家庭城乡非劳动力数量约束的影子价格和家庭团聚因素等参数不同取值下的最优组合。

2.静态分析,在农民工家庭从不迁移向举家迁移的迁移过程中,农民工的城市就业率和务工工资水平、家庭成员农村消费水平、家庭农村财产性收入、城市社区福利性收益、城市环境与制度性收益等的增加,都对这一迁移过程产生积极影响;务农收入水平、家庭成员城市消费水平、家庭城市财产性支出、农村社区福利性收益、农村环境与制度性收益等的增加,都对这一迁移过程产生消极影响。

3.动态分析,实践中农村家庭从不迁移到举家迁移的7种迁移行为①,是家庭一个生命周期中,在劳动力成员迁移净收益现值、非劳动力成员迁移净收益现值、劳动力迁移率和非劳动力迁移率共同作用下的真实表现。

从农民工家庭成员结构稳定开始观察,农民工带动家庭非劳动力随迁有全部成员不迁移,劳动力先迁移、非劳动不迁移,之后迁移劳动力数量增加,随迁非劳动力数量增加,直到举家迁移,共计7种现象。对基于净收益现值为基础的家庭效用最大化动态模型最优求解,能够描述这7种现象均是劳动力成员迁移净收益现值、非劳动力成员迁移净收益现值、劳动力迁移率和非劳动力迁移率等参数不同取值下的最优组合。

4.动态分析,在农民工家庭从不迁移向举家迁移的迁移过程中,农民工城市就业率峰值出现的时间和持续期、务工工资增长速度、家庭农村消费增长速度、家庭农村财产性收入增长速度等的增加,都对这一迁移过程产生积极影响;务农收入增长速度、家庭城市消费增长速度、家庭城市财产性支出增长速度、农村社区福利性收益增长速度等的增加,都对这一迁移过程产生消极影响。

二、实证研究主要结论

(一)中国农民工家庭迁移行为变迁及新特征

1.改革开放后中国农民工迁移呈现三阶段特征,进入21世纪,农民工家庭表现出适合举家迁移的特征,举家迁移农民工数量持续增加。改革开放以来,外出务工农民工数量持续增长,且阶段性特征明显:20世纪80年代,以乡镇企业就业、就近迁移为主;90年代,开始转向城市二、三产业异地迁移;进入21世纪,以向大城市迁移为主和向城镇、县城迁移为辅的迁移方向发展。由于家庭规模缩小、家庭负担减轻、成员文化素质普遍提高、外出务工收入持续稳定增长,使得农村居民家庭

---

① 动态分析中,主要分析农民工家庭劳动力带动非劳动力迁移这种普遍现象,因此剔除了农民工家庭非劳动力先于劳动力迁移和非劳动力全部迁移、劳动力部分迁移2种实践表现不符合分析主旨的现象。

表现出适合举家迁移的特征,举家迁移农民工数量开始增加。

2.近些年,中国农民工家庭迁移表现出受一系列推动迁移和限制迁移因素共同影响的特征,使得农民工家庭迁移成员数量在增加,但又不能完全定居、融入城市。

近些年,农民工家庭中第二代成员逐步成为迁移农民工的主力,且已婚者比例增加,外出务工农民工文化水平显著提高,希望农村资产进行市场化运作,有积极参与企业内交流、融入城市社区的意识,这些都推动了农民工家庭向城市迁移。但是,农民工技能培训比例较低,家庭收支与城市市民收支水平逐步拉大,城市居住环境差,住房成本支付困难,城市生活单调,参与社区交流的渠道少,城市收入保障、社会保障和社会服务体系方面与市民没有同等待遇,这些都限制了农民工家庭顺利迁入城市转为城市住户。

(二)基于成本—收入约束的家庭效用最大化实证检验

基于静态农民工家庭迁移决策机制模型的理论分析,结合山东省的调查数据,将农民工家庭从不迁移演变为举家迁移融入城市分成了纯农村户、半迁移户、举家迁移未定居户、举家迁移定居户和城市住户5种迁移状态,对每种状态的家庭总收入、总成本、净收益和迁移净收益进行阶段性观察,既是对静态农民工家庭整体效用最大化的理论分析进行实证检验,也是实证研究农民工家庭逐步向城市住户演变时的迁移净收益动力机制。主要研究结论有:

1.处于市民化不同阶段的农民工家庭面临不同的"成本—收入"约束,或者说,"成本—收入"约束对不同类型农民工家庭的市民化进程具有不同的影响。

(1)从纯农村户演变为半迁移户,城市务工收入大幅度增加使得家庭总收入大幅度增加,而家庭总支出并未发生多少变化(原因是在农户家庭成员利益共享、风险共担的契约安排下,虽然城市成员支出增加,但农村成员会主动降低支出水平,支持家庭成员外出,其结果是家庭总支出变化不大),从而使家庭净收益和家庭迁移净收益均有显著增加。这种结果对农民工家庭迁移决策是十分有利的。

(2)从半迁移户演化为举家迁移未定居户,家庭总收入、总支出和净收益均有大幅度增加,家庭迁移净收益也维持在较高水平。这时,农民工家庭的市民化动力依然强劲。

(3)从举家迁移未定居户到举家迁移定居户,家庭总收入小幅度增加,但家庭总支出却大幅度增加(原因在于这类家庭还不是拥有城市户口的家庭,他们在城市的生活成本比原城市居民要高),从而使家庭净收益大幅度减少,家庭迁移净收益更是变为负值。这使得许多农民工家庭只能维持在举家迁移不定居状态。这也是农民工家庭完成市民化过程的最艰难阶段。

(4)从举家迁移定居户演变为城市住户,家庭总收入略有增加,而家庭总支出有所减少(原因在于这时的农民工家庭已经融入城市,可以获得与城市住户相同的生活、就业和福利条件),结果是家庭净收益增加,家庭迁移净收益重新变为正值。这时,农民工家庭市民化的重心和制约因素将从物质性收支转到文化、心理等非物质领域。

2.农民工家庭市民化是一个长期、艰苦的过程,需要一代人或几代人的共同努力。

从长期农民工家庭迁移净收益条件的情景模拟分析,农民工家庭在有 1 个子女的条件下完成其市民化过程最少需要 13 年,在有 2 个子女的条件下完成其市民化过程最少需要 17 年,并且这一点是在这个漫长的时间里农民工的就业率和工资率保持一个稳定增长的态势下才能做到的。从农民工家庭市民化的实践来看,"是定居城市还是回流农村"始终是农民工家庭面临的重要选题。如果农民工夫妻在城市工作数年后,青壮年时期已过,其就业率和工资率下降,没有希望积累起他们定居城市所必需的资本,返回农村便是他们唯一的和不得已的选择。也正因为如此,人们看到的往往是能够定居城市的农民工(人数)远少于不能定居城市的农民工(人数)。

(三)不同阶段农民工家庭迁移状况分析

将农民工家庭从不迁移演变为举家迁移融入城市的5种迁移状态分成4个市民化演进阶段,分别是初次离乡阶段、城乡流动阶段、定居城市阶段和融入城市阶段。结合山东省的调查数据,首先从家庭规模和结构、成本—收入结构、农村资产状况、农民工务工状况、对城市环境和制度了解与应用状况等领域,描述不同阶段农民工家庭迁移状况,分析可能实现市民化的动力和障碍。主要研究结论有:

1.由家庭规模和结构分析可知,定居前的农民工家庭规模逐步缩小,有利于家庭逐步实现举家迁移,但定居城市前后,农民工家庭因未成年子女数量增加引致家庭城市生活、教育等支出增加,不利于家庭顺利定居、融入城市。农民工家庭定居城市阶段成为农民工家庭向城市户演变的关键结点。

从农民工家庭规模和成员结构分析,规模较小,且非劳动力比重较小,家庭负担较轻的纯农村户最适合派出首个劳动力外出务工;随着家庭外出人数增加,家庭规模略小的半迁移户有利于实现举家迁移;但举家迁移未定居户和定居户户均抚养子女数量增加,使得农民工家庭顺利定居融入城市的成本增加,甚至超过了城市住户的家庭支出水平,因而对农民工家庭顺利定居融入城市产生巨大的阻碍。

2.由成本—收入结构分析,举家迁移未定居户演变为举家迁移定居户的净收益大幅度减少,与前一阶段(半迁移户演变为举家迁移未定居户阶段)相比迁移净收益为负,农民工家庭定居城市阶段再次成为农民工家庭向城市户演变的关键结点。

该结论由,本节上部分的研究结论总结得到,在此不再赘述。

3. 由家庭农村资产状况分析,城市务工风险的存在和城市社会保障供给的缺失,使得农民工家庭放弃农业生产但不放弃农村资产的趋势尤为明显。城乡一体化的资产交易机制和社会保障体系不健全成为农民工家庭向城市户演变的关键障碍。

随着农民工家庭经过 4 阶段逐步向城市住户演进,农村生产(生活)用资产(主要包括耕地、宅基地和住房、农用固定资产)数量在逐步减少,但对耕地、宅基地和住房出租或出售价格的估计逐渐提高,市场化运作意愿逐步增强;农民工家庭有逐步放弃农业生产经营的趋势,但也有保留农村资产作为保障载体,防范城市务工风险的需要。

4. 由农民工务工状况分析,农民工城市工作(生活)能力逐步提升,是农民工家庭顺利向城市户演变的最重要、最可靠保障。

随着农民工家庭经过 4 阶段逐步向城市住户演进,就业率逐步提高,务工收入稳步提高,累计外出务工、累计在同一城市务工和累计在同一单位务工的持续期逐步延长,中高级技工、接受培训的比例逐步提高,就业行业和地点选择更趋理性,城市消费由最初的农村消费基准逐步转向城市消费基准,家庭劳动力有序迁移或代际迁移成为农民工进城务工的主要途径,这些都表明农民工在城市工作(生活)能力逐步提升,稳定的务工收入预期是农民工家庭顺利融入城市的最重要、最可靠保障。

5. 由对城市环境和制度的了解与应用状况分析,城市环境和制度对农民工家庭差别待遇或者农民工家庭城市适应能力的不足是农民工家庭向城市户演变的又一关键障碍。

随着农民工家庭经过 4 阶段逐步向城市住户演进,农民工家庭对城市环境和制度体系的了解和应用能力逐步加强,但与城市住户相比城市权益保障、法律法规和劳务合同运用上还存在明显差距,对城市政治、经济、文化环境的满意度不高。

6. 由市民化意愿分析,农民工家庭市民化意愿逐步增强,选择定居的城市更趋理性,但最低工资、保障性住房或廉租房、社会保障供给是农民工家庭最希望政府帮扶的领域,也反映了这些领域是农民工家庭向城市户演变需要制度主要供给的领域。

随着农民工家庭经过 4 阶段逐步向城市住户演进,农民工家庭希望定居城市意愿的比例由初次离乡户的一成增加到举家迁移未定户的三成以上;他们选择的定居城市也由最初的省会级城市和县城两端为主,逐渐转变为选择适合家庭工作、生活的地级市为主,省会或副省级城市为辅的状态。除了经济障碍外,就是制度障碍对农民工家庭定居城市产生了不利影响,他们希望政府在最低工资、保障性住房或廉租房、社会保障供给等领域给予支持。

（四）不同阶段农民工家庭迁移决策的静态影响因素分析

对于农民工家庭从不迁移演变为举家迁移融入城市的4个阶段，结合山东省的调查数据，运用二元 Logistic 选择模型，分析促进和限制农民工家庭实现举家迁移融入城市的显著因素，以期对现有促进农民工家庭逐步迁移、定居、融入城市的政策措施调整有所帮助。根据静态农民工家庭迁移决策影响因素的研究，农民工家庭成员市民化四个阶段，均存在许多显著影响因素；比较各阶段的显著影响因素又会发现，一些因素是农民工家庭成员市民化各阶段共同的，一些因素只是农民工家庭成员市民化的某一、二个阶段特有的。

具体来讲：农民工家庭成员结构（正向作用）、家庭人均支出（正向作用，除第1阶段）、农村资产处置意愿（负向作用，除第1阶段）和城市环境总体评价（正向作用）这4个因素对3个及以上的阶段影响显著，农民工家庭农村经营收入（负向作用）和农村社区福利性收益（负向作用）对农民工家庭成员市民化前两个阶段影响显著，年龄（负向作用）、居住支出（负向作用）和务工人员从事农业生产年数（负向作用）对农民工家庭实现举家迁移和定居城市两个阶段决策影响显著，农民工城市务工状况（包括务工时间、务工地点、工作单位性质、工作变换频率、返乡距离等）、技能培训、务工年结余、医疗保险参加意愿及重要性、保险和合同维权能力评价及法律维权能力评价等，对举家迁移决策阶段或对定居城市决策阶段影响显著。因此，推动农民工家庭成员市民化，又需要根据各阶段共同的影响因素出台长期政策，需要根据某个阶段特有的影响因素制定有针对性的措施。

此外，为了得到农民工家庭成员有序迁移的促进和限制性因素，本研究还进行了家庭迁移成员、迁移劳动力和迁移非劳动力数量的泊松回归分析。研究结论是家庭成员有序迁移过程中，一些因素是家庭成员总量、迁移劳动力和迁移非劳动力数量变化共同的影响因素，一些因素对增减家庭迁移成员数量主要体现在增减迁移劳动力或非劳动力数量上，一些因素仅对3个数量之一的变化产生影响。

具体来讲：家庭人均支出增加对家庭迁移成员、迁移劳动力和迁移非劳动力数量有正向影响，而家庭农村经营收入增加对以上三个因变量增大有负向影响；年龄（负向作用）、农民工技能培训与务工地点关联（负向作用）、入城距离（负向作用）、制度性风险影响（正向作用）对迁移成员数量的影响主要体现在对迁移非劳动力数量上；入城途径与入城距离关联对迁移成员总量产生负向作用，耕地处置意愿、城市社区福利性收益对迁移劳动力人数产生负向作用，农民工外出务工时间（正向作用）和从事农业生产年数（负向作用）是非劳动力迁移决策需要考虑的家庭因素。

（五）农民工家庭成员有序迁移的动态演变分析

关于农民工家庭成员有序迁移的动态演变过程，本研究利用 Cox 比例风险模型进行分析。基于山东省 694 户农民工家庭人年数据，考察从家庭成立到首个外出劳动力迁移的初次迁移时间间隔;基于山东省 278 户农民工家庭人年数据,考察家庭首个农民工首次迁移到第二个成员迁移的时间间隔;基于山东省 193 户农民工家庭人年数据,考察家庭第二个成员到第三个成员迁移的时间间隔;基于山东省 111 户农民工家庭人年数据,考察从首个农民工首次迁移到举家迁移的时间间隔。主要研究结论有:

1. 农民工家庭初次迁移时间间隔逐步拉长,并表现出明显的三阶段特征,而这三个阶段是与中国农民工流动的阶段特征和代际特征密切相关的。从 1994～2010 年,农民工家庭从首个劳动力外出务工到完成举家迁移时间间隔逐步拉长。

具体表现在:农民工家庭从户主结婚年份算起到首个劳动力首次迁移,时间间隔逐步拉长;20 世纪 80 年末的初次迁移时间间隔较短,与中国农民工开始从就地转移向异地转移有关,90 年代中后期的初次迁移时间间隔拉长且略有波动,与"民工潮"有关;进入 21 世纪后迁移时间间隔进一步延长,与"民工荒"引起家庭第一代农民工退出、第二代农民工入城有关。

年代特征对农民工家庭第二、三个成员迁移时间间隔影响已经不显著,表明农民工家庭从首个农民工首次迁移到第二个成员迁移时间间隔、第二个成员迁移到第三个成员迁移时间间隔受到不同年份中国农民工宏观迁移趋势的影响不明显。

2. 农民工迁移时的年龄和已迁移年限增加使得初次迁移时间间隔延长,但对后续成员迁移时间间隔和举家迁移时间间隔不再产生影响。

3. 家庭特征因素是农民工家庭初次迁移时间间隔,第二、三个成员有序迁移时间间隔,以及举家迁移时间间隔的主要影响因素。而这些因素除了反映出家庭成员结构和收支的动态变动对各个迁移时间间隔的影响外,也集中反映出第一、二代农民工家庭和农民工家庭内第一、二代成员迁移对农民工家庭成员有序迁移直至举家迁移所产生的影响。

农民工家庭第二代成员先迁移使得初次迁移间隔延长,家庭成员总量增加、劳动力比重增大、成员平均年龄增大、人均耕地面积增加和人均年支出增加都使得初次迁移间隔延长。第一代农民工家庭比第二代农民工家庭的第二个成员迁移时间间隔长,家庭成员总量增大、家庭劳均年龄增大均使得农民工家庭第二个成员迁移时间间隔延长。家庭人均年龄增大、人均年支出增大和入城距离增长将导致农民工家庭第三个成员迁移时间间隔延长。家庭成员总量增加、劳动力比重增大、家庭人均年龄增大、人均年支出增加都使得举家迁移时间间隔延长。

(六)不同阶段农民工家庭迁移决策的动态影响因素分析

本部分利用动态面板数据多元离散选择模型和有序离散选择模型,基于2006～2011 年山东省 203 个农户跟踪调查数据,考察首个外出劳动力迁移的动态影响因素;基于 2006～2011 年山东省 97 个农户跟踪调查数据,考察从不迁移到

2个以上成员半迁移再到举家迁移的动态影响因素。主要研究结论有:

1.农民工家庭成员配置的最终结果是向城乡两端沉淀。一方面,以农业生产为主的农户以及仅有少数成员城市务工且城市就业、收入不稳定的农户,最终归宿是继续从事农业生产,沉淀在农村;另一方面,城市就业稳定、收入稳定的农民工家庭最终归宿是逐步拓宽城市就业渠道,增加迁移成员数量,沉淀在城市。因此,农民工家庭恰恰是游离于城市和农村间的非稳态迁移状态。

前期为纯农村户和存在1个农民工的农户对当期派出或继续派出农民工从事非农生产都产生负面影响,但只要前期农民工家庭有2个以上的劳动力外出务工,对农民工家庭成员有序迁移、完成举家迁移将产生正面效应。

2.预期家庭收入增长率提高对农民工家庭实现有序迁移、完成举家迁移影响显著,但也阻碍纯农村户派出首个劳动力外出务工。

上期纯农村户农业的经营状况相对改善,农户农业收入增长率提高,会阻碍农户派出首个劳动力外出务工;若农民工家庭有首个农民工外出务工,上期收入增长率提高,将显著影响本期家庭在非农生产领域投入多少时间和多少人力,原因是上期收入增长率提高往往来源于非农就业领域。

3.户主是40岁以下的年轻农民工家庭更倾向于迁移城市,而户主是50岁以上的年长农民工家庭更倾向于回流农村。人均受教育年限对农民工家庭成员有序迁移、实现举家迁移产生积极影响,而增加农用固定资产投入则产生消极影响。

结合长期农民工家庭迁移净收益条件分析的结论(农民工家庭在仅有1个子女,且保证城市务工工资率和就业率稳定增长的条件下,农民工家庭转变为城市住户最少需要13年),如果户主在40岁前能够完成13年以上的逐步融入城市的过程,则在家庭的第一个生命周期即可完成市民化的进程,否则,则有可能转入农民工家庭的第二代成员为户主的下一个生命周期中继续努力完成市民化的目标。

三、研究结论总结

通过理论研究和实证研究发现:农民工家庭顺利完成向城市住户的转换已经表现出众多利好的方面,也产生了众多障碍性因素。

从静态分析视角研究发现:(1)农民工家庭在定居城市前,家庭规模逐步缩小,负担减轻,家庭收入和迁移净收益均持续增长,农民工城市工作、生活能力逐步提升,表明农民工家庭从派出首个农民工外出到举家迁移城市的迁移进程动力强劲。(2)定居和融入城市阶段成为农民工家庭顺利完成向城市户转换的困难阶段。农民工家庭因定居城市而使净收益大幅缩减且迁移净收益为负,耕地、宅基地和住房等家庭农村资产既有市场交易运作意愿又有保留抵御城市务工风险的想法,城市收入分配体系、合同、法律法规等务工权益保障体系、社会保障体系、住房保障体系以及城市政治、经济、文化环境对农民工家庭的差别待遇等,都对农民工家庭顺利定居、融入城市产生阻碍。

从动态分析视角研究发现:(1)农民工家庭最终的归宿是向城乡两端沉淀,农民工家庭恰恰是处于中间的非稳态迁移状态。农民工家庭向城乡两端沉淀的分界线是农民工家庭有 2 个以上的劳动力迁移。偶尔有成员外出务工或仅有 1 个农民工迁移的农民工家庭更倾向于最终沉淀在农村,2 个以上成员外出务工或举家迁移的农民工家庭更倾向于最终沉淀在城市。(2)农民工家庭最终沉淀在城市需要经过十几年甚至更长的时间,这同时需要家庭内的农民工获得稳定的城市就业机会和工资水平,需要对城市务工收入增长有良好的预期,需要提升家庭成员整体素质。(3)在此漫长的家庭成员有序迁移过程中,首个农民工迁移会受到中国农民工整体迁移趋势、迁移成员代际、农民工个体特征和家庭特征的影响,而后续家庭成员迁移则主要受家庭特征的影响。该过程中也反映出了迁移成员的代际转换和第一、二代农民工家庭代际转换的特征。

第二节　研究启示与政策建议

通过上节对研究结论的归纳,农民工家庭想要顺利完成市民化进程,一方面,就处于不同转化阶段的农民工家庭而言,在短期,应该积极适应各阶段的变化,改善自身的主观条件,优化自己的迁移决策;在长期,应该通过家庭成员有序迁移或者代际迁移,改善成员个体和家庭整体条件,积极促成 2 个以上的家庭劳动力成员城市务工,使农民工家庭最终沉淀在城市。另一方面,也是更重要的),就政府而言,应该采取多种措施,降低农民工家庭市民化的成本,优化农民工家庭市民化的环境。

一、改善农民工家庭自身条件的启示与建议

无论从静态还是动态分析农民工家庭的迁移决策和迁移行为,农民工家庭顺利完成市民化进程的关键是在各迁移阶段中,家庭收入和迁移净收益能持续、稳定地增长。长期看,农民工家庭经过十几年甚至更长的时间能够最终融入城市的前提也是城市就业率和收入水平能够长期稳定增长。因此,农民工家庭改善自身条件的最终目标是保持城市就业率和收入水平的长期、稳定增长,使得向市民化演进过程中能够保持家庭收入和迁移净收益稳定增长。实现此目标,农民工家庭改善自身条件应该主要放在家庭成员的人力资本积累和社会资本积累两个方面。

1.增加农民工家庭的人力资本积累。农民工家庭真正融入城市社会、成为城市家庭,必须提高家庭成员的素质,积累更多的人力资本。由研究结论可知,目前农民工家庭的人力资本积累并不能满足城市就业市场对他们的要求,也不能满足

家庭成员市民生活的要求。增加农民工家庭成员的人力资本积累应立足于两个方面:一方面是农民工家庭对家庭成员人力资本投资的重视和投入,另一方面是政府在资金投入上的支持。政府支持农民工家庭人力资本投资有两个方面:(1)加强农村基础教育,提高预期迁移城市农民工的人力资本存量。今天农村中小学的学生,未来有相当部分可能成为城市产业工人。应该重视农村的正规基础教育,从农民工家庭自身投入和政府资金扶持两方面,加大农村正规基础教育的投资力度;确保城乡教育机会均等,特别是保证农民工子女基本教育权利;拓宽农村义务教育的投资渠道,更新教育思想,提高农村基础教育质量。(2)发展职业技能培训,增加现有迁移城市农民工的人力资本存量。迁出地政府可以利用公共教育资源,发展农民工的基础职业技能培训和引导性培训;迁入地政府可以利用公共教育资源、企业在职培训资源和培训基地,发展农民工专业技能培训和订单式培训,搞好培训市场与企业需求的衔接。

2.培育农民工家庭私人关系型和社会组织型社会资本网络。研究发现,农民工家庭成员更多的是以独立进城、随家人入城和利用亲情网络入城等私人关系型途径迁移入城。这些以血缘、亲缘和地缘为主要内容的私人关系型社会资本是目前迁移城市的关键因素。随着农民工家庭迁入城市的时间增加,这种私人关系型社会资本能否发展成和建立为现代以业缘为主要内容的社会资本,是农民工家庭完成市民化进程的关键。因此,农民工家庭必须有能力通过原有的私人关系型社会资本,逐步转变为构建城市现代业缘型社会资本,加深与城市住户的交往,加深与城市社会的交流和互动。这就需要农民工家庭首先多方利用私人关系型社会网络完成迁移城市的第一步,然后在此基础上,不断提高家庭整体素质和城市社会适应能力,主动、积极地融入城市就业群体和生活社区中,主动与同质业缘群体展开互动,扩大同城市市民等异质群体的交往,增加相互理解。当然,其间也需要城市社会发动社会力量,倡导社会关怀,为农民工家庭迁移城市营造平等、宽容、和谐的社会氛围,消除城市住户对农民工家庭的偏见和歧视,增强对农民工家庭的认同感。另外,现代社会资本积累不能仅仅建立在私人关系网络基础上,也需要为农民工家庭成员融入城市积极培育社会组织型社会资本网络,将家庭成员吸纳到企业工会组织、城市社区和非政府组织中来,大力提高农民工的组织化程度,维护他们的合法权益,从而使农民工家庭对城市具有更强的认同感和归属感。

二、改善农民工家庭外部环境与制度环境的建议

归纳研究结论可知,农民工家庭顺利完成市民化进程,关键还是农民工在城市的就业和收入能力能带动全部家庭成员迁移城市,转化为城市住户。而农民工就业和收入能力提升,一方面需要改善家庭内部条件,另一方面则需要为农民工家庭

创造有利于城市务工就业的环境与制度体系。另外,农民工家庭非劳动力比重变动、家庭农村资产处置意愿的摇摆不定、对城市居住条件的担忧、城市生活环境和向城市家庭转化的不确定性,都映射出需要为农民工家庭在城市就业、收入、居住、社会保障等领域提供外部环境与制度支持。

1.要继续完善城乡统筹的养老、医疗等社会保障体系和义务教育体系,降低农民工家庭的迁移负担,消除农民工家庭将土地作为基本生存保障载体的意愿。通过研究,家庭赡养老人和抚养子女的负担,家庭农村耕地、房产等资产是选择市场交易还是保留作为最终保障,影响到农民工家庭成员有序迁移城市的进程。它实际反映出农民工家庭对完善城乡统筹的养老、医疗保障体系和义务教育体系的渴望。建立城乡统筹的社会保障和义务教育体系,可以有效地解决老人养老、医疗和子女上学问题,降低迁移成本,促进农村土地、房产等进行市场交易,增加迁移资本积累。而在农民工家庭流动迁移过程中,城乡社会保障体系和义务教育体系的可衔接性是需要重点考虑的问题。这里包括区域之间、农民工家庭养老保险与农村和城市之间养老保险的衔接,农民工家庭医疗保险基金个人账户转移与城市标准折算等的衔接,以及城乡义务教育体系和教育资源的衔接等问题。

2.要建立和完善农村资产的产权界定,培植城乡一体化的资产交易市场,实现农村资产与城市资产交易的融合,为有能力的农民工家庭开始城市创业和生活提供原始积累。在健全和统筹城乡社会保障体系的情况下,农民工家庭的耕地和房产等不再具有保障载体功能,市民化意愿强烈的农民工家庭就需要一种新的制度创新,能够让他们在脱离农村时得到这些农村资产的合理补偿,为他们顺利沉淀在城市积累一定的资本和条件。这就需要完善农村资产的产权界定,明确农民工家庭在耕地、宅基地等土地使用权上的内涵界定,为土地有效流转提供权利和法律依据;培植城乡一体化的资产交易市场,健全农村土地流转机制,探索多种土地流转模式,完善土地征用制度,规范土地征用行为。

3.要进一步建立和完善城市就业市场和就业信息服务体系,鼓励和促进非公有制经济的发展,加快小城镇建设步伐。首先,要建立全国统一的劳动力市场,允许劳动力自由流动,建立公开、公平、竞争、自由的城乡就业机制,深化劳动力就业制度改革,调整和取消城市对农民工城市就业中的歧视性政策。其次,建立健全公共就业服务机构,完善就业信息服务体系。围绕用工市场需求,帮助企业了解用工市场信息,缓解劳动力市场供求矛盾,扩大企业用工方位;利用企业农村招聘、政府组织和民间机构组织,增强农民工就业的组织性;加快用工市场信息体系建设,加强劳动力市场信息的分析、预测和发布,为农民工就业提供及时全面的信息引导。鼓励个体、私营非公有制经济的发展,推动农民工家庭城市创业。引导他们合理选择定居的城市,大、中、小城市协同发展,特别是在大城市就业释放基本稳定的条件下,加快中小城镇基础设施建设,统筹中小城镇城乡制度政策,吸引农民工家庭定居到有工作、有住房、有保障的中小城镇。

4. 要继续加强城市保障房或廉租房建设等一系列城市住房改革,降低农民工家庭城市居住成本。通过一系列城市住房制度改革,逐步改善农民工家庭城市居住条件,最终纳入城市住房体系中。主要办法:确定城市居住标准,强制性对职工宿舍、工地工棚等进行出租定价,简化城市出租制度和出租手续;加强城市保障房或廉租房建设,甚至可以集中建设农民工公寓,降低定居城市成本;对具备城市住房购买能力的农民工家庭放开城市房屋交易市场。

5. 要为农民工家庭创造良好的城市生活、工作平台,营造良好的政治、经济、文化氛围,为他们融入城市创造条件。如:加强务工合同管理和与农民工就业密切相关的制度宣传,切实保障农民工家庭的合法权益,逐步消除城市社会内部业已存在的"二元结构"。

第三节　研究展望

本研究建立了成本—收入视角下农民工家庭迁移决策静态机制和动态机制模型,并进行了实证检验。依据静态和动态农民工家庭迁移决策机制模型所演化出的静态和动态影响因素分析模型,对农民工家庭的迁移决策和迁移行为进行了探讨。遵循本研究的理论研究和实证研究的框架,还可以在以下几个方面作进一步研究:

1. 理论研究领域,农民工家庭迁移决策机制模型还可以进一步拓展。本研究构建的静态和动态迁移决策机制模型立足于农民工家庭的成本—收入分析,属简单的线性模型。而实践中,农民工家庭迁移决策和迁移行为是一个复杂的巨系统,该系统影响因素众多,互动关系复杂,除了已有的个体因素、家庭因素、社区因素、宏观环境与制度因素外,研究还能够逐步向社会网络、社会关系、心理预期等更广泛的经济、社会综合领域进行理论拓展。

2. 农民工家庭迁移决策和迁移行为的动态分析还可以进一步深入。本研究对农民工家庭迁移的动态分析仅限于对首个劳动力迁移行为、家庭成员有序迁移行为以及举家迁移行为的动态演进进行分析和影响因素探索,而静态分析中的定居城市决策和融入城市决策受跟踪调查数据限制未能讨论,因此还可以进一步对农民工家庭动态变迁进行更细致的观察,得到更全面、细致的研究结论。

3. 实证研究所涉及的调查范围还可以进一步拓展。本研究主要立足于山东省的调查数据进行农民工家庭迁移决策与迁移行为分析,而中国农民工家庭是一个庞大而复杂的经济社会群体,需要在更大范围内针对中国不同经济、社会、乡土文化背景下农民工家庭的迁移决策和迁移行为作进一步探索。

参考文献

[1]A.索维.人口通论(1969)[M].商务印书馆,1983.

[2]白南生,何宇鹏.回乡还是外出?——安徽、四川二省农村外出劳动力回流研究[J].社会学研究,2002(3).

[3]白南生,宋洪远等.回乡,还是进城[M].中国财政经济出版社,2002.

[4]白南生.城市化中的农民工:适应、接纳、融和与人类安全——一个分析框架[J].进城农民工:现状、趋势、我们能做什么(论文集),2006(8):1—11.

[5]白云涛,甘小文.江西劳动力转移的动态模型分析[J].企业经济,2005(7):8—12.

[6]蔡昉,都阳,王美艳.户籍制度与劳动力市场保护[J].经济研究,2001(12):41—49.

[7]蔡昉,都阳,王美艳.中国城市限制外地民工就业的政治经济学分析[C].张曙光.中国制度变迁的案例研究[M].北京:中国财政经济出版社,2005.

[8]蔡昉,王美艳.农村劳动力剩余及其相关事实的重新考察——一个反设事实法的应用[J].中国农村经济,2007(10):4—12.

[9]蔡昉.二元劳动力市场条件下的就业体制转换[J].中国社会科学,1998(2):4—14.

[10]蔡昉.集成劳动力流动的研究[J].中国转轨时期劳动力流动[M].北京:社会科学文献出版社,2006(6):1—12.

[11]蔡昉.劳动力流动的政治经济学[M].上海:上海人民出版社,2003.

[12]蔡昉.劳动力迁移和流动的经济学分析[J].中国社会科学季刊,1996(春季卷).

[13]蔡昉.劳动力无限供给时代结束[J].金融经济,2008(3):16—17.

[14]蔡昉.民生经济学[M].北京:社会科学文献出版社,2005.

[15]蔡昉.中国经济面临的转折及其对改革和发展的挑战[J].中国社会科学,2007(3):4—12.

[16]蔡建明等.现代地理科学[M].重庆出版社,1992.

[17]陈波.中国农村劳动力回乡创业问题研究[D].中国农业大学博士论文,2009.

[18]陈丰.从"虚城市化"到市民化:农民工城市化的现实路径[J].社会科学,2007(2).

[19]陈吉元.中国农业劳动力转移[M].北京:人民出版社,1993.

[20]陈锡文,韩俊.促进农村富余劳动力有序转移[J].开放导报,2002(6):11—13.

[21]陈钊,陆铭,佐藤宏.关系与行业进入障碍——中国城市劳动力市场不平等的来源[Z].复旦大学经济学院工作论文,2009.

[22]程名望,史清华,刘晓峰.中国农村劳动力转移:从推到拉的嬗变[J].浙江大学学报(人文社会科学版),2005(6):105—112.

[23]程名望,史清华,徐剑侠.中国农村劳动力转移动因与障碍的一种解释[J].经济研究,

2006(4):68—78.

　　[24]程名望.中国农村劳动力转移:机理、动因与障碍[D].上海交通大学博士论文,2007.

　　[25]党国英.从农民工进城到农村家庭进城[J].农产品市场周刊,2010(26):12—17.

　　[26]邓鸿勋,崔传义.建设农民工与市民和谐发展的城市[N].农民日报,2006—04—22(003).

　　[27]丁兆庆.中国农村富余劳动力转移战略研究[D].中共中央党校博士学位论文,2005:67—68.

　　[28]都阳.劳动力市场供求开始发生新变化[J].财经界,2008(2):47—51.

　　[29]都阳.农村劳动力向城市的迁移:国际经验[J].中国转轨时期劳动力流动[M].北京:社会科学文献出版社,2006(6):386—399.

　　[30]杜书云.农村劳动力转移就业成本—收益问题研究[D].郑州大学博士学位论文,2006.

　　[31]杜书云.农村劳动力转移就业成本—收益问题研究[M].经济科学出版社,2007(5):43.

　　[32]杜鹰,白南生等.走出乡村——中国农村劳动力流动实证研究[M].经济科学出版社,1997.

　　[33]杜鹰.现阶段中国农村劳动力流动的群体特征与宏观背景分析[J].中国农村经济,1997(6):23—26.

　　[34]傅晨.农民工问题研究三题[J].南方经济,2004(8).

　　[35]傅琼.加速农民工市民化的制度创新[J].农村经济,2005(2).

　　[36]高国力.区域经济发展与劳动力迁移[J].南开经济研究,1995(2):12—17.

　　[37]高芸,张丞.农村劳动力反复流动行为的决定因素分析[J].农业技术经济,2010(3).

　　[38]郭星华,储卉娟.从乡村到都市:融入与隔离——关于民工与城市居民社会距离的实证研究[J].江海学刊,2004(4).

　　[39]韩俊,何宇鹏、金三林.推进城乡统筹发展,加快农民工市民化进程[R].国务院发展研究中心报告,2011.

　　[40]韩俊.中国农民工战略问题研究[M].上海:上海远东出版社,2009.

　　[41]何力武,罗瑞芳.农民工工资决定的微观行为机制研究[J].经济纵横,2010(1).

　　[42]洪大用.关于家庭与农民迁移进城之关系的研究[J].国外社会学,1996(3).

　　[43]洪小良.城市农民工的家庭迁移行为及影响因素研究[J].中国人口科学,2007(6):42—50.

　　[44]胡斌.农村劳动力流动动机及其决策行为——兼析外出与不外出打工劳动力收入逆差的形成[J].经济研究,1996(9).

　　[45]胡平.简析城市农民工市民化的障碍及实现途径[J].农村经济,2005(5).

　　[46]黄承伟.中国农村扶贫自愿移民搬迁的理论与实践[M].北京:中国财政经济出版社,2004:27—30.

　　[47]黄敏.农村劳动力转移影响因素的研究综述[J].生产力研究,2009(23).

　　[48]黄小军.农民工市民化政策博弈分析[J].江西农业大学学报(社会科学版),2005(4):12—15.

[49]纪月清,刘迎霞,钟甫宁.中国农村劳动力迁移:一个分析框架——从迁移成本角度解释 2003—2007 年农民工市场的变化[J].农业技术经济,2009(5):4—11.

[50]纪月清等.家庭难以搬迁下的中国农村劳动力迁移[J].农业技术经济,2009(5).

[51]简新华,黄锟.中国工业化和城市化过程中的农民工问题研究[M].北京:人民出版社,2008.

[52]姜国祥.农民市民化是解决"三农"问题的重要途径[J].上海农村经济,2005(3).

[53]金三林等.新生代农民工的主要特点和利益诉求[J].中国经济报告,2011(3).

[54]赖小琼,余玉平.成本收益视线下的农村劳动力转移——托达罗模型的反思与拓展[J].当代经济研究,2004(2).

[55]兰晓虹,王晶.中国劳动力转移的综合理论框架[J].辽宁师范大学学报(社会科学版),2006(1):38—41.

[56]李富田.有限理性与西部农民的流向选择——以四川省广汉市调查为例[J].西部大开发研究,2005(4):149.

[57]李路路.向城市移民:一个不可逆转的过程[J].李培林.农民工——中国进城农民工的经济社会分析[M].社会科学文献出版社,2003.

[58]李培林.流动民工的社会网络和社会地位[J].社会学研究,1996(4).

[59]李培林.农民工:中国进城农民工的经济社会分析[M].社会科学文献出版社,2003.

[60]李强.城市农民工与城市中的非正规就业[J].社会学研究,2002(6).

[61]李强.关于"农民工"家庭模式问题的研究[J].浙江学刊,1996(1).

[62]李强.户籍分层与农民工的社会地位[J].中国党政干部论坛,2002(8).

[63]李强.农民工与中国社会分层[M].北京:社会科学文献出版社,2004:168.

[64]李强.影响中国城乡流动人口的推力与拉力因素分析[J].中国社会科学,2003(1).

[65]李强.中国城市中的二元劳动力市场与底层精英问题[J].清华大学社会学系.清华社会学评论特辑①[M].鹭江出版社,2000.

[66]李实.中国经济转型中劳动力流动模型[J].经济研究,1997(1):43—51.

[67]李晓春,马轶群.我国户籍制度下的劳动力转移[J].管理世界,2004(11):45—51.

[68]林木雄,郑芳.农村劳动力重新择业的成本及成因与政府政策导向择业成本[J].河池师专学报,1998(4).

[69]林燕,张忠根.孤身外出还是举家迁移?[A].2010 年(第十届)中国制度经济学年会论文集[C],2010(10):452—466.

[70]林毅夫,王格玮,赵耀辉.中国的地区不平等与劳动力转移[J].中国转轨时期劳动力流动[M].社会科学文献出版社,2006(6):229—243.

[71]林毅夫.制度、技术与中国农业发展[M].上海:上海三联书店,上海人民出版社,1994.

[72]刘伯文.我国农村富余劳动力转移就业问题探析[J].东北大学学报(社会科学版),2004(5):53—58.

[73]刘传江,徐建玲."民工潮"与"民工荒"——农民工劳动供给行为视角的经济学分析[J].财经问题研究,2006(5).

[74]刘传江,徐建玲.第二代农民工及其市民化研究[J].中国人口·资源与环境,2007(1).

[75]刘传江,徐建玲.中国农民工市民化进程研究[M].北京:人民出版社,2008.

[76]刘传江.城乡统筹发展视角下的农民工市民化[J].人口研究,2005(4).

[77]刘传江.农民工生存状态的边缘化与市民化[J].人口与计划生育,2004(11).

[78]刘传江.中国农民工市民化研究[J].理论月刊,2006(6).

[79]刘焕喜,郭犹焕.农村劳动力流动投资的成本分析——兼与农业投资比较[J].中国农村观察,1998(2).

[80]刘林平,张春泥.农民工工资:人力资本、社会资本、企业制度还是社会环境?——珠江三角洲农民工工资的决定模型[J].社会学研究,2007(6).

[81]卢国显.我国大城市农民工与市民社会距离的实证研究[J].中国人民公安大学学报(社会科学版),2006(4).

[82]卢向虎.制度是如何阻碍我国农村人口向城市迁移的?[J].调研世界,2005(6):30—32.

[83]卢向虎.中国农村劳动力短期流动现象的一个理论解释——基于托达罗城乡迁移经济行为模型的修正[J].2005中国制度经济学年会精选论文,2005(9).

[84]卢向虎等.中国农村人口城乡迁移规模的实证分析[J].中国农村经济,2006(1).

[85]陆铭,陈钊.城市化、城市倾向的经济政策与城乡收入差距[J].经济研究,2004(6):50—58.

[86]陆学艺.当代中国社会流动[M].北京:社会科学文献出版社,2004.

[87]骆新华.国际人口迁移的基本理论[J].理论月刊,2005(1).

[88]马九杰,孟凡友.农民工迁移非持久性的影响因素分析[J].改革,2003(4).

[89]迈克尔·P.托达罗.经济发展与第三世界[M].1992:243—245.

[90]孟凡友.农村劳动力流动的成本效益分析——深圳外来农村劳动力的成本效益分析[J].济南市社会主义学院学报,2003(1).

[91]农村劳动力转移与农民市民化研究课题组.影响农民市民化的因素分析[J].经济研究参考,2003(5).

[92]钱文荣,黄祖辉.转型时期的中国农民工——长江三角洲十六城市农民工市民化问题调查[M].北京:中国社会科学出版社,2007:12.

[93]钱永坤.农村劳动力异地转移行为研究[J].中国人口科学,2006(5):60—68.

[94]钱正武.社会政策支持与农民工市民化[J].理论与政策,2005(6):88.

[95]钱正武.政府能为农民工市民化做些什么[N].光明日报,2005—02—08,理论版.

[96]任远."逐步沉淀"与"居留决定居留"——上海市外来人口居留模式分析[J].中国人口科学.2006(3).

[97]任远.流动人口聚积与城市管理:为什么需要一个以融和为导向的社会政策[J].左学金等.中国人口城市化和城乡统筹发展[M].上海:学林出版社,2007(6):227—237.

[98]沈卫平.劳动力要素流动的机会成本分析[J].江淮论坛,1995(6).

[99]盛来运.国外劳动力迁移理论的发展[J].统计研究,2005(8).

[100]盛来运.中国农村劳动力外出的影响因素分析[J].中国农村观察,2007(3)

[101]时金献,侯德娟.工作搜索行为研究的回顾和展望[J].河南大学学报(社会科学版),2007(1):159—165.

[102]史柏年.城市边缘人——进城农民工家庭及其子女问题研究[M].中国社会科学文献出版社,2005.

[103]史清华.农户经济可持续发展研究[M].北京:中国农业出版社,2005.

[104]托达罗.第三世界的经济发展(上)[M].中国人民大学出版社,1988:354.

[105]王春超.政策约束下的中国农户就业决策与劳动力流动[D].华中师范大学博士论文,2008.

[106]王春光.农村流动人口的"半城市化"问题研究[J].社会学研究,2006(5).

[107]王春光.农民工的社会流动和社会地位的变化[J].江苏行政学院学报,2003(4).

[108]王春光.农民工在流动中面临的社会体制问题[J].中国党政干部论坛.2004(4).

[109]王春光.人力资本的获得与农村流动人口的社会流动——一种立足于制度视角的分析[J].北京工业大学学报(社会科学版),2007(5).

[110]王春光.我国城市就业制度对进城农村流动人口生存和发展的影响[J].浙江大学学报(人文社会科学版),2006(5).

[111]王丹,夏爱萍.中国农村劳动力转移的成本收益模型分析[J].商场现代化,2005(3).

[112]王德文,蔡昉,张国庆.农村迁移劳动力就业与工资决定:教育与培训的重要性[J].经济学(季刊),2008(7):1131—1148.

[113]王国辉.基于农户净收益最大化的宏观乡城迁移模型[J].中国人口科学,2006(2):48—57.

[114]王海英.女性农民工非正规就业与农民工家庭流动[J].文史博览·理论,2006(4):60—61.

[115]王满四,熊巍俊.制度变迁与农民身份的变迁——城市农民工及其市民化问题的制度分析[J].农业经济导刊,2005(8).

[116]王满四,熊巍俊.科学认识城市农民工市民化问题[J].农业经济,2005(2):16.

[117]王美艳.城市劳动力市场上的就业机会与工资差异——外来劳动力就业与报酬研究[J].中国社会科学,2005(5).

[118]王培刚,庞荣.都市农民工家庭化流动的社会效应及其对策初探[J].湖北社会科学,2003(6):67—68.

[119]王元璋,盛喜真.农民工待遇市民化探析[J].人口与经济,2004(2).

[120]王志浩.农民工流动行为结构化维度分析[J].学习与探索,2010(4):53—55.

[121]王志浩.中国农民工流动行为研究[D].东北林业大学博士论文,2007.

[122]王竹林.城市化进程中农民工市民化研究[D].西北农林科技大学博士论文,2008.

[123]危丽,杨先斌.农村劳动力转移的博弈分析[J].经济问题,2005(9):34—37.

[124]韦曙林等.透过"民工荒"现象看其问题的本质[J].学术研究,2005(1).

[125]翁扬.基于成本收益的推拉作用看待"民工荒"问题[D].西安交通大学硕士学位论

文,2008.

[126]吴敬琏.农村剩余劳动力转移与"三农"问题[J].宏观经济研究,2006(6):1—3.

[127]吴兴陆.农民工定居性迁移决策的影响因素实证研究[J].人口与经济,2005(1).

[128]伍强胜,胡船."一号文件"与农民工市民化[N].新华报业网,2004—03—24,09:18.

[129]西奥多·W.舒尔茨,梁小民译.改造传统农业(中译本)[M].商务印书馆,2003.

[130]西奥多·舒尔茨.论人力资本投资[M].北京:经济科学出版社,2001.

[131]项飙.跨越边界的社区——北京"浙江村"的生活史[M].上海:三联书店,2000:24.

[132]肖丽容,胡雪萍.农村劳动力在成本收益下的转移——托达罗模型的进一步思考[J].北方经济,2006(10).

[133]谢建社.农民工分层:中国城市化思考[J].广州大学学报(社会科学版),2006(10):45—47.

[134]熊贵彬.国家权力与社会结构视野下的农民工城市化[M].北京:中国社会出版社,2009:39—49.

[135]徐虹.农民工市民化的途径是什么?[N].四川日报,2004—10—28,(2).

[136]徐志昊.进城农民工家庭的城市适应性[J].福州大学学报,2004(1).

[137]薛国琴.农村劳动力转移:动力、成本、收益[J].农业经济,2006(7).

[138]严善平.人力资本、制度与工资差别——对大城市二元劳动力市场的实证分析[J].管理世界,2006(6).

[139]杨春学.经济人的"再生":对一种新综合的探讨与辩护[J].经济研究,2005(11).

[140]杨思远.中国农民工的政治经济学考察[M].北京:中国经济出版社,2005:4.

[141]杨肖丽.城市化进程中农民工的迁移行为模式及其决定[D].沈阳农业大学博士论文,2009.

[142]杨英强.现阶段农民工市民化问题研究[D].西南财经大学博士论文,2008.

[143]杨岳.劳动力流动的成本收益分析及影响因素[J].黄山学院学报,2006(2):97—100.

[144]杨云彦,陈金永.转型劳动力市场的分层与竞争——结合武汉的实证分析[J].中国社会科学,2000(5).

[145]杨云彦,石智雷.家庭禀赋对农民外出务工行为的影响[J].中国人口科学,2008(5).

[146]姚先国,俞玲.农民工职业分层与人力资本约束[J].浙江大学学报(人文社会科学版),2006(5).

[147]姚洋.自由、公正与制度变迁[M].河南人民出版社,2002.

[148]叶建亮.公共产品歧视性分配政策与城市人口控制[J].经济研究,2006(11):27—36.

[149]游钦,胡宇晗.农村剩余劳动力转移的成本和收益分析[J].安徽农业科学,2006(17).

[150]余玉平.农村劳动力转移的成本收益分析及政策建议[J].农村经济,2004(6).

[151]曾芬钰.城市化本质与"农民工"的终结[J].当代经济研究,2003(10):13—14.

[152]曾祥炎,王学先,唐长久."土地换保障"与农民工市民化[J].晋阳学刊,2005(6).

[153]张春龙.民工与市民冲突的社会学分析[J].社会,2000(2).

[154]张国胜.中国农民工市民化:社会成本视角的研究[M].北京:人民出版社,2009.

[155]张建杰.农户收入结构变动:成因及合理性[M].北京:中国农业出版社,2005:22—24.

[156]张培刚.农业与工业化(中下合卷)[M].武汉:华中科技大学出版社,2002.

[157]张培刚.新编发展经济学教程[M].北京:经济科学出版社,2001.

[158]张清泉.二元经济结构条件下的中国农民工研究[D].福建师范大学博士论文,2008.

[159]张新岭,赵永乐,林竹,宋成一.农民工就业:人力资本和社会资本的耦合分析[J].农村经济,2007(12).

[160]张杨晰.进城农民工人力资本对其非农收入的影响——基于江苏省南京市外来农民工的调查[J].农村经济,2007(8).

[161]张意轩,李玲.农民工,一个新阶层的崛起[N].中国新闻周刊,2004—8—9.

[162]张玉洁,唐霞,李倩.个人迁移和家庭迁移——城镇化进程中农民迁移模式的比较分析[J].农村经济,2006(10):62—65.

[163]张宗和,宋树理.中国"民工荒"的制度成因与行为分析[J].浙江工商大学学报,2006(1).

[164]章元,李锐,王后,陈亮.社会网络与工资水平——基于农民工样本的实证分析[J].世界经济文汇,2008(6).

[165]赵立新.城市农民工市民化问题研究[J].人口学刊,2006(4):32—34.

[166]赵树凯.农村劳动力迁移:成本与风险的初步考察[J].农业经济问题,1995(3).

[167]赵延东,王奋宇.城乡流动人口的经济地位获得及决定因素[J].中国人口科学.2002(4).

[168]赵耀辉.中国农村劳动力流动及教育在其中的作用[J].经济研究,1997(2):30—39.

[169]郑功成,黄黎若莲.中国农民工问题与社会保护[M].北京:人民出版社,2007(6).

[170]郑功成.对农民工问题的基本判断[J].进城农民工:现状、趋势、我们能做什么(论文集),2006(8):326—330.

[171]郑月琴.农民工市民化进程中的心理形态和社会文化环境分析[J].经济与管理,2005(9).

[172]周皓.中国人口迁移的家庭化趋势及影响因素分析[J].人口研究,2004(6):60—69.

[173]周建,施国庆.农民工流动的成本收益分析[J].河海大学学报(哲学社会科学版),2006(3).

[174]周明.二元社会保障制度下农民工迁移行为及验证[J].山西师大学报(社会科学版),2010(2).

[175]朱力.论农民工阶层的城市适应[J].江海学刊,2002(6).

[176]朱力.群体性偏见与歧视——农民工与市民的摩擦性互动[J].江海学刊,2001(6).

[177]朱明芬.农民工家庭人口迁移模式及影响因素分析[J].中国农村经济,2009(2):67—76.

[178]朱农.论收入差距对中国乡城迁移决策的影响[J].人口与经济,2002(5):11—17.

[179]朱农.中国劳动力流动与"三农"问题[M].武汉:武汉大学出版社,2005(10).

[180]朱信凯.农民市民化的国际经验及对我国农民工问题的启示[J].农业经济导刊,2005

(5).

[181]佐藤宏.外出务工、谋职和城市劳动力市场——市场支撑机制的社会网络分析[J].李实,佐藤宏主编.经济转型的代价——中国城市失业、贫困、收入差距的经验分析[M].中国财政经济出版社,2004.

[182]Barber A E, Daly C L, Giannantonio C M, et al. Job search activities: An examination of changes over time [J]. Personnel Psychology, 1994, 47: 739－765.

[183]Bian Yanjie. Bringing Strong Ties Back in: Indirect Ties, Network Bridges and Job Searches in China [J]. American Sociological Review, 1997(3):366－385.

[184]D Gale Johnson. Provincial Migration inChina [J]. China Economic Review, 2003 (14):22－31.

[185] Dale W Jorgenson. Surplus Agricultural Labor and the Development of a Dual Economy[J]. Oxford Economic Papers, New Series, 1967(3):288－312.

[186]Daveri F, Faini R. Where Do Migrants Go? London: Oxford Economic Papers, 1999 (51):595－620.

[187]De Brauw, et al, The Evolution ofChina's Rural Labor Markets during the Reforms [J]. Journal of Comparative Economics, 2002(30): 329－353.

[188]Dennis, Yang T. China's land arrangements and rural labor mobility [J]. China Economic Review, 1999(2):101－116.

[189] Diane J Macunoxich. A Conversation with Richard Easterlin [J]. Journal of Population Economics, 1997(10):119－136.

[190] Dong Xiao Yuan and Paul Bowles. Segmentation and Discrimination inChina's Emerging Industrial Labor Market [J]. China Economic Review, 2002(13):170－196.

[191]E S Lee. A Theory of Migration [J]. Demography, 1966 (1), 47－57.

[192]Fei C H and Ranis G. A Theory of Economic Development [J]. American Economic Review, 1961(1): 533－565.

[193] Hare Denise. "Push" versus "Pull" Factors in Migration Outflows and Returns: Determinants of Migration Status and Spell Duration amongChina's Rural Population [J]. Journal of Development Studies, 1999(3):45－72.

[194] Honoré B E and E Kyriazidou. Panel Data Discrete Choice Models with Lagged Dependent Variables. Econometrica 2000, 68 (4): 839－874.

[195]Hwang K K. Face and Favor: the Chinese Power Game [J]. American Journal of Sociology,1987(92): 944－974.

[196]Ian Molho. Spatial Search, Migration and Regional Unemployment [J]. Economics, 2001(68):269－283.

[197]J Wolpert. Behavioral Aspects of the Decision to Migrate [J]. Papers and Proceedings of the Regional Science Association, 1965(15): 159－169.

[198]Jalan J and M Ravallion. Behavioral Responses to Risk in Rural, China [J]. Journal of

Development Economics, 2001(1): 23—49.

[199]John M Abowd and Henry S Farber. Job Queues and the Union Status of Workers [J]. Industrial and Labor Relations Review, 1982(3), 354—367.

[200] Johnson D Gale. Agricultural adjustment in China: Taiwan Experience and its Implications [J]. Office of Agricultural economics research, The University of Chicago, 1995.

[201]Jorgenson D W. The Development of a Dual Economy. Economic Journal, 1961 (11): 213—222.

[202]Kanfer R, Wanberg C R, Kantrowitz T M. Job search and employment: A personality—motivational analysis and meta—analytic review [J]. Journal of Applied Psychology, 2001, 86 (5): 837—855.

[203] Lewis W A. Economic Development with Unlimited Supply of Labor [J]. The Manchester School, 1954(5).

[204]Lewis W A. Unlimited Labor: Further Notes [J]. The Manchester School,1958(1):1—32.

[205] Mallee P. In defense of migration: Recent Chinese studies on rural population mobility [J]. Chinese Information,1995/1996(10):3—4.

[206]Stark and J E Taylor. Migration Incentives, Migration Types: the Role of Relative Deprivation [J]. The Economic Journal, 1991(101,408):1163—1178.

[207]Stark, O E Bloom. The New Economic of Labor Migrations [J]. American Economic Review, 1985(1): 173—178.

[208]Stark. Migration in Less Development Countries: Risk, Remittances and Family [J]. Finance and Development, 1991(4):431—452.

[209]Oded Stark. The Migration of Labor [M]. Cambridge, Basil Blackwell, 1991.

[210]Roberson Richard, Shimer Robert and Wright Randall. Search—Theoretic Models of the Labor Market: A Survey Forthcoming [J]. Journal of Economic Literature, 2005.

[211]Saks A M, Ashforth B E. Change in Job Search Behaviors and Employment Outcomes [J]. Journal of Vocational Behavior, 2000, 56:277—287.

[212]Saks A M, Ashforth B E. Is job search related to employment quality? It all depends on fit [J]. Journal of Applied Psychology, 2002, 87(4): 646—654.

[213]Solinger D J. Citizenship issues in China's internal migration: Comparisons with Germany and Japan [J]. Political Science Quarter, 1999(3): 455—478.

[214]Stark O. Migration in Less Development Countries: Risk, Remittances and Family [J]. Finance and Development, 1991(4):431—452.

[215]Stigler George J. The Economics of Information [J], Journal of Political Economy, 1961, 69(3):213—225.

[216]Todaro M P. Model of Labor Migration and Urban Unemployment in Less Developed Countries [J]. The American Economic Review, 1969, 59(1):138—148.

[217] Vinokur A D, Schul Y. The Web of Coping Resources and Pathways to Reemployment Following a Job Loss [J]. Journal of Occupational Health Psychology, 2002, 7 (1):68－83.

[218]Wanberg C R, Kanfer R, Rotundo M. Unemployed individuals: Motives, job－search competencies, and job－search constraints as predictors of job－seeking and reemployment [J]. Journal of Applied Psychology, 1999, 84(6):897－910.

[219]Wang Feng and Xujin Zuo. History's Largest Labor Flow: Understanding China's Rural Migrantinside China's Cities: Institutional Barriers and Opportunities for Urban Migrants [J]. American Economic Review, 1999(2):276-280.

[220]Yang Meihui. Gifts, Favors and Banquets: The Art of Social Relationships in China, Ithaca [M]. NY: Cornell University Press, 1994.

[221] Yang Xiushi. Determinants of Migration Intentions in Hubei Province, China: Individual versus Family Migration [J]. Environment and Planning A, 2000, 32(5): 769－787.

[222]Zhang Xiao and Li Guo. Does Guanxi Matter to No farm Employment [J]. Journal of Comparative Economics, 2003 (2):315－331.

[223]Zhao Yaohui. Labor Migration and Earnings Differences: The Case of Rural China [J]. Economic Development and Cultural Change, 1999(4): 767－782.

[224]Zhao Yaohui. Leavingthe Countryside: Rural－to－Urban Migration Decision in China [J]. Armenian Economic Preview, 1999. 89(2).

[225]Zhao Yaohui. The Role of Migrant Network in Labor Migration: The Case ofChina [Z]. Working Paper, CCER, Beijing University,2001(10).

[226] Zhu Nong. The Impact of Income Gaps on Migration Decisions in China [J]. Economic Review, 2002(13): 213－230.

附　　录

农民工家庭成员结构及家庭情况调查问卷

您好!

首先感谢您的合作。农民(农民工)家庭及成员在农村和城市的工作和生活,以及面临的主要困难是各级政府都非常关系的问题,我们希望对此做一些有益的研究,为政府部门决策提供参考。问卷中您所回答的问题,我们会严格保密。感谢您的支持和帮助!

A **甄别部分**(请将选项写在题号前面或表格相应位置)

A1 您家目前的迁移状况:A. 全家都在农村　　　B. 部分家庭成员在城市
　　C. 全家都在城市但没有定居城市　　　D. 全家都已经定居城市

A2 您家目前的户口性质:A. 农业　　　　　　B. 非农业

A3 您家庭户主夫妻哪一年结婚:_____年　(可能是被调查者夫妻,也可能是被调查者的父母)

〔以下选择您家庭成员的基本情况。第(1)个成员是被调查者,家庭成员有几个就填到第几行,题目解释在表格下方〕

	A4	A5	A6	A7	A8	A9	A10	A11	A12	A13	A14
家庭成员	成员类型	性别	与被调查者关系	是否户主	年龄	婚姻状况	文化程度	健康状况	现居住地点	是否在外务工	哪一年开始外出
(1)											
(2)											
(3)											
(4)											

（续表）

家庭成员	A4 成员类型	A5 性别	A6 与被调查者关系	A7 是否户主	A8 年龄	A9 婚姻状况	A10 文化程度	A11 健康状况	A12 现居住地点	A13 是否在外务工	A14 哪一年开始外出
(5)											
(6)											
(7)											
(8)											

A4　成员类型：①劳动力

　　②非劳动力（包括 15 岁以下子女和 60 岁以上老人）

A5　性别：①男　　②女

A6　与被调查者关系：①本人　②配偶　③子女　④父母　⑤兄弟姐妹

　　⑥公婆或岳父母　⑦其他

A7　是否户主：①是　　②否

A8　年龄用周岁表示

A9　婚姻状况：①未婚　②已婚　③离异　④丧偶

A10　文化程度：①未上过学　②小学　③初中　④高中　⑤中专

　　⑥大专及以上

A11　健康状况：①健康　②一般　③较差　④残疾

A12　现居住地点：①城市中心　②市郊　③乡镇　④农村

A13　是否外出务工：①是　　②否（仅限于回答家庭中劳动力的情况，且转移出来从事农业工作的不算外出务工）

A14　哪一年开始外出（家庭中劳动力和非劳动力如果有外出的，都要填写时间）

B　农村(老家)的家庭及成员情况（请将选项写在题号的前面）

B1　您家庭 2011 年年末宅基地面积：①没有宅基地　②0.2 亩以下

　　③0.21～0.50 亩　　④0.51～1.00 亩　　⑤1.01～2.00 亩

　　⑥2 亩以上

B2　您家庭 2011 年年末住房面积：①没有住宅　②50m² 以下

　　③50～100m²　④100～150m²　⑤150～200m²　⑥200m² 以上

B3　您估计您家庭宅基地和住房总价值：①1 万元以下　②1 万～3 万元

③3 万～5 万元　④5 万～7 万　⑤7 万～10 万　⑥10 万～15 万元

⑦15 万元以上

如果您有空住房,能把房子租给别人住,估计每年的租金是:

①300 元以下　②300～500 元　③500～1000 元　④1000～5000 元

⑤5000 元以上

B4　您家庭 2011 年年末耕地面积:①没有承包地　②1 亩以下

③1～3 亩　④3～5 亩　⑤5～10 亩　⑥10 亩以上

B5　您家庭耕地耕种情况:①自家种　②委托亲友代种

③转租给别人种　④其他情况

B6　(B5 选③者的作答)转租给别人种的,每亩每年的租金平均:

①150 元以下　②50～100 元　③100～200 元　④200～500 元

⑤500～1000 元　⑥1000 元以上

B7　如果您未来能(或已经)进城定居,希望如何处置您家的承包地:

①保留承包地,自家耕种　②保留承包地,有偿流转　③入股分红

④给城镇户口,无偿放弃　⑤给城镇户口,有偿放弃

⑥其他方式处置

B8　如果您未来能(或已经)进城定居,希望如何处置您家的宅基地和房产:

①保留农村的宅基地和房产,将来备用　②有偿转让

③给城镇户口,有偿放弃　④置换城里的住房　⑤其他方式处置

B9　您估计您家庭目前拥有的生产性固定资产的总价值:(包括汽车、拖拉机、

脱粒机、收割机、水泵、牲畜、胶轮大车、其他动力机械等)

①1000 元以下　②1000～3000 元　③3000～5000 元　④5000～1 万元

⑤1 万～2 万元　⑥2 万元以上

B10　2011 年您家庭在农村务农的总收入是:

①0 元　②1000 元以下　③1000～5000 元　④5000～1 万元

⑤1 万～2 万元　⑥2 万以上

B11　2011 年您家庭在农村(老家)务工的总收入:

①0 元　②1000 元以下　③1000～5000 元　④5000～1 万元

⑤1 万～2 万元　⑥2 万以上

B12　2011 年您家庭在农村其他收入(家庭财产租、卖或政府补贴等)总计:

①0 元　②500 元以下　③500～1000 元　④1000～3000 元

⑤3000～5000 元　⑥5000 以上

B13　2011 年您家庭在农村的纯收入估计:

①0 元　②1000 元以下　③1000～5000 元

④5000~1万元　⑤1万~2万元　⑥2万以上

C　外出务工的家庭劳动力的情况(家庭外出劳动力有几个就填几行,题目解释在表格下方)

家庭劳动力	C1 职业技能状况	C2 累计外出年数	C3 在当前城市打工年数	C4 在当前单位工作年数	C5 最近3年是否更换过工作	C6 进城前从事农业生产年数	C7 接受正规技能培训情况	C8 外出务工地点	C9 就业行业	C10 工作单位性质	C11 2011年外出务工时间	C12 2011年平均月工资	C13 2011年年打工净结余	C14 2011年寄回老家现金	C15 入城的主要途径	C16 老家距现务工地距离	C17 务工地房价一般水平
(1)																	
(2)																	
(3)																	
(4)																	

C1　职业技能状况:①无技能能级　　②初级技工　　③中级技工
　　④高级技工　　⑤技师　　　⑥高级技师

C2　累计外出打工年数:①1年以下　②1~3年　　③3~5年
　　④5~9年　⑤10~14年　⑥15~19年　⑦20年以上

C3　在当前城市打工年数:①1年以下　②1~3年　　③3~5年
　　④5~9年　⑤10~14年　⑥15~19年　⑦20年以上

C4　在当前单位工作年数:①1年以下　②1~3年　　③3~5年
　　④5~9年　⑤10~14年　⑥15~19年　⑦20年以上

C5　最近3年是否更换过工作:①没有更换过　　②更换过1个单位
　　③更换过2个单位　　④更换过3个单位　　⑤更换过4个以上单位

C6　进城打工前在农村从事农业生产年数:①没有从事过　　②1年
　　③2年　④3~5年　⑤6年以上

C7　接受正规技能培训情况:①没有参加过任何培训　　②当过学徒工
　　③自费参加过技能培训　　④参加过政府组织的培训
　　⑤参加过企业组织的培训

C8　外出务工地点:①直辖市　　②省会或副省级城市　　③地级市
　　④县级市　　⑤县城或小城镇　　⑥农村

C9　就业行业：①工业　②建筑业　③商业　④餐饮和家庭服务业

⑤交通运输业　⑥农业　⑦其他

C10　工作单位性质:①国有企业　②个体企业　③私营企业
④国家机关　⑤其他

C11　2011 年外出务工时间:①3 个月以下　②3~6 个月　③6~9 个月
④9~12 个月　⑤12 个月

C12　2011 年平均月工资:①500 元以下　②500~1000 元
③1000~2000 元　④2000~5000 元　⑤5000 元以上

C13　2011 年一年打工净结余:①1000 元以下　②1000~2000 元
③2000~5000 元　④5000~1 万元　⑤1 万~2 万元
⑥2 万元以上

C14　2011 年寄回(带回)老家的现金或储蓄:①1000 元以下
②1000~2000 元　③2000~5000 元　④5000~1 万元
⑤1 万~2 万元　⑥2 万元以上

C15　入城的主要途径:①自己进城　②跟家庭其他成员入城
③企业直接来农村招工
④社会亲情网络(城中有亲戚,朋友、老乡或本村邻居带领或介绍)
⑤随工头进城/由政府机构组织进城　⑥由民间中介机构组织进城
⑦其他途径

C16　老家距现务工地距离用公里表示

C17　务工地房价一般水平:用元/米² 表示

D　**家庭整体消费情况部分**(请将选项写在题号的前面)

D1　您家庭在农村生活的所有成员每月生活费支出:
①0 元　②500 元以下　③500~1000 元
④1000~2000 元　⑤2000~5000 元　⑥5000 元以上

D2　您家庭在城镇务工地的所有成员每月生活费支出:
①0 元　②500 元以下　③500~1000 元
④1000~2000 元　⑤2000~5000 元　⑥5000 元以上

D3　在 D1 题生活费支出中,您和家庭在农村生活所有成员的食品支出:
①0 元　②300 元以下　③300~500 元　④500~1000 元
⑤1000~1500 元　⑥1500~2000 元　⑦2000~3000 元
⑧3000 元以上

D4　在 D2 题生活费支出中,您和家庭在城镇务工地的所有成员的食品支出:
①0 元　②300 元以下　③300~500 元　④500~1000 元

⑤1000～1500 元　⑥1500～2000 元　⑦2000～3000 元

⑧3000 元以上

D5　您和家庭的月居住支出：

①300 元以下　②300～500 元　③500～1000 元　④1000～1500 元

⑤1500～2000 元　⑥2000～3000 元　⑦3000 元以上

D6　您和家庭的月通讯支出：

①300 元以下　②300～500 元　③500～1000 元　④1000～1500 元

⑤1500～2000 元　⑥2000～3000 元　⑦3000 元以上

D7　您和家庭的月社会保险个人缴费支出：

①300 元以下　②300～500 元　③500～1000 元　④1000～1500 元

⑤1500～2000 元　⑥2000～3000 元　⑦3000 元以上

D8　2011 年您和家庭的交通支出：

①500 元以下　②500～1000 元　③1000～1500 元

④1500～2000 元　⑤2000～3000 元　⑥3000～5000 元

⑦5000～1 万元　⑧1 万元以上

D9　2011 年您和家庭的医疗支出：

①500 元以下　②500～1000 元　③1000～1500 元　④1500～2000 元

⑤2000～3000 元　⑥3000～5000 元　⑦5000～1 万元　⑧1 万元以上

D10　2011 年您和家庭的教育支出：

①500 元以下　②500～1000 元　③1000～1500 元　④1500～2000 元

⑤2000～3000 元　⑥3000～5000 元　⑦5000～1 万元　⑧1 万元以上

E　家庭及成员所在地社区环境情况（请将选项写在题号的前面）

E1　您在农村（老家）村集体是否获得收入（包括村集体资产租售收益、养老、医疗、低保、生育等保险收入，其他政府补贴等）：①是　　②否

E2　您估计您家庭在农村（老家）村集体中，年可获收益：

①150 元以下　②50～100 元　③100～300 元　④300～500 元

⑤500～1000 元　⑥1000 元以上

E3　您估计您家庭在农村（老家）村集体中，为获得以上收益需要支付的费用：

①100 元以下　②100～300 元　③300～500 元

④500～1000 元　⑤1000～2000 元　⑥2000 元以上

E4　您在您城镇务工地社区是否获得收益（包括社区资产租售收益、养老、医疗、低保、生育、失业、工伤等保险收入，其他政府补贴等）：①是　②否

E5 您估计您家庭在城镇务工地社区中,年可获收益:

①150 元以下   ②50~100 元   ③100~300 元   ④300~500 元

⑤500~1000 元   ⑥1000 元以上

E6 您估计您家庭在城镇务工地社区中,为获得以上收益需要支付的费用:

①100 元以下   ②100~300 元   ③300~500 元

④500~1000 元   ⑤1000~2000 元   ⑥2000 元以上

E7 您家庭距最近城镇或县城的距离:＿＿＿＿＿＿公里

F 城市经济发展和制度环境了解情况(在相应选项上画√)

F1 户籍制度是制约您家庭进城务工的第一原因吗?

①是   ②否

如果户籍制度松动,您家庭可以轻易拥有城镇户口,您愿意在城镇永久居

住吗?

①愿意   ②不愿意

F2 您是否知道"三金"(失业保险金、医疗保险金、养老保险金)的含义吗?

①知道   ②不知道

您家庭成员务工的企业给您家庭成员交纳"三金"了吗?

①全部交纳   ②部分成员交纳   ③没有交纳

F3 在您家庭成员外出就业过程中,与雇主是否签订劳动用工合同?

①全部是   ②部分成员是   ③全部不是

若签订合同,您对合同条款的了解程度:(非常了解为 10,不了解为 1)

①10 ②8 ③5 ④3 ⑤1

有无对个别条款做出重新修订的经历?

①有   ②没有

若没有,您对合同条款的平等性评价:(非常平等为 10,不平等为 1)

①10 ②8 ③5 ④3 ⑤1

您对合同在保护您的合法权益方面的作用评价:(非常有用为 10,没用为

1)

①10 ②8 ③5 ④3 ⑤1

若未签订劳动用工合同,您对您的就业权益自我保护的信心:(非常是为

10,不是为 1)

①10 ②8 ③5 ④3 ⑤1

F4 您是否听说过保险?

①有   ②没有

您认为现在外出就业最需要的保险：(可多选,并排序)

①养老保险　②医疗保险　③交通工具保险　④家庭财产保险

⑤人身意外伤害保险　⑥失业保险　⑦其他

(排序列在此处：　　　　　　　　　　　　)

F5　您愿意自己购买保险吗？

①愿意　②不愿意

如果务工企业或政府机构为您承担一部分保险费(50%左右),您愿意购买保险吗？

①愿意　②不愿意

如果您没有参加过保险,原因是:(可多选)

① 没有钱　② 保险不可靠　③ 没有必要　④不了解保险　⑤其他

F6　您对劳动法、工伤保险条例等国家法规的了解程度:(非常了解为10,不了解为1)

①10　②8　③5　④3　⑤1

在外出务工中,如果遇到工资拖欠、人身伤害等侵害,您想到过用法律维护自己的权利吗？

①想到　②没想到

您愿意用法律维护自己的权利吗？

①愿意　②不愿意

如果不愿意,是因为:①太烦琐　②对法律是否能维护自己的权益没有信心

③担心打官司花钱　④其他

法律法规对您的就业风险起到的作用评价:(非常大为10,不大为1)

①10　②8　③5　④3　⑤1

F7　对于目前城镇总体就业环境,您的打分:①10　②8　③5　④3　⑤1

对政治环境您的打分:①10　②8　③5　④3　⑤1

对经济环境您的打分:①10　②8　③5　④3　⑤1

对文化环境您的打分:①10　②8　③5　④3　⑤1

G　市民化意愿部分(单项选择)

G1　您家庭是否会全家落户外地:①会　　②不会　　③不清楚

G2　如果您能选择,您希望定居在什么地方？

①直辖市　②省会或副省级城市　③地级市

④县级市　⑤县城或小城镇　⑥农村

⑦在哪里打工就待在哪里　⑧只要是城市,哪里都行

G3　对 G2 您选择的定居地,您认为您家庭月结余达到多少元才能成行?

①1000 元以下　②1000～2000 元　③2000～5000 元

④5000～1 万元　⑤1 万～2 万元　⑥2 万元以上

G4　如果您希望定居在农村,最大的原因是:

①农村生活安逸,没有就业压力　②农村气候环境好

③与周围人更熟悉,关系融洽　④消费低

⑤更有益健康　⑥生活更习惯

G5　城镇最吸引您的是什么内容?

①子女教育条件好　②社会保险水平高

③城市生活条件好　④就业稳定有低保/下岗扶持等措施

⑤城市比农村福利水平高很多

⑥能购买政府保障性住房或政府提供的廉租房

⑦身份平等　⑧子女高考容易　⑨其他(请注明)_____

G6　如果您家庭没有信心在城市定居,首要原因是:

①经济原因(在城务工的收入不足于支持自己在城镇永久定居)

②制度原因(户籍、子女入学等制度的限制)

③风险因素(担心自身能力不能在城镇有持久稳定的工作、社会保障不足等)

G7　假如不提供城镇户口,您愿意留在城里吗?

①愿意,无论如何都要留在城里　②不愿意,干些年就回去

③无所谓,可以两边跑　④我相信这种情况会改变的

G8　您最希望政府做什么事?

①提高最低工资水平　②提供保障住房或廉租房

③改善社会保险　④改善医疗条件　⑤改善工作和生活环境

⑥改善子女教育条件,提高职业技能　⑦加强权益保障

⑧其他(请注明)_____

后 记

本书是我在博士毕业论文的基础上进一步修改完善而成的,是我长期学习、思考和探索的结果。

本人出生于农村,上大学之后开始对中国农村、农民、农业问题存在较为浓厚的兴趣。2003年9月我有幸师从史建民教授攻读硕士,开始研究农村土地的保障功能问题,开始了对农户家庭及其经济收支、家庭资产、社会保障等研究方向的学习和研究。2009年9月我又有幸师从杨学成教授攻读博士,开始专门研究新劳动迁移经济及其中国化的应用分析与研究。

在攻读硕士、博士期间,我研究总结认为,世界各国的工业化和城市化进程,劳动力从传统部门向现代部门迁移,是世界各国曾经或正在面对的实现"现代经济增长"的必由之路。中国30多年改革开放的经验证明,工业化和城市化是经济发展的基本动力,是中国重新崛起的必然选择,而"三农"问题却是一直困扰中国工业化和城市化进程的重大问题。为了尽快把中国农村人口占总人口的比重降到20%以下,在高度城市化基础上实现中国城乡经济社会的一体化,农民工群体是目前我国能够满足市民化要求最早、最快和最有能力完成市民化进程的群体。从目前来看,农民工家庭式的流动日趋明显,以家庭这一社会最小单元完成落户城市,实现农民工家庭城市化,是农民工市民化必经的发展阶段,也是近几年困扰中国经济、社会稳定发展的现实问题。有鉴于此,我以《农民工家庭迁移决策与迁移行为研究》作为博士学位论文的选题,并带着这个选题在攻读博士学位期间进行理论学习、数据处理方法研究,收集一、二手数据资料,边进行理论分析、构建模型,边进行数据分析处理,最终完成写作。博士毕业后,又对博士论文进行不断的修订完善,最终形成这本专著。

我的博士毕业论文是在杨学成教授的悉心指导下完成的。从选题、开题到修改定稿,每个环节无不凝结着杨老师的心血。杨老师正直诚实的人格、乐于助人的品德、求真务实的治学态度、力求创新的钻研精神令我敬仰,激我奋进。光阴易逝,师恩难忘;谆谆教诲,永记于心!

在博士就读期间,山东农业大学经济管理学院各位老师给予我很多指导和帮助,特别是史建民老师、孙世民老师、胡继连老师、葛颜祥老师的言传身教,使我的理论修养和数理分析水平有了大幅度的提高；史建民老师、董继刚老师、薛兴利老师、岳书铭老师、陈盛伟老师对本书写作提纲提出了许多有价值的意见和建议。在本书的资料收集和论文打印过程中，毕红霞老师、尚健老师给予了许多支持，提供了很大的方便。在此，一并表示衷心的感谢！

　　还要感谢我攻读博士学位期间的各位同学。黄红光博士、厉昌习博士、王海波博士、接玉梅博士、彭玉珊博士、高洁博士、陈昕博士等在学习、论文写作和生活上以各种方式为我提供了无私的帮助。另外，我还要感谢张菡冰师姐和张务伟师兄为我博士论文所做的大量工作。

孙战文

2015 年 4 月于茂岭山麓山东政法学院